Dados Internacionais de Catalogação na Publicação (CIP)
(Câmara Brasileira do Livro, SP, Brasil)

Cameron-Bandler, Leslie.
  Know-How : como programar melhor o seu futuro / Leslie
Cameron-Bandler, David Gordon, Michael Lebeau ; tradução
de Maria Cláudia Coelho, Fernando Rebello ; — São Paulo :
Summus, 1991.

  Bibliografia.
  ISBN 85-323-0290-4

  1. Conduta de vida 2. Sucesso I. Gordon, David, 1951- II.
Lebeau, Michael. III. Título.

91-1069

CDD-158.1
-170.202

Índices para catálogo sistemático:

1. Conduta de vida : Ética 170.202
2. Sucesso : Psicologia aplicada 158.1

PROGRAMAÇÃO NEUROLINGUÍSTICA

LESLIE CAMERON-BANDLER
DAVID GORDON
MICHAEL LEBEAU

KNOW-HOW

COMO PROGRAMAR
MELHOR
O SEU FUTURO

summus editorial

Do original em língua inglesa
KNOW-HOW — Guided Programs for Inventing Your Own Best Future
Copyright © 1985 FuturePace, Inc., por acordo com a Real People Press.

Tradução de:
Maria Cláudia Coelho
Fernando Rebello

Revisão de:
Heloísa Martins-Costa

Revisão técnica de:
Renata Riecken, psicóloga, master em NLP, autorizada pela
FuturePace, Inc., para divulgação deste material.

Capa de:
May Shuravel Berger

Proibida a reprodução total ou parcial
deste livro, por qualquer meio e sistema,
sem o prévio consentimento da Editora

Direitos para a língua portuguesa
adquiridos por
SUMMUS EDITORIAL LTDA.
Rua Cardoso de Almeida, 1287
05013 - São Paulo, SP
Telefone (011) 872-3322
Caixa Postal 62.505 - CEP 01295
que se reserva a propriedade desta tradução

Impresso no Brasil

Dedicatórias

Para Debbie, cujo amor, inteligência e paciência (aparentemente inesgotável) tornaram tantas coisas possíveis.
DG

Para Saul e Reva, com amor e respeito profundos. Prezo as lembranças que trago por ser seu filho e encaro-as como a fonte da minha capacidade de guiar o crescimento de meu próprio filho.
ML

Para Ken Hausman, um cavalheiro, um homem de palavra e de coração. Para mim, você libertou o presente do passado e colocou o futuro ao meu alcance.
LCB

Assim como um compositor criativo, algumas pessoas têm mais talento para a vida do que outras. Elas de fato exercem influência sobre quem as cerca, mas o processo termina aí, porque não há como descrever em termos técnicos precisos o que elas fazem, em sua maior parte de forma inconsciente. Em um futuro distante, quando a cultura estiver mais completamente explorada, haverá o equivalente a partituras musicais, possíveis de serem aprendidas, uma para cada tipo diferente de homem ou mulher, em tipos diferentes de trabalhos e relacionamentos, para o tempo, o espaço, o trabalho ou o divertimento. Vemos pessoas bem-sucedidas e felizes, que têm empregos produtivos e gratificantes. Quais são os conjuntos e padrões que diferenciam suas vidas daquelas das pessoas menos afortunadas? Precisamos de um modo de tornar a vida mais agradável e de deixá-la um pouco menos ao sabor do acaso.

Edward T. Hall
The silent language

Sumário

Nota ao Leitor	09
Prefácio	11
1 Um mundo de diferenças	15
2 Por dentro do espelho	21
3 Os cinco fundamentos do sucesso	31
4 O desejo de ter	55
5 Comer	85
6 Exercícios físicos	103
7 Temperança e temperamento	111
8 Sexo	139
9 Amor	149
10 Como educar os filhos	185
Posfácio	221
Notas	223
Glossário	227

Nota ao Leitor

Por muitos anos um grupo variado de pesquisadores, educadores, filósofos e cientistas discutiram a existência de uma "linguagem do cérebro" que explicasse como pessoas aparentemente talentosas podem manifestar suas aptidões, habilidades e dons únicos. Alguns poucos visionários sugeriram que essa linguagem, uma vez descoberta, poderia ser usada para reproduzir e transferir essas aptidões e habilidades de uma pessoa para outra. Aparentemente, esses profetas e visionários tinham razão.

Os autores descobriram recentemente esta linguagem e desenvolveram uma nova metodologia que a utiliza para criar métodos e testes que qualquer pessoa pode usar para explorar o tesouro dos recursos mentais humanos. O nome que deram a esta nova metodologia é Padronização da Aptidão Mental (SM).

A Padronização da Aptidão Mental permite aos autores codificar os padrões subjacentes às aptidões humanas. E, como os visionários previram, inclui um conjunto de processos que os autores utilizam para transformar essas informações codificadas numa seqüência de instruções que, seguidas, permitem a qualquer pessoa adquirir a aptidão em questão.

Este livro, juntamente com outro a ele relacionado, intitulado *O método EMPRINT: um guia para reproduzir a competência* (Summus Editorial), contém os frutos da primeira colheita dos autores desde que desenvolveram a Padronização da Aptidão Mental. Como você logo descobrirá, a Padronização da Aptidão Mental e os produtos por ela gerados oferecem a possibilidade de estimular um renascimento da iniciativa, da realização e da evolução individuais. Talvez o mundo nunca mais seja o mesmo.

Prefácio

Você alguma vez já se perguntou por que algumas pessoas têm uma aparente habilidade natural para alcançar o sucesso e a realização, enquanto outras parecem condenadas a uma vida de repetidos fracassos, desapontamentos e frustrações? Gostaria de compreender as pessoas talentosas e dotadas, de tal modo que isto lhe desse uma oportunidade de assemelhar-se a elas — uma oportunidade que oferecesse a *você* os talentos daqueles que alcançam o sucesso e a realização naturalmente? Se é esse o seu caso, continue a ler. O objetivo deste livro é lhe dar essa oportunidade.

As páginas que se seguem são o resultado de uma estimulante colaboração que literalmente deixou cada um de nós fora de si, conduzindo-nos para dentro de fascinantes experiências de vida de outras pessoas. Há vários anos começamos a identificar talento e superioridade em importantes situações cotidianas, e nossa curiosidade sobre as pessoas talentosas e dotadas conduziu-nos a uma fascinante descoberta sobre *como* elas são capazes de fazer aquelas coisas tão bem. Refinamos esses padrões de sucesso, obtendo formatos simples, fáceis de usar. Nosso objetivo ao escrever este livro é fornecer formatos — processos de pensamentos, percepções e comportamentos — que conduzem naturalmente ao sucesso e à realização em algumas das áreas da vida que oferecem mais desafios e recompensas potenciais. À medida que você for avançando na leitura de cada capítulo, estará participando de uma apresentação e investigação delineadas para envolvê-lo em um processo contínuo de aprendizagem. Você estará aprendendo e se modificando à medida que lê e se diverte com cada capítulo.

Os milhares de pessoas que, ao longo dos anos, ajudamos a se modificar têm constantemente expressado sua surpresa ao descobrir que mudar não é necessariamente difícil. Costumava-se pensar (e em alguns meios ainda se pensa) que fazer mudanças profundas na vida é muito difícil. Fazer mudanças pessoais importantes era equiparado a uma tortura — composta de dor, luta e sacrifício. Esta orientação punitiva baseava-se nas premissas de que (1) era preciso primeiro descobrir e resolver problemas profundamente enraizados e questões fundamentais para poder alcançar experiências desejadas; e (2) não havia qualquer método que possibilitasse a transferência de experiências de vida bem-sucedidas ou desejáveis de um indivíduo para outro.

Dispomos agora deste método. Anos de pesquisa conduziram-nos a um novo empenho, um novo passo evolutivo que vai além de todo o nosso trabalho anterior*. Atualmente, o foco da nossa pesquisa tem sido especificar os modos pelos quais cada um de nós utiliza o passado, o presente e o futuro para determinar nossos comportamentos e o tipo e a qualidade de nossas experiências. Descobrimos riquezas inesperadas nas nossas investigações, a partir das quais criamos um novo processo — o método EMPRINT — que nos permitiu mapear os padrões de sucesso em muitas áreas importantes da vida.

O método EMPRINT é um processo rápido de aquisição de habilidades. Através do seu uso, pudemos reconhecer e descrever seqüências de percepções, processos de pensamento e comportamentos universalmente úteis, que propiciam soluções para a maioria dos desafios e problemas que as pessoas freqüentemente vivenciam. Este livro foi feito para tornar os benefícios do nosso novo método acessíveis a qualquer pessoa**.

Nossa experiência em ajudar pessoas (tanto individualmente quanto em seminários de treinamento) a obter o que desejam demonstrou algo muito importante: *a grande maioria das pessoas não precisa de terapia. Ao invés disso, precisa de uma oportunidade para aprender COMO organizar suas percepções, processos de pensamento e comportamentos de maneiras que conduzam naturalmente ao sucesso.* Uma vez que saibam como fazê-lo, as pessoas traduzem suas descobertas em ações e atendem a seu desejos em vez de recusá-los a si próprias.

As páginas seguintes são um resumo de uma parte do conhecimento que acumulamos sobre as soluções para problemas comumente vivenciados. Em cada uma das áreas que abordamos, descrevemos tanto aqueles que reagem com sucesso quanto os fracassados. Isto lhe permite

---

* No nosso trabalho anterior como pesquisadores e co-autores da Programação Neuro-Lingüística, ajudamos pessoas a alcançar suas metas e mudanças desejadas utilizando uma variedade de técnicas que criamos. Aquelas técnicas são muito eficazes em algumas comunicações e aplicações terapêuticas, mas, como qualquer conjunto de técnicas, têm uma eficácia limitada.

** Para aqueles que estiverem interessados em uma apresentação completa do Método EMPRINT, ver *O Método EMPRINT: um guia para reproduzir a competência*, de nossa autoria, também publicado pela Summus. Nele você encontrará uma apresentação completa de cada aspecto do método, incluindo instruções e exemplos para a aquisição de talentos, perícia e habilidades de outras pessoas. Outras informações podem ser encontradas no novo empreendimento dos autores: a Padronização da Aptidão Mental.

descobrir-se e entender a base de seus sucessos e tropeços. Quando você se reconhecer entre os exemplos de pessoas cujos comportamentos conduziram a uma ausência de sucesso numa dada área, lembre-se de que *não há nada errado com você*. Você simplesmente ainda não teve a oportunidade de *saber como* reagir de outro modo naquelas situações problemáticas. Este livro lhe dá esta oportunidade — a oportunidade de saber como.

Acreditamos que é possível adquirir talento e manifestar superioridade natural em qualquer área da vida. Escrevemos este livro para levar o leitor a concretizar esta crença. As páginas seguintes contêm uma amostra dos formatos que criamos a partir das nossas investigações quanto à estrutura do talento e da superioridade natural. Apresentamos estes formatos na esperança de que o leitor os utilize para expandir seus talentos já existentes, bem como obter controle das áreas de sua vida atualmente frustrantes. Leia e divirta-se enquanto adquire estas habilidades que farão seus sonhos e desejos se tornarem realidade.

San Rafael, Califórnia
20 de setembro de 1984

1 Um Mundo de Diferenças

"(...) Lancei-me no futuro. A princípio, mal pensei em parar, mal pensei em qualquer coisa a não ser naquelas novas sensações. Mas em breve uma nova série de impressões cresceu na minha mente — uma curiosidade e, com ela, um certo temor —, até que finalmente se apossou de mim por completo. Que estranhos progressos da humanidade, que maravilhosos avanços com relação à nossa rudimentar civilização podiam aparecer, pensei, enquanto observava de perto o obscuro e enganoso mundo que corria e flutuava ante meus olhos!"

H. G. Wells
A máquina do tempo

Assim como o viajante do tempo no romance de Wells, estamos prestes a embarcar numa jornada de descobertas. Contudo, diversamente do viajante do tempo, nosso objetivo não é descobrir como será o futuro, mas como poderia ser. Qualquer futuro que "poderia ser" é mais rico em promessas e possibilidades do que um futuro que "será". Nossa intenção é que, ao chegar à última palavra da última página deste livro, o leitor esteja habilitado a perceber uma série de futuros possíveis e disponha de destreza e competência para finalmente tornar realidade qualquer um ou todos aqueles futuros.

Se tudo isso parece ao leitor promessas introdutórias de um livro do gênero "como fazer", perfeito. É exatamente isto o que ele é — um livro sobre como compreender o seu comportamento e o de outras pessoas, e *como dispor de escolhas a fim de alterar sua experiência e comportamento de modo útil e efetivo*. Esta abordagem representa um novo e importante passo para nós. Em nossos artigos e cursos anteriores, enfatizamos que cada indivíduo é exatamente isto, *um indivíduo*, e deve ser abordado com extremo respeito pela sua visão de mundo particular e única.

Nossa crença na singularidade individual não se modificou em nada. Entretanto, acreditar que cada um de nós age segundo sua visão de mundo particular não diminui o fato de que também há muitos padrões de experiência e comportamento que são compartilhados pela maioria. Não se poderia citar maior prova da existência de padrões comuns de reação humana do que a prosperidade e eficiência das empresas de aconselhamento, instituições que demonstram repetidamente que cada indivíduo também é membro de uma cultura.

Há padrões por meio dos quais pensamos e agimos e que são característicos de grandes segmentos da nossa cultura. De fato, alguns são característicos de todos os seres humanos.[1] Neste livro apresentaremos padrões que descobrimos serem subjacentes a problemas comuns, bem como os procedimentos EMPRINT que, se forem usados, fornecerão soluções para esses problemas e, esperamos, tornarão possível conquistar resultados mais gratificantes em muitas áreas da vida.

O que é um procedimento EMPRINT? É um sistema de etapas ou procedimentos que, seguidos, levarão ao mesmo resultado. Nas páginas seguintes, expomos alguns dos procedimentos EMPRINT, que são os frutos fidedignos dos nossos esforços para modelar o comportamento e a experiência humana, influenciados pelo uso e pela avaliação pessoal do passado, do presente e do futuro. Uma vez estabelecido um vocabulário comum que possamos usar para falar sobre os padrões específicos de pensamento que existem em cada um de nós no que diz respeito ao tempo e à experiência, você poderá usar esses procedimentos EMPRINT para criar experiências e comportamentos pessoais diferentes para si mesmo e assim obter mais do que deseja nos vários aspectos da vida abrangidos neste volume (e talvez em outras áreas também). Como todos os procedimentos foram testados, eles quase certamente terão, conforme descrito, o impacto esperado sobre sua experiência e seu comportamento.

No entanto, queremos alertá-lo para o fato de que, por ser este um livro do gênero "como fazer", isto não significa que é preciso apenas lê-lo e depois seguir a receita ao pé da letra. Este livro é sobre *experiência* e nele pediremos que você investigue suas atitudes, pensamentos, percepções, emoções e comportamento de diferentes maneiras. É importante dedicar os poucos momentos necessários para completar cada investigação. Essencialmente, os procedimentos EMPRINT apresentados neste livro estão baseados em sua capacidade de alterar vários aspectos de sua própria experiência de maneiras específicas. As investigações lhe proporcionarão esta habilidade.

Apenas como um primeiro exemplo, suponhamos que um dos seus filhos tenha chegado da escola com um bilhete da professora informando que ele não tem feito seu dever de casa. Agora você deve decidir como reagir a esta situação. Se você é uma pessoa para quem o futuro é um domínio da experiência sobre o qual raramente pensa, como reagiria? Como seria se sua decisão é afetada apenas pelo passado e pelo presente? Se você não considera o futuro, não estará propenso a associar a atual falta de empenho de seu filho às conseqüências que ele poderá sofrer no futuro como um adulto que foi malsucedido na escola ou aprendeu com lentidão. Assim, sua reação provavelmente será ignorar um planejamento para o futuro e preocupar-se com o que está acontecendo agora ou com o que aconteceu no passado. Por exemplo, você talvez considere o bilhete um insulto à sua competência como pai e fique com raiva de seu filho ou da professora. Você pode lembrar-se de bilhetes anteriores mandados pela escola, que nunca pareceram ter muita importância, e, deste modo, ignorar o problema. Ou pode lembrar-se de bilhetes anteriores que chamaram sua atenção e que o levaram a punir ou discutir com seu filho. Em cada um destes casos, sua reação está relacionada às suas percepções sobre o que está acontecendo hoje ou aconteceu no passado (embora, naturalmente, ao sentir raiva ou descaso, ao punir ou discutir, você estará exercendo alguma influência sobre o futuro).

Ao invés disso, suponha que o futuro tenha para você uma importância esmagadora e o passado seja apenas composto de algumas recordações opacas de pouca importância. Então, de que maneira reagiria ao bilhete da escola? Você pode começar a imaginar até onde o comportamento denunciado pelo bilhete levaria seu filho. Se você pudesse antever que não haveria problemas especiais, então provavelmente ignoraria o assunto. Se, ao invés disso, imaginasse que o comportamento de seu filho o levará a ter problemas futuros, então provavelmente interviria, e a *intenção* dessa intervenção seria mudar o comportamento de seu filho de modo a lhe possibilitar um futuro melhor (ou de evitar algum futuro pior). Essa intervenção pode significar ralhar ou discutir com a criança, como no exemplo acima, no qual o passado e o presente eram mais fortes. Entretanto, a diferença que deve ser notada neste ponto é que a *intenção* ao ralhar ou discutir é indicar alguma possibilidade futura, ao invés de ligar-se a alguma coisa que aconteceu no passado ou às preocupações do presente.

Naturalmente, nenhum de nós é simplesmente definido através de frases como "Oh, ela está totalmente voltada para o futuro", ou "Oh, ele não tem passado". Todos nós somos muito mais complexos e muito mais interessantes do que isto. Depois de considerarmos as questões propostas acima, fica evidente que cada um de nós tem acesso em vários graus e de várias maneiras ao passado, ao presente e ao futuro. O que isto significa em termos de nossas experiências e comportamentos atuais?

Dentro da nossa cultura, há uma grande diversidade de reações para situações aparentemente similares. Uma reflexão momentânea sobre os seus comportamentos e experiências e tudo o que os cerca sem dúvida lhe fornecerá muitos exemplos. Talvez você seja o tipo de pessoa que posterga até o último momento, ou até que seja tarde demais, a realização de uma tarefa doméstica, projeto de trabalho ou obrigação. Mas com certeza você conhece alguém que cumpre prontamente com seus compromissos. (Há aqueles que até mesmo antecipam suas tarefas e que as cumprem antes que elas sejam perdidas!) Talvez você seja uma dessas pessoas que cuidam de sua saúde, abstendo-se de qualquer medicamento desnecessário, de qualquer comida pouco saudável e alimentando-se com critério, fazendo bastante exercício físico. Você pode se lembrar facilmente de conhecidos seus que bebem até ficar bêbados, fumam, comem muito e mal e vivem prometendo a si mesmos começar a correr regularmente — e isto já há vários anos. Ou talvez você sofra de baixa auto-estima; isto é, você tem pouca noção de sua capacidade e importância pessoal. Você pode provavelmente pensar em pessoas que obviamente se têm em alta conta (e algumas delas com poucos motivos aparentes). Por que algumas pessoas alcançam as metas pretendidas em seus negócios, carreiras ou finanças, enquanto outras parecem encontrar apenas momentos de carência e frustração? É apenas sorte? É um fator genético? O que faz com que você adie e que outra pessoa realize as coisas com rapidez; o que faz com que você cuide de sua saúde e que outra pessoa tome drogas e alimentos potencialmente nocivos; o que faz com que você se tenha em baixa conta, enquanto outros se consideram merecedores? Como é possível que algumas pessoas sintam arrependimento, ou sejam capazes de arquitetar planos, ou de realizar os planos, que sejam ciumentos, otimistas, curiosos, entediados, vingativos, esperançosos, capazes de auto-sacrifícios, hedonistas, que lembrem de cada data com um cartão de felicitações, ou esqueçam seus próprios aniversários? Obviamente, há uma enorme diversidade de experiências e comportamentos, mesmo entre os membros de uma mesma cultura.

Acreditamos que as experiências e comportamentos que listamos são o resultado direto dos padrões perceptivos e cognitivos dos indivíduos que têm estas experiências e comportamentos. Em outras palavras, o modo como um indivíduo percebe e pensa o mundo determina o que ele vivencia e como reage a ele. Uma pessoa que adia suas tarefas está usando uma combinação de percepções, avaliações e comportamentos que resultam em sua capacidade de protelar as coisas até mais tarde. A incapacidade de agir *sem* a imposição dessas percepções, avaliações e comportamentos é que faz do adiamento um atributo e um problema, ao invés de ser uma atitude eventual que não represente um problema.

Embora a pessoa que adia suas tarefas possa ou não apreciar esta qualidade, ela não deixa de ser uma qualidade. Além disso, ainda que a pessoa não perceba, o adiamento pode ser um recurso. Cada um dos comportamentos que acabamos de mencionar (mais os milhares que não mencionamos) pode ser uma bênção, se usado na situação apropriada, ou uma maldição, se usado numa situação não-apropriada. Por exemplo, se você precisa redigir uma proposta de subvenção ou preparar uma conferência, é claro que será melhor motivar-se para fazê-lo logo que for possível, ao invés de protelar. Mas o que acontece à pessoa que quer fazer tudo logo que entra em férias? Para a pessoa que, mesmo durante as férias, age como se estivesse trabalhando, o atributo do adiamento pode ser muito útil. De maneira semelhante, o ascetismo que torna possível a uma pessoa continuar esbelta por comer pouco pode tornar-se uma enorme carga se empregado na satisfação de necessidades emocionais.

Nosso argumento é que *a melhor escolha é dispor da maior varie-dade possível de comportamentos úteis e gratificantes para cada situa-ção dada.* Dispor dessa escolha permite que a reação de um indivíduo seja determinada pelo resultado pretendido ou desejado, ao invés de ser detonada por uma reação primária e (talvez) inadequada. Interagir com uma criança que está assando biscoitos é, de várias maneiras, uma atividade muito diferente da de administrar uma empresa. Uma execu-tiva excelente na administração de um negócio pode voltar para casa e controlar seu filho e o cozimento dos biscoitos da mesma maneira que conduz os seus negócios e depois ficar pensando por que a criança se mostrou tão retraída, confusa, e por que perdeu tão rápido o inte-resse pelo empreendimento. Essa executiva precisa desenvolver a capa-cidade de pôr de lado suas qualidades empresariais e ter acesso às qua-lidades apropriadas para interagir com crianças que estão empenhadas em algum plano. Chamamos essa capacidade de escolher entre diversas alternativas e reagir adequadamente (ao invés de reflexivamente) de *rea-ção de escolha.*

Por outro lado, uma *reação de omissão* acontece quando um indi-víduo tem apenas uma única reação automática frente a uma situação específica. Para a pessoa que precisa redigir uma proposta de subven-ção ou uma conferência mas não parece consegui-lo, a protelação é uma reação de omissão, porque ela tem apenas uma reação à sua "obrigação de escrever": adiar. De modo semelhante, a rapidez é uma reação de omissão para a pessoa que *gostaria* de ignorar a necessidade de redigir uma proposta de subvenção, mas, todavia, sente-se compelida a escrevê-la. Para estas duas pessoas, o adiamento e a rapidez tornam-se reações de escolha quando elas podem optar por uma (ou nenhuma) destas ma-neiras.

As experiências e comportamentos de que tratamos especificamen-te neste livro são aquelas cujas qualidades são parcial ou inteiramente determinadas pela utilização que um indivíduo faz do passado, do pre-sente e do futuro. Isto não estreita tanto o campo de aplicação quanto pode parecer, pois nossa experiência nos ensinou que o uso e a percep-ção subjetiva do tempo afeta todas as experiências em graus variados. O propósito deste livro é dar ao leitor meios de influenciar e alterar sua experiência e utilizar o passado, o presente e o futuro de modo a poder dispor do *know-how* necessário para transformar as reações de omissão em reações de escolha para si e para outros.

Quase todos os vários aspectos de sua experiência que o levaremos a reconhecer e alterar ocorrem no seu interior. Podemos chamar esses aspectos de *processos internos.* Eles incluem seus pensamentos, atitudes e percepções. Pode parecer que você simplesmente reaja à comida, às esperanças, a um companheiro potencialmente atraente, etc., mas não é assim. Suas reações são o resultado de uma grande atividade interna. De fato, é esta gama de processos internos que determina sua reação; e muitos desses processos internos surgem caracteristicamente independentes de sua atenção ou intervenção consciente. Ao longo da leitura deste livro você se familiarizará com esses domínios da sua experiência. Nas páginas seguintes, você aprenderá primeiro a reconhecer o que está fazendo em termos dos seus processos internos e como eles influenciam seu comportamento e a qualidade de sua experiência. Então, aprenderá a alterar o alcance e a eficácia de seu mundo interior de maneira a poder reagir à sua escolha e alcançar o mundo experimental e real que realmente deseja. O que provavelmente irá surpreendê-lo, como a princípio aconteceu conosco, é quanta diferença faz o fato de sua avaliação estar relacionada ao passado, ao presente, ao futuro ou a alguma combinação destes quadros temporais.

Queremos deixar claro desde o início que, para aprender, você precisa fazer, e esperamos que aceite nossa sugestão e se empenhe inteiramente nas investigações e exercícios que se seguirão. Este livro é um exemplo tangível de um velho provérbio: Aquele que sabe, *mas não faz*, na verdade não sabe nada.

Para que você se exercite e aprenda cada vez mais, de tempos em tempos nós o chamaremos para conversas reservadas. Queremos que aproveite ao máximo aquilo que estamos lhe oferecendo; então, quando sentirmos que você será beneficiado por um encorajamento ou sugestão, falaremos serenamente com você, desta maneira, por exemplo: "Esta é uma etapa importante; portanto, certifique-se de que dispõe de todo o tempo necessário para fazer esta avaliação", ou "Antes de passar à próxima etapa, utilize o espaço que se segue para enumerar em poucas palavras as metas a curto prazo que usará como prova de seu sucesso contínuo". Quando encontrar uma dessas mensagens pessoais, imagine um de nós sentado ao seu lado e ouça o som de nossa voz ajudando-o a empregar suas habilidades em direção à realização de suas metas.

Assim, você, leitor, e nós, autores, investigaremos e aprenderemos juntos. O enriquecimento pessoal e o aumento de eficiência valerão o esforço. "Mas", você poderia perguntar, "suponha que eu simplesmente sente e leia o livro com calma, sem fazer nada?" A resposta pode surpreendê-lo: isto é quase impossível. O método que apresentamos é tão simples, tão razoável, tão eficaz, que mesmo uma leitura superficial irá atraí-lo de maneira a *aperfeiçoar sua atitude perante si mesmo, perante a vida e perante sua habilidade de fazer mudanças para melhor.* A escolha é sua, claro. Leia por prazer e para alcançar progressos sutis. Ou, melhor ainda, empenhe-se em fazer as mudanças que gostaria de ver acontecer em sua vida.

Antes de levá-lo à exploração específica dos processos internos, precisamos primeiro apresentar-lhe os pressupostos que são os alicerces de tudo o que lhe oferecemos. Nossos pressupostos são inteligentes e provocantes, e os alicerces que os compõem incluem tudo o que é necessário saber a fim de começar a granjear o *know-how* necessário à realização pessoal e profissional.

2 Por dentro do Espelho

Alice riu. "É bobagem tentar", ela disse. "Ninguém pode *acreditar em coisas impossíveis."*
"Diria que você não teve muita experiência", disse a Rainha. "Quando tinha sua idade, eu sempre praticava durante meia hora por dia. Ora, certas vezes eu acreditava em até seis coisas impossíveis antes do café da manhã."

Lewis Carroll
Alice através do espelho

Um pressuposto é uma hipótese ou crença a partir do qual você age, consciente ou inconscientemente. Por exemplo, algumas pessoas pressupõem que todo mundo é muito parecido e então tratam a todos como se fossem parecidos com elas; ou que "não se pode mudar a natureza humana", e por isso aceitam a si mesmas e aos outros como são; ou que "pessoas que fazem coisas más são pessoas más", que "não se pode lutar contra o governo", que "adultos são chatos", que "crianças são preguiçosas", e assim por diante.

Agora queremos que preste atenção a este pressuposto: *Se alguma coisa é possível para alguém neste mundo, então é possível para você — é só uma questão de torná-la parte de sua experiência.* A importância desta declaração não é que ela seja falsa ou verdadeira. De fato, muitas pessoas *não* aceitam o pressuposto de que é possível, para elas, fazer qualquer coisa que seja possível a qualquer outro ser humano. Estamos até mesmo inclinados a admitir que, de forma geral, isto certamente não é verdade. Sabemos que todas as generalizações são falsas em algum ponto. A importância deste pressuposto não está na sua veracidade, mas na influência que ele exerce no indivíduo que acredita nele.

Deixe-nos dar um exemplo do fenômeno do qual estamos tratando. Quando terminar de ler este parágrafo, dedique um momento a explorar suas memórias a fim de descobrir um exemplo de alguma coisa que em certa ocasião você achava que não podia fazer, mas que mais tarde realizou com sucesso. Essa "alguma coisa" podia ser, por exemplo, aprender álgebra, ser capaz de convidar alguém para um encontro, ou sentir-se feliz de novo. A única exigência é que seja alguma coisa que afinal você tenha dominado ou vivenciado. Procure em suas memórias e encontre este exemplo agora, antes de seguir adiante.

Você já tem o exemplo de pelo menos uma ocasião em sua vida na qual pensou equivocadamente que certo objetivo estava além de suas capacidades. Agora queremos que descubra outro tipo de exemplo: ao final deste parágrafo, identifique uma experiência, comportamento ou habilidade existente no mundo que você não possui agora, mas que gostaria de possuir, embora tenha certeza de que não é possível para você possuí-lo. Por exemplo, ter um corpo esbelto, filhos obedientes e bem-educados, ser promovido, ou conquistar um relacionamento gratificante. Antes de ler adiante, dedique alguns momentos a encontrar este exemplo.

Sentado aqui, neste momento, você não sabe na verdade se é capaz de conquistar esse objetivo desejado, mas não possuído. Houve um momento, durante aquela primeira experiência que pedimos a você recordar, em que pensou que certo objetivo em particular estava além do seu alcance. Apesar da sinceridade e da convicção daquela crença naquele momento, essa avaliação estava errada, como foi demonstrado pelo fato de que algum tempo depois a intervenção de experiências e mudanças tornou possível a realização daquele objetivo. Se você estava errado quanto à possibilidade de realizar aquele objetivo, quantos outros enganos poderia cometer em relação a objetivos que acredita estarem neste momento além do seu alcance?

Reflita por um momento na diferença que há entre uma pessoa que acredita que sua capacidade está limitada a certas áreas, e outra que acredita ser capaz de adquirir competência em qualquer situação na qual seja possível um ser humano ser competente. Você provavelmente acredita que haja entre estes dois indivíduos mais diferenças quanto às suas experiências internas e comportamentos externos. Seja ela ou não capaz de alcançar seus objetivos, você provavelmente julga a segunda pessoa (que acredita na possibilidade de dominar qualquer coisa) destemida por perseguir seja qual for a meta fixada por si mesma ou por outros. Por outro lado, a primeira pessoa tenta alcançar apenas aquelas metas que ela percebesse já estarem dentro de suas capacidades. Mais uma vez, a questão não é se a segunda pessoa está certa ou errada ao tentar o que está tentando, ou se a primeira pessoa está certa ou errada ao jogar fora as possibilidades que julga estarem além do seu alcance. Pelo contrário, a questão é que as diferenças em seus pressupostos de ação resultarão em profundas diferenças no modo de pensar, sentir e comportar-se quando defrontadas com um possível objetivo ou meta.

Não podemos avaliar, em seu lugar, se você é ou não capaz de atingir alguma meta particular. Na verdade, se você recordou um exemplo de algo que pensou não poder fazer mas que algum tempo depois descobriu que era capaz de fazer, pôde perceber que até mesmo você não está necessariamente capacitado a julgar sozinho e corretamente a *futura* extensão de suas capacidades. O que *podemos* dizer, desta nossa remota posição nestas páginas, é que se você *não* fizer nenhuma tentativa na direção da sua meta, ela quase certamente *não* será atingida. Se não perseguir seus objetivos, você certamente estará alimentando a confiança que tem na auto-avaliação de suas limitações. Mas o preço, em termos da acumulação de limitações, é muito alto. Portanto, parece que a pergunta "Isto é possível para mim?" nem de longe tem a mesma utilidade da pergunta *"Como posso transformar esta possibilidade numa realização?"*

As possibilidades a que estamos nos referindo são todas aquelas contidas no incrivelmente vasto e variado repertório da experiência e do comportamento humanos. Cada ser humano é uma fonte, uma nascente de experiências, comportamentos e habilidades únicos. De algum modo, cada pessoa elabora sua conformação particular de experiências, comportamentos e habilidades usando os mesmos sistemas neurológicos e perceptivos que todos nós compartilhamos. O princípio subjacente a tudo que descrevemos nestas páginas é que as habilidades, percepções, atitudes, atributos, processos de pensamento e comportamentos dos outros são recursos à disposição de *qualquer um* que os perceba como tais e que seja capaz de formalizá-los de maneira que possam ser aprendidos. Embora não seja necessário ter esta perspectiva para se beneficiar dos procedimentos EMPRINT apresentados neste livro, ela é crucial para o entendimento e a avaliação do Método EMPRINT — o processo que usamos para *gerar* estas fórmulas para a realização e o sucesso humanos.[1]

A seguir, ofereceremos uma série de exemplos que demonstram a diversidade e o alcance das reações humanas possíveis dentro de situações semelhantes. Você pode reconhecer-se, e a outras pessoas de suas relações, nesses exemplos. Quando acabar de ler, compare o modo como reage à mesma situação e reflita sobre o que torna possível para as pessoas descritas reagirem dessa maneira.

A entrevista de emprego Steve e Nate estão sentados lado a lado na sala de espera do escritório de um empregador em potencial. Ambos estão desempregados, precisam trabalhar e encontram-se na ante-sala de um empregador que poderá oferecer-lhes um trabalho, se escolher um dos dois. Mas primeiro eles têm de ser entrevistados.

Enquanto Steve espera ser chamado, recorda todas as outras vezes em que foi entrevistado para um emprego, ocasiões em que se sentiu nervoso, inapto e não conseguiu o trabalho — em suma, todas as entrevistas em que ele considera ter falhado. No momento em que foi chamado, Steve sentia-se despreparado e sem esperanças de alcançar sucesso. Durante a entrevista, os sentimentos de inadequação de Steve se revelaram em seu comportamento apologético, suas respostas hesitantes e sua falta de entusiasmo.

Apesar de ter passado por entrevistas malogradas e recusas de emprego, Nate caminha para cada entrevista com sentimentos e condutas confiantes. Embora reconheça que conseguir o emprego é um modo seguro de medir o sucesso de uma entrevista, Nate também a considera um sucesso se conseguir aprender alguma coisa. De acordo com este princípio, de cada uma de suas experiências em entrevistas anteriores, ele fixara apenas aquilo que aprendeu ou precisava aprender. Assim, mesmo quando recordava entrevistas nas quais não obtivera sucesso, considerava-as como experiências de aprendizado, não como exemplos de sua incompetência. Nate começa a entrevista sentindo-se confiante, e seu estado interno manifesta-se em sua atitude aberta e descontraída, suas respostas resolutas e seu otimismo.

O encontro   Daphne tem pouco mais de trinta anos. Embora não queira, vive só. É secretária em uma grande companhia, onde diariamente tem contato com muitos homens pelos quais se sente atraída. Mas, embora quisesse, nunca saiu com nenhum deles. O empenho de Daphne em conseguir um encontro com qualquer desses homens consiste em esperar, sentada à mesa, que alguém a perceba e a convide, e esperar, olhando para o vazio, diante do telefone em sua casa, que alguém se lembre dela e a convide. Enquanto espera, fantasia o quanto seria maravilhoso o relacionamento com um ou outro dos seus pretendentes, imagina seu casamento, seu lar, seus filhos e tudo o mais. Deseja muito essas coisas e experiências, mas nesses dias freqüentemente perde a esperança de alcançá-las, porque nada de romântico tem acontecido em sua vida já há algum tempo. De fato, ela chegou ao ponto de sentir-se alternadamente ressentida por não ser convidada pelos homens e resignada com o fato de não ser atraente.

O caráter de Daphne contrasta nitidamente com o de Sue. Sue tem cerca de trinta e cinco anos, também trabalha em um escritório e habitualmente sai com quem deseja sair. Quando Sue conhece um homem atraente, empreende uma campanha a fim de descobrir ao que ele reage favorável ou desfavoravelmente. Se descobre, por exemplo, que seu namorado em potencial gosta de charadas, ela encontrará com certeza uma que usará para atraí-lo. Também observará como ele se movimenta dentro do escritório (ou onde quer que seja), para ser capaz de planejar quando e onde fazer contato com ele, o que ela *faz*. Embora sua forma de aproximação possa variar entre uma ação direta ou outra mais sutil, o resultado dos esforços de Sue é que ela faz contado com o homem pelo qual se sente atraída, e a interação que se segue habitualmente agrada ao homem.

Uma proposta de casamento   Lotty, Lester e Carl acabaram de receber propostas de casamento de seus respectivos namorados. Nesse momento, Lotty, Lester e Carl precisam decidir como reagir à possibilidade do casamento.

Ao tomar sua decisão, Lotty recorda seu casamento anterior e tenta avaliar se foi um casamento satisfatório, se ela agiu certo ao casar-se com aquele homem, se seu atual namorado se revelou igual ou diferente de seu primeiro marido, e assim por diante. O resultado da deliberação de Lotty foi recusar a proposta, pois estava certa de que o casamento não foi uma experiência satisfatória para ela, e que seu atual namorado age freqüentemente de forma muito parecida à de seu destestável primeiro marido. Lotty desejaria que as coisas não fossem assim, mas não quer uma repetição de seu casamento anterior.

Lester está vivendo momentos maravilhosos, pois está apaixonado pela namorada; sua única preocupação é que eles possam continuar seu relacionamento. Ao tomar sua decisão, Lester recorreu às reações e percepções atuais que tem de sua namorada para avaliar até que ponto está preparado para o casamento, o quanto ele a ama, e se ela é ou não sincera. Quando um amigo prestativo (com o intuito de ajudá-lo a tomar sua decisão) pediu que ele considerasse a proposta à luz de seu casamento anterior, Lester ficou confuso e um pouco irritado. "O que é que aquilo tem a ver com isto?", estourou e se retirou. Lester sentia-se apaixonado, esse sentimento era forte, e o de sua namorada também. Ele sabe que há alguns problemas em seu relacionamento, mas decide que nenhum desses problemas é tão grande ou tão importante quanto o amor que sente por aquela mulher. Lester decidiu casar-se outra vez.

Carl nunca foi casado, mas já viveu com duas mulheres. Assim como Lester, Carl está vivendo momentos maravilhosos com sua atual namorada, mas isto não o leva a dizer sim ao casamento. O que Carl tenta definir é somente o que acontecerá se se casar com sua namorada. Pensa onde viveriam; imagina-se com filhos e calcula se seria capaz de conseguir sozinho o dinheiro necessário para sustentá-los. Carl imagina como seria viver com sua namorada, não exatamente agora, mas daqui a dez ou doze anos. Pergunta a si mesmo se ainda estarão apaixonados; se as decisões relativas às suas carreiras atrapalharão seu relacionamento, e assim por diante. Carl vê a si mesmo ganhando dinheiro para sustentar uma família e tudo dando certo durante algum tempo. Mas então imagina seu relacionamento tornando-se uma contínua discussão acerca do tempo dedicado às respectivas carreiras. Carl pensa: "É isso o que nós temos pela frente?". Balança a cabeça e decide adiar a decisão até que possam solucionar seus potenciais conflitos em relação à carreira de forma mais satisfatória.

A sobremesa Três amigos — Arbuckle, Wally e Eileen — estão apreciando uma deliciosa refeição em um excelente restaurante. Após terminarem os pratos principais, enquanto comentam a refeição e reafirmam o quanto estão satisfeitos, o garçom aproxima-se da mesa com um menu de doces, repleto de bolos e tortas. "E agora, o que gostariam como sobremesa?", pergunta.

Arbuckle está vários quilos acima do peso. Ele sempre diz que "brevemente" vai iniciar uma dieta e sabe, por experiência própria, porque perde o fôlego quando sobe um lance de escadas e pelos artigos de alerta que lera em revistas, que realmente precisa perder peso. Reconhece que se isso não acontecer vai tornar-se mais e mais limitado e incapacitado fisicamente e não quer que isso aconteça. Apesar de tudo, Arbuckle pede uma fatia de torta. Quando os amigos, surpresos, pedem-lhe uma explicação, tudo o que ele consegue dizer é: "Posso começar a dieta amanhã. Isto é delicioso demais para ser dispensado".

Wally (que não está gordo) também acha que a torta parece deliciosa, e confessa desejar uma fatia. Mesmo assim, com tristeza, recusa, dizendo: "Não, vou me arrepender depois". E explica por quê: "Se comer mais alguma coisa, vou acordar com azia no meio da noite".

A torta parece saborosa para Eileen, mas ela também recusa. "Tortas nunca combinaram comigo. Eu *sempre* fico com azia", ela explica. Arbuckle procura convencê-la a fazer uma tentativa, pois talvez tivesse se tornado imune aos efeitos ou, pelo menos, poderia acostumar-se comendo um pouco de cada vez. Eileen simplesmente recusa. "Ouça", ela diz, "eu já vi esse filme antes e sei como termina." Nada de torta para Eileen.

O que é flagrante em todos esses exemplos é que pessoas diferentes numa mesma situação podem ter reações muito diferentes. Você diz: "Mas é claro que elas têm reações diferentes — elas são pessoas diferentes!". Mas, ao dizer isto, você está dando um passo na direção do próximo conceito: perceber que, se estes indivíduos têm reações diferentes frente à mesma situação, *então não é a situação que determina a reação*. Na verdade, é o modo como cada um pensa (a estrutura e o conteúdo dos processos internos particulares desta pessoa) que determina que reações ela terá frente a uma dada situação. Assim, reagir com ansiedade, esperança, insegurança ou confiança durante uma entrevista, esperar que o telefone toque ou encontrar uma maneira de fazê-lo tocar quando se quer marcar um encontro, ou decidir casar ou permanecer solteiro são reações determinadas, em um grau bastante grande, pelo modo como a informação se processa em cada uma dessas situações. Ao modificar a natureza desses processos internos, a pessoa de alguma forma alterará seus sentimentos e ações.

Perceber a influência penetrante dos processos internos implica identificar suas metas e prioridades. Ao fim deste parágrafo, examine suas metas e prioridades respondendo às seguintes perguntas: Quais as coisas mais importantes que você gostaria de realizar (ou ser) em sua vida? Quais as experiências que você deseja, com absoluta certeza, viver em algum momento da sua permanência neste mundo? Que objetivos e atividades são importantes o bastante e vale a pena realizar agora e no futuro? Suas reações a estas perguntas serão utilizadas na próxima etapa; portanto, dedique-se a descobrir as respostas agora.

Agora que identificou suas metas e prioridades, preste atenção ao grau em que você acredita poder alcançar cada uma delas. Em outras palavras, defina quão firmemente você crê poder conseguir aquilo que foi identificado. Faça isto com cada uma de suas metas e prioridades antes de passar à próxima etapa.

Agora faremos uma mudança simples no modo como você pensa em suas metas e prioridades. Use sua imaginação, coloque-se temporariamente na situação de que, por causa de uma guerra, ou talvez de uma doença, você descobriu ter apenas uma semana de vida. De que modo passaria seu tempo se tivesse apenas mais uma semana de vida? O que tem importância para você, agora que está diante dessa realidade? Que sentimentos e sensações experimenta quando pensa em suas metas, dispondo de apenas uma única semana para realizá-las? Averigúe até que ponto essa mudança no período de vida afeta sua crença em sua capacidade de atingir as metas e prioridades identificadas anteriormente. Dedique algum tempo a esta averiguação.

Agora faça outra mudança simples. Ao invés de uma semana, imagine que tem um ano de vida. Passe pelo mesmo processo a fim de determinar o que faria, com quem gostaria de estar, aonde gostaria de ir, o que seria importante realizar realmente, se tivesse um *ano* de vida. Observe quaisquer mudanças em suas sensações e sentimentos. Observe também quaisquer mudanças no quanto você acredita poder atingir as metas e prioridades identificadas originalmente. Antes de passar ao próximo parágrafo, descubra as diferenças provocadas por esta mudança.

Agora faremos mais uma mudança simples no modo como você pensa em seu futuro. Por causa de uma conquista sem precedentes nas pesquisas biomédicas, a extensão da vida humana foi prolongada. Ao invés de uma semana ou de um ano, use a imaginação e se coloque na situação de quem dispõe de mais *duzentos* anos de vida. De que modo suas metas e prioridades mudam com mais duzentos anos pela frente? Que experiências e realizações tornam-se importantes frente a este tempo ampliado de vida? A despeito de qualquer mudança em sua lista, observe quaisquer diferenças no grau de sua crença em poder atingir cada meta e prioridade. De que modo dispor de duzentos anos para atingir seus objetivos afeta sua crença em sua capacidade de alcançá-los? Observe como as sensações e sentimentos que você experimenta se modificam com a extensão de suas mudanças futuras. Esta é a última etapa desta investigação; portanto, termine-a antes de prosseguir.

Algumas pessoas modificam suas prioridades quando seu futuro é ampliado, e outras não. Talvez você apenas aumente sua lista original de vontades e desejos. Embora possa haver uma vasta gama de *tipos* de mudanças internas experimentadas por aqueles que participam desta demonstração, estamos certos de que você experimentou alguma mudança na reação a esta simples alteração no modo como pensa no futuro. Como acabou de descobrir, quando faz uma mudança em sua crença ou no modo como pensa, você influencia sua vivência do mundo. Na verdade, suas crenças e processos internos combinam-se para modelar muito do que você vivencia como real e obrigatório.

A soma total de suas crenças e processos internos constitui aquilo a que chamamos seu *modelo de mundo*. Como demonstramos acima, é seu modelo individual de mundo que cria sentido e experiência subjetiva (suas emoções e percepções). E é esse sentido e essa experiência subjetiva que guiam suas ações. Se modificar seu modelo de mundo, você vai inevitavelmente alterar de alguma maneira sua experiência subjetiva e seu comportamento. Este é, então, o domínio dentro do qual você operará sempre que desejar modificar a sua própria (ou a de outra pessoa) experiência subjetiva e seu comportamento: o domínio dos modelos de mundo pessoais[2].

Se você admitir (mesmo que apenas por um momento) que a qualidade e a expressão da experiência humana é muito influenciada, quem sabe até determinada, pela natureza do processamento interno que cada um de nós utiliza para tornar o mundo sensível e compreensível, então torna-se importante descobrir que tipos de processos internos levam a que tipos de experiências e comportamentos. Se pudermos separar tais padrões das intrincadas camadas dos processos de informação e experiência humana, nomear esses padrões e descrevê-los de tal modo que possam tornar-se uma espécie de argila modelável de experiência e expressão — ao invés do granito das reações genética e historicamente determinadas —, então teremos dado um longo passo na direção da realização daquele sonho que Edward Hall exprime de modo tão bonito na citação de abertura: que cada um de nós pode alcançar a competência e a realização na busca de seus sonhos, esperanças e ambições.

Os procedimentos EMPRINT que vamos apresentar agora são um passo nesta direção. São um trampolim a partir do qual é possível gerar soluções sempre mais satisfatórias para os problemas e quebra-cabeças da vida. Assim, terminamos este capítulo introdutório com a reprodução da eloqüente argumentação de Edward Hall.

"Assim como um compositor criativo, algumas pessoas têm mais talento para a vida do que outras. Elas de fato exercem influência sobre quem as cerca, mas o processo termina aí, porque não há como descrever em termos técnicos precisos o que elas fazem, em sua maior parte de maneira inconsciente. Em um futuro distante, quando a cultura estiver mais completamente explorada, haverá o equivalente a partituras musicais, possíveis de serem aprendidas, uma para cada tipo diferente de homem

e mulher, para tipos diferentes de tarefas e relacionamentos, no tempo, no espaço, no trabalho ou no divertimento. Vemos pessoas bem-sucedidas e felizes, que têm empregos produtivos e gratificantes. Quais são os conjuntos e padrões que diferenciam suas vidas daquelas das pessoas menos afortunadas? Precisamos de um modo de tornar a vida mais agradável e de deixá-la um pouco menos ao sabor do acaso.''

Edward T. Hall
The silent language

3 Os Cinco Fundamentos do Sucesso

Nos próximos capítulos examinaremos áreas específicas nas quais as pessoas freqüentemente precisam e querem obter novas capacidades, fazer mudanças ou tornar-se mais eficazes. Ao final de cada capítulo, apresentamos um procedimento EMPRINT, um procedimento passo-a-passo para obter capacidades, alcançar mudanças e desenvolver a experiência necessária para ser mais eficiente naquela área particular. Todos esses procedimentos EMPRINT têm alguns passos em comum: todos utilizam a experiência dos cinco fundamentos do sucesso.

Descobrimos a importância desses fundamentos do sucesso ao perceber padrões nas pessoas dotadas de grande capacidade de alcançar sucesso e realização em sua carreira e em sua vida pessoal. Comparamos essas pessoas talentosas com pessoas que são igualmente sinceras nas suas tentativas, que se esforçam igualmente para ter êxito, mas que, apesar do esforço e das boas intenções, acabam sempre frustradas, desapontadas e insatisfeitas. As pessoas que estudamos variam amplamente quanto a idade, origem, profissão, interesses e posição econômica, mas, *sem exceção*, todas essas pessoas talentosas e realizadas apresentam um padrão comum: cada uma delas incorpora, em seus pensamentos e ações, a maioria, se não todos, os fundamentos do sucesso que vamos apresentar. As pessoas atormentadas por seguidos fracassos e frustrações incorporam poucos, e às vezes nenhum, desses fundamentos do sucesso.

Antes de especificar os passos necessários para realizar mudanças nas áreas descritas nos capítulos subseqüentes, é preciso primeiro familiarizar-se com estes elementos do sucesso. Esses elementos permearão cada um dos procedimentos EMPRINT deste livro; por isso, examinaremos primeiro etapas concebidas para permitir o domínio de cada um desses valiosos instrumentos. As etapas são numeradas para facilitar sua localização, caso você decida repetir uma etapa (ou a seqüência inteira).

É preciso ler a etapa inteira antes de iniciar um exercício ou investigação; cada etapa contém exemplos, instruções e sugestões importantes. É importante incorporar esses fundamentos do sucesso ao pensamento e ao comportamento, ao invés de simplesmente ler sobre eles. Reserve então o tempo necessário para engajar-se plenamente nos exercícios e investigações que se seguem. A recompensa será para o resto da vida.

Futuros Propulsores

Uma vez que, ao ler este texto, você tem ao menos a intenção de adquirir uma nova habilidade, realizar alguma mudança em si mesmo ou tornar-se de algum modo mais eficiente, é preciso ter alguma noção do futuro que você deseja. Toda a nossa pesquisa indica que, a não ser que se deixe a realização do futuro desejado por conta da iniciativa dos outros ou da generosidade do destino, ela dependerá em larga medida de nossa própria capacidade de gerar, para nós mesmos, um futuro propulsor capaz de nos motivar e guiar para que finalmente possamos realizar o futuro desejado. Este futuro propulsor é necessário para perder peso, parar de fumar, investir acertadamente, dar-se bem com pessoas diferentes, mudar a opinião sobre si mesmo, transformar um desejo em realidade, ou o que quer que seja. Vamos agora examinar as diversas tarefas envolvidas na construção de um futuro propulsor.

Embora quase certamente haja situações em que de fato dispomos de um futuro propulsor, como saber que ele *é de fato* um futuro propulsor? É preciso lembrar que um futuro propulsor é aquele que exerce uma pressão suficientemente forte para motivar e influenciar a pessoa no presente. Assim, há alguma situação em que se tenha um futuro propulsor? A variável decisiva será a vivência (ou a ausência) de algum futuro projetado como sendo real. Para ter uma idéia do que estamos falando, é preciso deixar-se conduzir pelas seguintes experiências:

Imagine-se aproximando-se do seu rádio, desligado, e girando até o máximo o botão do volume. Enquanto aproxima um dos ouvidos do auto-falante, coloque o dedo sobre o botão que liga o rádio. Agora imagine sua reação enquanto considera a possibilidade de ligar o rádio. Você o aperta decididamente ou hesita? O grau da sua hesitação é uma indicação do grau de realidade que este ataque auditivo tem para você no futuro projetado.

Imagine que você está sentado na mesa acolchoada da sala de exames de um médico. O médico decidiu que você precisa tomar uma certa injeção. Você observa a enfermeira pegar uma seringa, enfiar a agulha no invólucro de borracha do recipiente, e puxar de volta o pistão para aspirar o líquido claro para dentro da seringa. Você sabe o que vem por aí. A agulha que se aproxima é tão irrelevante para você quanto o vaso de plantas no canto da sala, ou você já está recuando e enrijecendo-se para a picada da agulha?

Considere a possibilidade de ficar acordado a noite toda. Qual o grau de realidade do fato de que amanhã você estará exausto e esgotado?

Estes três exemplos de futuros propulsores são modelos de curto prazo (embora o terceiro exemplo tenha um prazo maior do que os dois primeiros), estando portanto mais próximos da universalidade. Futuros propulsores parecem estar disponíveis a qualquer pessoa, desde que a estrutura temporal seja a de um futuro iminente e que a relação entre os eventos invocados seja conhecida e aceita. Para exemplificar, a maioria das pessoas evita comer algo que suspeita estar estragado, uma vez que a probabilidade de ficar doente é muito real; a maioria das pessoas evita passar na frente de um carro em movimento, e daí em diante. Assim, estes são exemplos de situações nas quais a experiência de um futuro é obrigatória.

Como estes exemplos ilustram, futuros propulsores podem influenciar seu comportamento de maneira benéfica. Ter um futuro propulsor com prováveis conseqüências negativas protege a pessoa dos resultados de comportamentos bobos ou negligentes. De fato, esses comportamentos são geralmente o resultado da *inexistência* de um futuro propulsor com relação à situação na qual aquele comportamento potencialmente perigoso se manifesta. Futuros propulsores também estimulam a pessoa a comportar-se *agora* de maneiras mais propícias à gratificação e realização ao longo da vida.

A aquisição da habilidade de gerar futuros propulsores é um passo importante para se proteger de experiências pessoais desagradáveis, tais como doença, solidão, rejeição, pobreza, etc. Você descobrirá que um futuro propulsor que inclua uma representação integral de um de seus objetivos o influenciará a comportar-se de maneira a assegurar esse objetivo. A seqüência que se segue lhe dará competência para gerar futuros propulsores. Procure familiarizar-se com as instruções lendo primeiro cada etapa integralmente e então *siga* as instruções. Isto lhe permitirá adquirir a capacidade de processamento interno que possuem aquelas pessoas dotadas, nas quais a superioridade pessoal se expressa firmemente.

1 Ao contrário dos exemplos anteriores, os futuros propulsores necessários em determinados contextos (saúde e investimentos, por exemplo) são geralmente de longo prazo, estendendo-se por ao menos alguns anos no futuro. Para gerar um futuro propulsor a longo prazo, é preciso primeiro construir uma representação *visual* completa (uma imagem mental) de si mesmo no futuro. Caso não seja fácil imaginar a si mesmo, comece olhando para a sua mão e imaginando-a envelhecer. É exatamente como ver os efeitos especiais dos filmes (*O pequeno grande homem, O retrato de Dorian Gray, O diário de Jane Pittman*), em que o ator ou atriz envelhece durante o filme. Enquanto imagina sua mão envelhecendo, a textura da pele muda, tornando-se mais fina, suave, as rugas se aprofundam, e as veias sobressaem. É até possível variar a maneira de fazê-la envelhecer. É possível vê-la perder a cor e ficar manchada, nodosa devido à artrite, ou então forte e flexível, envelhecendo dignamente. Em seguida, pode-se imaginar o envelhecimento de um dos pés, e então de uma perna. Finalmente, é a vez do rosto: sentado em frente a um espelho, envelheça seu rosto usando a criatividade (como faz no cinema o criador de efeitos especiais), de maneira a tornar aquele futuro real para você.

Não se deve esquecer que o propósito deste exercício não é assustar ou desencorajar a pessoa quanto às conseqüências da velhice, mas dar a ela uma experiência capaz de influenciar seu comportamento atual de modo a fazê-la cuidar de si mesma agora para viver bem no presente e no futuro. O seu "eu" que estamos criando é o "eu" do *seu* futuro, cujo bem-estar depende totalmente de suas ações atuais. Quer dizer, se você não poupar para a velhice, negligenciar seus relacionamentos, comer demais, fumar, ceder à preguiça ou usar drogas, é seu "eu" futuro que mais sofrerá com isto.

2 Após fazer o exercício anterior, será mais fácil construir uma imagem de si mesmo em algum futuro possível. Para intensificar a realidade dessa representação futura de si mesmo, é bom especificar uma época futura — daqui a dois, cinco ou dez anos — e imaginar esse "eu" futuro diante de si. Talvez seja útil imaginar que está olhando em um espelho que reflete magicamente o futuro. Quando a imagem estiver clara, o próximo passo é avançar e tornar-se fisicamente aquele "eu". Sentir como é estar lá. Sentir como é estar em seu corpo futuro. Então, respire fundo e explore as sensações que acompanham esse estar mais velho. Em seguida, saia desse "eu" futuro, veja-o novamente e pergunte-lhe o que deseja do "eu" *atual*. É importante prestar atenção à resposta, pois este futuro "eu" pode ser muito encorajador quanto ao desenvolvimento de hábitos saudáveis, acertados e produtivos no presente. Se você não ouvir e responder ao seu futuro "eu", quem o fará? O que quer que o futuro "eu" deseje do atual, é importante anotá-lo:

O futuro *eu* deseja que eu _____

_____

_____

Há ainda uma outra maneira de desenvolver uma representação de um futuro propulsor de si mesmo; observar pessoas mais velhas, tanto as muito mais velhas quanto as ligeiramente mais velhas. Pensando nelas uma de cada vez, imagine-se exatamente como elas. Qual delas representa futuros atraentes — aqueles que você gostaria de ter? Antes de avançar na leitura, utilize estes dois métodos para aprender a desenvolver uma representação do seu "eu" futuro.

3   O próximo passo na criação de um futuro propulsor é fazer uma avaliação, tanto positiva quanto negativa, de si mesmo no presente. Percorrendo todos os aspectos que fazem de você a pessoa que é, avalie então onde mora, a vida em casa, as relações pessoais, a carreira, a saúde, finanças, aparência, e por aí afora. Esta avaliação deve ser a sua própria e honesta estimativa do que é real — não do que poderia ser, mas do que é.

Por exemplo, uma avaliação muito geral poderia ser:
- **Moradia**   Ótima localização, mas necessitando de consertos.
- **Casamento**   Mutuamente satisfatório, enriquecedor.
- **Filhos**   Felizes, boa saúde, bom desempenho escolar, mas não passo com eles tanto tempo quanto gostaria.
- **Saúde**   Razoável; não como bem e não faço exercícios.
- **Carreira**   Vai bem, mas dispersa; não tenho certeza de onde vai dar. Falta segurança.
- **Finanças**   Não muito seguras, mas sem grandes problemas. Sem planos a longo prazo.
- **Aparência**   Como a saúde; não cuido bem de mim mesmo.

Nas linhas seguintes, faça a avaliação geral da sua situação atual. Usaremos estas informações na próxima etapa; portanto, faça agora uma avaliação honesta.

Avaliação geral da minha situação atual

Moradia_____

_____

Casamento (ou relacionamento amoroso)_____

_____

Filhos_____

_____

Saúde_____

_____

Carreira_____

_____

Finanças_____

Aparência_____

?_____

?_____

4 Agora, recorde sua situação nestas mesmas áreas da vida há cinco anos. Como estava sua saúde há cinco anos? Qual o estado de suas finanças? Qual a qualidade de seus relacionamentos? Aqui estão as respostas da pessoa que usamos como exemplo na etapa anterior:

- **Moradia** Péssima. Solução temporária para as necessidades de moradia.
- **Casamento** Em má situação. Precisava de toda a atenção que lhe foi dada em seguida.
- **Filhos** Estavam bem, mas também precisavam de atenção. Talvez estivessem sofrendo os efeitos do casamento tumultuado.
- **Saúde** Boa. A juventude compensava a falta de cuidado.
- **Carreira** Muito no início, ainda em formação.
- **Finanças** Irregulares. Fonte de muitas preocupações.
- **Aparência** Boa. A juventude facilitava.

Utilize as linhas seguintes para a sua avaliação das mesmas áreas *há cinco anos*. Não deixe de fazer esta retrospectiva antes de passar à próxima etapa.

Avaliação geral da minha situação há cinco anos

Moradia_____

Casamento_____

Filhos_____

Saúde_____

Carreira_____

Finanças_____

Aparência_____

?_____

?_____

5 Feito isto, avalie como o seu comportamento desde aquela época contribuiu (para melhor ou para pior) para criar a sua situação atual. Em outras palavras, determine como suas ações durante os últimos cinco anos ajudaram a moldar o seu eu presente e as atuais circunstâncias. Esta é uma etapa importante; portanto, gaste todo o tempo necessário nesta avaliação.

6 Terminada a avaliação, imagine de que maneira sua situação estaria pior se você tivesse se comportado de modo *muito* inadequado (mau, imprudente, irresponsável, compulsivo, etc.) durante os últimos cinco anos. Os benefícios deste tipo de avaliação serão logo evidentes. Mas primeiro é preciso compreender que sua situação poderia ser hoje muito pior se você tivesse se comportado de outra maneira no passado.

7 O próximo passo é determinar o que mais poderia ter sido feito (não o que você fez realmente) durante os últimos cinco anos que teria tornado sua situação atual *melhor do que é*. Não estamos falando da vontade divina ou de circunstâncias fortuitas, tais como ganhar na loteria. Estamos falando do que mais VOCÊ poderia ter *feito* que, sem ser uma grande privação, teria lhe dado hoje uma posição significativamente melhor (quanto aos seus relacionamentos, carreira, saúde, etc.). Por exemplo, você é funcionário de um armazém e não gosta do seu emprego. Olhando para trás, para os cinco anos passados, você compreende que, se tivesse estudado computação, estaria ganhando mais e possivelmente fazendo algo mais interessante. Agora, imagine o que você poderia ter feito durante os últimos cinco anos que teria tornado o presente ainda melhor do que é.

8 Agora imagine para si mesmo dois quadros do futuro: o primeiro daqui a cinco anos, contendo experiências e situações que você *realmente* quer; e o segundo daqui a cinco anos, com experiências e situações que você de fato *não* quer. Não deixe de incluir nos quadros o que o cerca, onde você está, com quem está, o que está fazendo e como está se sentindo. Preste atenção a detalhes interessantes. Cada quadro deve conter uma representação vívida do seu futuro eu vivendo naquele conjunto de circunstâncias muito *desejável* ou *indesejável*. Antes de prosseguir, use sua imaginação para criar essas duas imagens.

9 Depois de criar esses dois futuros, quando terminar de ler este parágrafo, olhe para seu futuro desejado e pergunte a si mesmo: "Como posso fazer para que isso aconteça?" Esta pergunta é o estímulo para que você identifique com precisão que ações conduzirão provavelmente ao futuro desejado. Neste ponto há uma regra extremamente importante: se qualquer dessas etapas que conduzem ao futuro desejado depende da sorte ou da generosidade de outras pessoas, ela é inaceitável. Tais etapas colocam nas mãos dos outros a realização do seu futuro desejado (sendo assim omissões). Para manter, tanto quanto possível, a concretização do seu objetivo como uma questão de escolha, tais etapas devem ser substituídas por etapas/comportamentos que você possa controlar por si mesmo, ou ao menos influenciar. Por exemplo, vamos supor que seu objetivo seja ter um bom relacionamento amoroso. Se uma das etapas do processo rumo a este objetivo for a esperança de ser encontrado pela pessoa certa, então a realização ou não do objetivo foge ao seu controle. Isto é, forças externas ou circunstâncias fortuitas devem providenciar a pessoa certa. Substituindo esta etapa por outra que envolva *procurar* um parceiro amoroso, você criará muitas oportunidades e opções que de outro modo nunca teria. Não dispondo de informações suficientes para determinar como fazer o futuro desejado acontecer, pode usar a pergunta: "Como posso descobrir um jeito de fazê-lo acontecer?". É uma maneira de orientar-se na descoberta de fontes de informação apropriadas. Não deixe de anotar esses comportamentos que farão do futuro desejado uma realidade. Olhe para seu futuro desejado e responda agora àquelas perguntas, antes de prosseguir.

Coisas que vale a pena fazer

10 Depois de identificar os comportamentos que o levarão ao futuro desejado, é preciso identificar os comportamentos que provavelmente o conduzirão ao futuro indesejado. Assim, você terá gerado para si mesmo tanto uma representação propulsora de um futuro que você quer (incluindo as etapas/comportamentos que *você* precisa ter para alcançar esse futuro) quanto daqueles comportamentos que o conduzirão ao futuro que você *não* quer. A título de ilustração, a escolha de determinados alimentos nos manterá saudáveis, mas ignorar nossas necessidades de nutrição afetará nossa saúde; exercícios de alongamento aumentarão nossa flexibilidade física, mas a preguiça nos tornará rígidos; separar imediatamente uma parte do salário possibilitará economizar dinheiro, mas esperar o fim do mês para ver o que sobra dificultará a poupança; ficar com os filhos ajudará a criar um bom relacionamento, mas estar sempre ocupado com outras coisas provocará ressentimento. Agora procure identificar os comportamentos que provavelmente o conduzirão ao seu futuro *indesejado*. Utilize o espaço abaixo para listar os comportamentos que o desviarão de onde deseja ir.

Coisas que devem ser evitadas

_____

_____

_____

_____

_____

_____

Estas representações são agora um recurso a ser utilizado para avaliar continuamente se você está progredindo rumo ao seu futuro desejado ou indesejado.

11 Agora que sabe quais comportamentos conduzirão a quais futuros, obviamente você se engajará nos comportamentos que o levarão ao futuro desejado e manterá distância daqueles que conduzirão ao futuro indesejado. Cada vez que adotar um comportamento que o aproxime do futuro desejado, sinta-se e veja-se aproximando-se dele. E, na hipótese de se comportar de modo que o conduza ao futuro *indesejado*, você também deve se ver e sentir aproximando-se dele.

Agora que você domina a técnica para gerar futuros propulsores, utilize-os para orientar suas decisões e comportamentos rumo ao alcance de seus objetivos (e para longe das decepções e arrependimentos). É sempre possível voltar a esta seqüência de etapas. É importante fazê-lo sempre que houver necessidade de colocar a vida de volta nos eixos e de alinhar o comportamento com os objetivos. Esta técnica é a maneira de relacionar as ações de hoje à realização de amanhã. Nos próximos capítulos, ajudaremos o leitor a aplicar esta técnica à sua saúde, à sua carreira e a seus relacionamentos.

Flexibilidade de Critérios

Os futuros propulsores que criamos utilizando a seqüência anterior de etapas são o resultado do uso de alguns padrões, ou critérios. Os critérios determinam o que estamos tentando fazer para preencher a experiência. É claro que já dispomos de critérios que utilizamos na maioria das situações nas quais nos encontramos, incluindo aquelas que desejamos mudar. Já que em larga medida esses critérios determinam aquilo que privilegiamos e aquilo que omitimos ou evitamos, é importante verificar se esses critérios são ou não *apropriados* ao futuro desejado.

Por exemplo, se o futuro desejado inclui um relacionamento amoroso duradouro, estável, seguro, e a pessoa está no momento atraída por conquistadores inconstantes, ainda que charmosos, é provável que seus critérios quanto ao que é atraente sejam inadequados para alcançar o futuro desejado. Agora que você sabe avaliar seus critérios e ajustá-los de modo a garantir que contribuam para o alcance dos futuros desejados (bem como do bem-estar atual), nós o ensinaremos a desenvolver a *flexibilidade de critérios*. A flexibilidade de critérios lhe oferece múltiplas maneiras de atender a suas exigências e de satisfazer seus desejos. Fornece opções quanto ao modo de alcançar a realização; é como ter muitos caminhos possíveis e agradáveis para chegar a um mesmo lugar.

1 A primeira questão a considerar é examinar se seus critérios são exigências formadas numa etapa anterior da vida (agora obsoleta). Por exemplo, você ainda está tentando corresponder ao critério de ser bom (talvez um critério imposto pelos pais, por um professor ou por um sacerdote), quando seria mais apropriado direcionar seus esforços para ser competente. Em outras palavras, é possível que seus critérios sejam inadequados por pertencerem a uma etapa da vida que não é mais importante para quem você é *agora*. Ou serão eles atuais e, por isso, representativos do que você é hoje como pessoa? Examine vários contextos, tais como relacionamentos, saúde pessoal, amores, política, estilo de vida e carreira, identificando seus critérios para cada um deles. Por exemplo, talvez você dê um alto valor à lealdade nos relacionamentos, à força na saúde, à compatibilidade intelectual num amante, a uma política liberal do ponto de vista social, mas conservadora do ponto de vista fiscal, a um estilo de vida metódico e urbano e a uma carreira cheia de desafios. Uma outra pessoa pode ter critérios centrados em relacionamentos divertidos, vitalidade na saúde, atração física num amante, política do meio ambiente, estilo de vida rural e ao ar livre e numa carreira individualizada com ênfase na independência.

O que, na sua opinião, é importante, valioso, certo, errado e apropriado nestes contextos? Antes de passar ao próximo parágrafo, liste o que é importante para você em cada um dos contextos nos quais estiver interessado e determine quais dos critérios listados são representativos de quem você é agora (e de quem deseja ser) e quais são exigências que não importam mais, talvez porque fossem características suas de algum momento passado. Listar os critérios torna mais fácil (e mais obrigatório) avaliar se eles são ou não representativos de seus valores e exigências.

O que é importante em relação a:

Relacionamentos _____

_____

Saúde pessoal _____

_____

Amantes _____

_____

Política _____

_____

Estilo de vida _____

_____

Carreira _____

_____

? _____

_____

2 Uma outra boa maneira de atualizar os critérios é identificar para si mesmo quem está sendo tomado como modelo de conduta. Quem são os atletas, as estrelas da mídia, os líderes empresariais e políticos e as personagens da literatura com quem nos identificamos? Quem são as pessoas que conhecemos pessoal e profissionalmente a quem imitamos

(ou propositadamente evitamos imitar)? Os padrões que essas pessoas/modelos exemplificam são representativos da pessoa que somos e queremos ser, ou representam mais adequadamente quem fomos em algum momento no passado? Por exemplo, na adolescência uma mulher talvez pensasse que as coelhinhas da *Playboy* ou as vencedoras de concursos de beleza eram o único modelo possível. Mas agora, ao invés de limitar sua luta a ficar atraente em saltos altos e trajes de banho, ela vê nas líderes feministas, em mulheres respeitadas na política e em mães realizadas mulheres que vale a pena imitar. Embora um andar *sexy*, pernas bonitas ou um sorriso radiante possam ter sido importantes no passado, as qualidades que ela admira agora talvez incluam inteligência, espírito, independência e cuidado para com os outros. Utilize um ou dois minutos para atualizar, com este método, seus critérios em relação a quem você é e a quem você quer ser.

As qualidades do seu modelo de conduta	As qualidades importantes para o seu eu presente e futuro

3 Entretanto, atualizar os critérios não significa necessariamente ter os critérios mais apropriados para o futuro que se quer obter. É importante testar sua adequação-inadequação considerando uma *gama* de critérios que inclua padrões de avaliação que de outro modo talvez não fossem considerados. Talvez alguns desses padrões sejam mais úteis na obtenção dos futuros desejados do que os utilizados agora. Tomando o comer em excesso como exemplo, imagine que está escolhendo um prato num restaurante conhecido. Talvez o critério utilizado na escolha seja o prazer. Utilizando o critério do prazer, o que escolheria como entrada? Como prato principal? Para beber? De sobremesa? Depois de escolher, leia novamente o cardápio, mas desta vez utilizando o critério da saúde nas escolhas. Como esta mudança de critério altera a refeição? Qual sua escolha agora para a entrada? (Você ainda quer uma?) Quais são os pratos, bebidas e sobremesas saudáveis? Com calma, examine a lista de possíveis critérios (acrescentando outros que lhe ocorram) que oferecemos a seguir e faça sua escolha a partir de cada um deles:

Prazer
Saúde

Calorias
Novo (ou Diferente)
Conhecido
Satisfação pessoal
Leveza
Como me sentirei depois de comer
Como me sentirei amanhã

4 Revendo as escolhas feitas sob a influência de cada um dos critérios acima, avalie para si mesmo quais desses critérios o levaram a fazer escolhas *alinhadas com seu futuro desejado*. Obviamente, os critérios que o levam a fazer escolhas contrárias à realização de suas metas são inadequados, devendo ser postos de lado em favor dos critérios que dirijam sua atenção e escolhas de maneira favorável à realização das metas desejadas. Por exemplo, utilizando o prazer como critério, é possível que você escolha lingüiça com brioches e pão francês como entrada, lasanha como prato principal e torta de queijo como sobremesa. Uma refeição deliciosa... a não ser que você esteja acima do peso e fazendo dieta. Talvez seja uma brincadeira cruel da mãe natureza que muitos dos pratos que achamos tão gostosos terminem por se acumular nos traseiros e em barrigas salientes. Entretanto, qualquer que seja a dieta atual, perder peso significa mudar o tipo e a quantidade do alimento e fazer exercícios suficientes para diminuir as reservas de gordura e melhorar o tônus muscular. Como critério de escolha de comida nas refeições, o prazer levará a maioria das pessoas a escolher pratos incompatíveis com o seu desejo de perder peso. (Dizemos "a maioria" porque algumas pessoas acham bom comer frutas na sobremesa, ou não comer sobremesa, e detestam torta de queijo.) Se, em vez do prazer, a saúde fosse o critério, talvez a escolha recaísse numa salada como entrada, salmão grelhado como prato principal e morangos frescos de sobremesa. Esta refeição não é necessariamente melhor do que aquela com lasanha e torta de queijo, mas, se a intenção for perder peso, então é mais *apropriada*. Antes de prosseguir, avalie para si mesmo quais critérios o levaram a fazer escolhas apropriadas a seu futuro desejado.

Nos exemplos que utilizamos acima, partimos do pressuposto de que os critérios apresentam certas *evidências* de que eles foram *cumpridos*. Por exemplo, entre os imigrantes judeus da primeira metade deste século, um bebê era considerado saudável se fosse gordo. O critério é *saúde*. Mas a demonstração de que ele foi cumprido é a *gordura*. Além disso, como ser considerada uma boa mãe dependia em parte de se ter filhos saudáveis, as mulheres com freqüência alimentavam seus filhos com manteiga, e aquelas cujos bebês se recusavam a engordar os mantinham dentro de casa, o mais possível fora de vista (ao menos até que a manteiga fizesse efeito). É preciso lembrar que os critérios são simples rótulos para valores contextualmente relevantes. Utilizaremos o termo

43

equivalência de critério para nos referirmos às experiências específicas usadas como prova de que um critério foi cumprido. Para o jantar, a equivalência de critério de uma refeição saudável poderia ser a de alimentos com poucas calorias e gorduras e muitas vitaminas. Para a mãe judia da década de 40, a equivalência de critério de um bebê saudável era com freqüência um bebê gordo. Os jantares e as mães dos exemplos acima podem estar ambos usando o critério de saúde, mas as experiências usadas como prova de saúde são muito diferentes e farão com que a sua experiência e o seu comportamento mudem completamente.

A entrevista de Steve e Nate (capítulo 2) é um outro exemplo da importância destas equivalências de critério (mais uma vez, equivalência de critério é o termo que designa as percepções e experiências através das quais sabemos se nossos critérios estão ou não sendo cumpridos). Para Steve, a equivalência de critério para o sucesso era conseguir o emprego. Assim, quando ele não conseguia, sentia-se como se tivesse falhado. Nate certamente reconhecia que conseguir o emprego era sinal de que tinha sido bem-sucedido, mas para ele aprender alguma coisa também era sinal de sucesso. Assim, desde que aprendesse algo novo com a entrevista de emprego, Nate saía com uma sensação de sucesso, tivesse conseguido o emprego ou não. A flexibilidade nos critérios e nos meios de vivenciá-los como cumpridos (equivalências de critério) cria a escolha.

Como outro exemplo, vejamos o critério da atração. Para muitas pessoas, as equivalências de critério que rotulam como atraentes são as características físicas de beldades retratadas na mídia (modelos e estrelas). Mas seria possível avaliar o quanto alguém é atraente segundo equivalências de critério relativas a força (atraente = braços e pernas fortes), textura da pele (atraente = pele acetinada), origem étnica (atraente = olhos amendoados), simetria (atraente = feições simétricas), sinceridade (atraente = sincero e gentil), etc. É importante, assim, especificar quais são as equivalências de critério (as percepções e experiências) representadas pelos critérios com os quais se opera.

5 Considerando as experiências e metas que você tem, suas equivalências de critério são úteis ou não? Alguma vez já parou realmente para pensar se a base sobre a qual você avalia tanto a sua experiência quanto o mundo à sua volta está de acordo com a experiência que deseja? Por exemplo, num esforço para ser bem-sucedida, uma pessoa trabalha arduamente muitas horas por dia, o que deixa a ela e à sua família exaustas, para ganhar muito dinheiro (sucesso = riqueza). A pessoa deseja ser bem-sucedida e deseja também divertir-se com a família, ter a oportunidade de criar seus filhos, etc. O critério de equivalência para o sucesso está de acordo com suas metas?

Como outro exemplo, eis uma interessante lista de critérios e de equivalências de critério: competência = ser o melhor; sucesso = posição/título; liberdade = ausência de obrigações; aventura = atividades peri-

44

gosas, com risco de vida. Estes são exemplos de equivalências de critério pouco úteis. Ser o melhor é um objetivo difícil de conseguir e manter em qualquer ambiente competitivo. Se alguém precisa ser o melhor para sentir-se competente, provavelmente vai passar muito tempo sentindo-se insatisfeito. (Seria muito mais útil utilizar *querer ser o melhor* como combustível para a motivação e o compromisso necessários para aperfeiçoar-se constantemente.) Usar posição/título como evidência de sucesso contribui para a prosperidade daqueles que imprimem cartões de visitas, mas talvez não seja uma base adequada para uma experiência contínua de realização pessoal. Aproveite a oportunidade para listar alguns dos seus critérios e a evidência que assinala atualmente o seu preenchimento. Anotá-los ajudará a criar uma perspectiva sob a qual você poderá avaliar se suas equivalências de critério levarão ou não ao destino escolhido.

Critério	=	Equivalência de Critério
Sucesso	=	_____
Inteligência	=	_____
Atração	=	_____
Saúde	=	_____
Competência	=	_____
? _____	=	_____
? _____	=	_____

6   Uma vez especificados os critérios relevantes para o futuro desejado e as provas do seu cumprimento, é tempo de aplicá-los ao futuro desejado. Quais dentre as experiências designadas como provas do cumprimento dos critérios são congruentes com as metas desejadas, e quais são incongruentes, criam dificuldades ou simplesmente não ajudam? Estas equivalências de critério que não apóiam o futuro desejado devem ser mudadas. No exemplo anterior de sucesso = riqueza, mudar a equivalência de critério para sucesso = prazer no trabalho teria um profundo impacto na forma de relação com o trabalho, a família, etc. Com freqüência, o que *é* apropriado como prova de cumprimento de critérios será óbvio. Por exemplo, uma equivalência de critério do tipo saudável = rechonchudo é inadequada se a pessoa quer perder peso; é preciso substituí-la por algo mais de acordo com as necessidades adultas (por exemplo, saudável = estar em boa forma, com energia para realizar o trabalho diário sem se cansar). Se não for fácil encontrar uma equivalência de critério mais útil, peça essa informação a um conhecido que já tenha, como parte de sua experiência cotidiana, o que você deseja para si mesmo no futuro. Vamos supor que você fique apavorado antes, nervoso durante e desesperado depois de uma entrevista. Nate, por sua vez, fica ansioso pela entrevista e feliz depois. Se você lhe perguntar se o sucesso é ou não importante, ele dirá que sim. Se lhe perguntar como sabe quando está obtendo sucesso, ele dirá: "Quando estou aprendendo algo". Identifique agora quais dos seus critérios e equivalências de critério são apropriados a seus objetivos na vida e quais precisam de mudanças. Determine como é possível mudar aqueles que precisam de mudanças, de modo a torná-los compatíveis com a pessoa que você quer ser e com o que você quer conseguir.

O objetivo da seqüência de etapas precedente é permitir o autoconhecimento de um modo especialmente útil. Você agora sabe identificar seus critérios (de fato, você já identificou alguns importantes). Sabe também avaliar seus critérios para assegurar-se de que são apropriados. E já começou a desenvolver flexibilidade na maneira de cumpri-los. Esta experiência facilitará seu conhecimento e o progresso efetivo rumo a qualquer um de seus objetivos pessoais ou profissionais.

Especificidade Relativa

Acreditar que suas ações presentes determinam, em larga medida, seu futuro bem-estar é fundamental para ter um futuro propulsor capaz de, por exemplo, motivá-lo a se alimentar adequadamente. Chamamos esta crença de relacionamento de causa e efeito de presente-a-futuro. A não ser que esta relação causa-efeito seja tangível, você não terá qualquer boa razão para adotar (ou evitar) certo comportamento *agora* para conseguir (ou evitar) um determinado futuro.

A especificidade relativa dos cálculos mentais é importante para criar esta tangibilidade. Imaginemos que uma pessoa quer perder peso e opere numa especificidade relativa bastante geral e, portanto, ampla. Em conformidade com isso, decide passar do manequim 50 para o 42. Deste modo, ou alcança o tamanho desejado ou não perdeu o peso que queria perder. A magnitude da mudança exigida por uma meta tão ampla torna qualquer redução relativamente pequena (do número 50 para o 48, por exemplo) insignificante. Torna também irrelevantes quaisquer comportamentos que ela poderia adotar enquanto perde peso até o ponto fixado. Em outras palavras, abster-se de doces por uma semana não torna tangível a relação de causa e efeito entre seus padrões alimentares e a perda de peso, uma vez que a semana de abstinência não a fez passar do tamanho 50 para o tamanho 42. Por outro lado, organizar a experiência em partes menores (especificando um tamanho menor) lhe dará a oportunidade de tornar tangíveis as relações de causa e efeito. Por exemplo, pode-se especificar (ou partir de) etapas para a perda de peso tamanho a tamanho (isto é, do 50 para o 48, do 48 ao 46, até o 42), e então começar a perder peso suficiente para chegar ao 48. Conseguindo diminuir um número, ela terá obtido uma parte específica do futuro desejado, terá dado um passo a partir do qual pode identificar (como foi feito antes, ao gerar um futuro propulsor) os comportamentos que tornaram possível a perda de peso (isto é, as relações de causa e efeito).

O grau de especificidade utilizado para organizar as metas também interage com os critérios. No exemplo anterior, a especificação de uma meta relativamente ampla fez com que a equivalência de critério para a perda de peso bem-sucedida fosse alcançar o tamanho 42. Querer alcançar a meta fixada de uma só vez exclui a possibilidade de experiências de sucesso contínuas, facilmente alcançáveis. Assim, passar do tamanho 50 ao 48 como resultado de uma dieta de uma semana não parecerá uma conquista rumo ao objetivo final, uma vez que não se passou do tamanho 50 ao 42. Entretanto, passos pequenos dão a oportunidade para vivenciar níveis contínuos de sucesso. Se a experiência for organizada passo a passo, perder peso suficiente para usar o tamanho 48 torna-se um sucesso. Isto é, descobriu-se a equivalência de critério necessária para alcançar um dos pequenos futuros graduais que compõem o caminho até o futuro desejado mais amplo. Da mesma maneira, você pode ficar contente por conseguir fazer hoje trinta abdominais, quando na semana passada só conseguia vinte e cinco, ao invés de avaliar se perdeu ou não os dez quilos que queria perder; ficar contente por diminuir o número de cigarros de uma semana para outra, ao invés de avaliar se parou ou não de fumar; ou notar que há aspectos nutritivos da comida que nem conhecia na semana passada, em vez de avaliar se está ou não completamente saudável.

Ser atraente pode ser um outro exemplo. Avaliar a atração como algo integral pode nos conduzir a querer parecer com as fotos da *Playboy* ou *Vogue*, aceitando essas fotos como nossa noção (nossa equivalência de critério) de ser atraente. O resultado seria uma tentativa de nos tornarmos uma cópia do modelo utilizado como equivalência de critério da atração. Especificar a atração em partes componentes menores significaria identificar exatamente o que são unhas, mãos, pés, cabelos, voz, gestos, jóias, etc. atraentes. Olhando para as mesmas fotos na *Vogue*, podemos então notar os aspectos da maquiagem, do penteado, dos gestos, roupas e qualidades pessoais do modelo que achamos atraentes e os aspectos que não consideramos atraentes. Novamente, estes detalhes mais específicos do que compõe a experiência da atração propiciam oportunidades muito maiores de satisfazer o critério da atração. É mais viável usar a maquiagem de Brooke Shields do que ser como Brooke Shields (especialmente quando se tem quarenta e quatro anos e um metro e meio).

Em termos de saúde, algumas pessoas organizam sua experiência de modo tão geral que o critério segundo o qual a verificam é "doente" ou "não-doente". Como resultado, não adotam comportamentos para ficar ou manter-se saudáveis até que fiquem doentes. Ou estão saudáveis (por acaso), ou estão *recuperando* a saúde. Por outro lado, especificar a experiência de saúde mais detalhadamente abre espaço para critérios que nos dão a oportunidade de prestar atenção ao *continuum* de informações que todos temos disponíveis. Isto torna possível reagir aos sinais fisiológicos que nos informam da necessidade de sono, descanso, atividade, vitaminas, sexo, contato pessoal, ar fresco, etc.

Não estamos sugerindo aqui que critérios especificados nos mínimos detalhes são necessariamente os melhores. Ao contrário, nossa pesquisa tem constantemente demonstrado que a flexibilidade na forma de organizar a experiência é fundamental (isto será importante no capítulo "O desejo de ter", nos trechos referentes a James). O melhor é ter flexibilidade no cumprimento de critérios, o que vem com a capacidade de variar a especificidade relativa e de usá-la para organizar a experiência. Com esta flexibilidade, vem a habilidade de afetar profundamente experiências e comportamentos atuais. Por exemplo, demos acima o exemplo da abordagem "tudo ou nada" para satisfazer o critério da atração, em contraste com a decomposição do fator de atração nas suas partes componentes (Brooke Shields *versus* o penteado, a maquiagem, as unhas, etc. de Brooke Shields). Neste exemplo, a flexibilidade de vivenciar a si mesma como genuinamente atraente não vem necessariamente da imitação da pessoa inteira, mas apenas de certos aspectos da atratividade daquela pessoa.

1 Reflita por alguns momentos nos objetivos que fixou para si mesmo, tanto pessoal quanto profissionalmente. Quais são algumas das metas a serem atingidas? Escolha dois desses objetivos e identifique alguns exemplos específicos e detalhados que seriam indícios de progresso rumo à realização de cada um desses objetivos. Por exemplo, se um dos objetivos for segurança financeira, a lista dos pequenos passos que indicam progresso poderia incluir uma redução nas contas a pagar, leituras sobre opções de investimento, fazer um orçamento, respeitá-lo, abrir uma conta de poupança e fazer seguros adequados. Utilize o espaço abaixo para fazer uma lista para os dois objetivos escolhidos. E lembre-se: esta é uma das ocasiões na vida em que pensar em termos pequenos compensa.

Objetivo   **Provas de progresso**

1 _____   _____

                      _____

                      _____

                      _____

                      _____

2 _____

2 Agora adote um processo semelhante com dois dos critérios importantes identificados na seção anterior sobre flexibilidade de critérios. Desta vez, entretanto, identifique os pequenos e detalhados atributos ou comportamentos que podem ser usados como prova do cumprimento daqueles critérios. Por exemplo, se você identificou compatibilidade intelectual como algo importante num relacionamento amoroso, a lista de equivalências de critério específicas poderia incluir gostos parecidos em cinema, o interesse por ficção científica, a leitura e a discussão da página editorial do jornal, ao invés de assistir programas de luta livre na TV. Enquanto você faz isso com dois dos seus critérios importantes, lembre-se de que está rompendo com uma exigência do tipo "tudo ou nada" para as suas equivalências de critério.

Critérios   **Provas do cumprimento**

1 _____

2 _____

Reações de Omissão *versus* Reações de Escolha

É claro que mudar os critérios não significa viver sem satisfazer aqueles critérios há tanto tempo acalentados (como no exemplo do prazer dado acima). Comer coisas gostosas é um *comportamento* e sem dúvida pode ser um modo de se obter prazer, mas não é o *único*. Dispondo de um vasto repertório de modos de ter prazer (isto é, uma gama de equivalências de critério), você poderá gratificar seu critério de prazer de maneira congruente com suas metas gerais (perder peso, ficar saudável, etc.). É uma questão de selecionar situações apropriadas. A hora das refeições não é uma situação apropriada para uma pessoa que está acima do peso empregar o critério do prazer na escolha da comida. Uma pessoa realmente inteligente descobrirá formas de ter prazer às refeições sem comer determinadas coisas, tais como o prazer de estar aproveitando um momento de lazer, de uma boa conversa ou de observar o comportamento das outras pessoas à mesa. Isto dá tanto prazer quanto comer uma fatia de bolo.

Se há apenas uma maneira de satisfazer um critério, então esta maneira torna-se uma reação de omissão. Isto é, só dispomos de uma reação e, portanto, de nenhuma escolha. Se a pessoa quer sentir prazer, tem de comer; se quer ficar desinibido, tem de beber; se quer relaxar, tem de tomar um Valium. Em todos esses exemplos, a criação da experiência individual não é uma questão de escolha. Ter ou não a experiência depende de comer, beber e tomar uma pílula. Dispor de mais de uma maneira de obter o que queremos nos possibilita obtê-lo mesmo quando o resto do mundo não está cooperando como deveria ou costumava fazer. Mesmo que você esteja acima do peso, uma dieta não precisa necessariamente significar o adiamento do prazer. Basta que você disponha de maneiras de satisfazer o desejo de prazer compatíveis com a necessidade de controlar a quantidade de comida.

Então, como se amplia a gama de opções? As pessoas conseguem o que querem através de seu comportamento (o que inclui comportamentos internos, tais como sonhar acordado, imaginar o que outras pessoas vivenciam, recordar-se, ouvir a música interior, etc.). A pessoa que dispõe apenas de um meio de obter o que deseja numa situação particular pode desenvolver uma variedade de opções simplesmente negando a si mesma aquela opção e variando seu comportamento até descobrir outros modos, tão eficazes quanto o original, de conseguir o que deseja. Em outras palavras, deve forçar-se a experimentar outras maneiras de satisfazer seus desejos e necessidades, especificamente negando-se a única reação com que sempre contou. Por exemplo, se você precisa de algumas xícaras de café para despertar pela manhã, negue-se esse café e tente outras coisas até achar algumas que dêem certo. Talvez seja a ioga, um grande copo de suco de laranja fresco, vitaminas, um rápido passeio de bicicleta, alguns telefonemas para amigos ou cambalhotas no corredor. O que quer que seja, uma vez que você tenha descoberto alguns modos de despertar, poderá escolher qual deles usar.

Talvez você esteja pensando: "Por que dar cambalhotas no corredor, se o café funciona bem?". Há duas respostas para isso. A primeira é que você fica à mercê das circunstâncias se o café é a única coisa que o desperta de manhã. Se você entra tropeçando na cozinha, esperando uma xícara cheia desse despertador javanês, e descobre que não há café, tem que se arrastar até o carro e, com os olhos semicerrados, sair em busca de outra fonte de café. Se, em vez de estar em casa, estivesse acampando e o café acabasse, a situação poderia ficar crítica (ao menos no que lhe diz respeito). Para ilustrar, temos o exemplo de uma mulher que se sentia literalmente incapaz de levantar da cama antes de fumar três cigarros. Assim, dispor de uma gama de comportamentos capazes de nos proporcionar o que desejamos ajuda a garantir que podemos ter o que queremos, apesar dos caprichos do mundo.

A segunda razão para dispor dessas opções comportamentais de que estamos falando é que existe uma possibilidade de que, num dado momento, seja prudente ou necessário *não* se engajar num determinado comportamento ao qual normalmente recorremos. Por exemplo, se você começar a ficar agitado demais devido ao café que bebe para despertar, pode ser forçado a (ou desejar) diminuir ou eliminar o café da sua alimentação normal. Mas se o café for a única maneira de mantê-lo ativo, suprimir as xícaras matinais vai torná-lo desatento e confuso (condições que obviamente tornarão a retomada do café algo muito atraente). Entretanto, se o café não for necessário para despertar, então a circunstância de não ter café não será nem uma crise nem um sofrimento significativo.

1 Procure identificar agora uma situação na qual você utilize apenas um modo de conseguir o que quer. Usar a criatividade é importante para descobrir ao menos três ou quatro maneiras igualmente eficazes de satisfazer seus desejos e necessidades nessa situação. Liste suas novas opções nos espaços que se seguem.

Situação	Novas opções para satisfazer meus desejos e necessidades

51

Assim, ser flexível na maneira de satisfazer uma necessidade importante cria uma flexibilidade vivencial. Se dispomos de um único modo de satisfazer nossos critérios, então a situação na qual ele ocorre torna-se uma reação de omissão. Não há qualquer alternativa, porque se, por alguma razão, for impossível satisfazer aquela equivalência de critério, então o critério não poderá ser satisfeito. Por exemplo, se o critério de prazer só pode ser satisfeito através da comida, então só há duas opções: ou a pessoa come ou fica sem a experiência do prazer. Qualquer dos dois casos seria uma reação de omissão, porque a pessoa não tem escolha a não ser abdicar do prazer, caso decida fazer dieta. Entretanto, se ela dispuser de uma variedade de maneiras de satisfazer seu critério de prazer (tais como comer, tomar um banho quente, conversar com amigos e assistir a um filme antigo), então desistir do saco de batatas fritas não significa desistir do prazer, pois há outras atividades que também podem lhe dar prazer. Fazer com que nossa experiência cotidiana seja feita de reações de escolha é, para nossas mentes, uma forma de independência muito agradável.

Relações de Causa e Efeito

Sem dúvida alguma, uma das coisas boas de se ter um passado capaz de ser recordado é que ele pode ser utilizado como uma enorme fonte de informações. À medida que avançamos rumo a nossos objetivos, é quase certo que algumas coisas que fazemos parecerão apropriadas, úteis ou representativas de quem somos e queremos ser, enquanto outras serão inadequadas, inúteis ou não-representativas. Poucos caminhos rumo à mudança dispensam a necessidade de prestar atenção ao lugar onde colocamos os pés. Uma contínua avaliação de como e o que estamos fazendo para alcançar nosso objetivo é essencial para garantir o nosso avanço ininterrupto e a realização final desse objetivo.

1 Agora que estamos terminando, propomos a seguinte tarefa: ao final de cada dia, reserve alguns momentos para passar em revista os acontecimentos do dia. Especificamente, como suas atividades e comportamentos desse dia contribuem para a obtenção do seu futuro desejado? Como essas atividades e comportamentos o gratificaram no presente? E então, do que quer ter certeza que fará novamente? E do que quer ter certeza que nunca mais fará?

O objetivo desta revisão é dar-lhe filtros capazes de selecionar, dentre os acontecimentos do dia, as atividades e comportamentos que geraram um movimento rumo ao futuro desejado e aquelas que o aproximaram do futuro *in*desejado. A capacidade de identificar que atividades e comportamentos estavam alinhados com seus objetivos e quais não estavam é um passo importante para trazer a realização dos futuros desejados para o domínio da escolha.

2 Para garantir que amanhã você continuará a ter os comportamentos que vale a pena repetir, e não aqueles identificados como inúteis, aproveite a oportunidade para imaginar suas atividades de amanhã. Não deixe de imaginar-se tendo os comportamentos desejáveis nas situações apropriadas. Para conseguir isso, veja-se tendo esses comportamentos ou (o que é melhor) imagine-se comportando-se realmente dessa forma. Veja diretamente o que você estaria vendo, ouça diretamente o que estaria ouvindo e sinta as sensações associadas ao desempenho real dos comportamentos escolhidos. Se você se imaginar tendo algum dos comportamentos indesejáveis, comece de novo, assegurando-se dessa vez de que esse futuro internamente gerado é uma representação integral de *você fazendo o que você quer fazer*. Dê um passo rumo ao seu futuro desejado aproveitando agora mesmo essa oportunidade para passar aquele filme mental das atividades de amanhã. Essa forma de ensaio mental, ou *ponte-ao-futuro*, é um meio espantosamente eficaz de conduzi-lo rumo ao que deseja ser.

Neste capítulo apresentamos os cinco fundamentos do sucesso. Estes fundamentos são a chave da superioridade e do sucesso de muitas pessoas talentosas. Você já deu os primeiros passos para dominar os fundamentos do sucesso e ganhou alguma experiência com os requisitos para o sucesso nas áreas da vida que serão discutidas em cada um dos capítulos seguintes. Aplicaremos agora esses fundamentos a cada um dos projetos desejáveis, para que você possa desfrutá-los quando tiver o *know-how* necessário à realização pessoal e profissional.

4 O Desejo de Ter

Não importa o que uma pessoa deseja para si mesma — coisas (carros, jóias), relacionamentos (amor, amizade), habilidades (saber matemática, tocar um instrumento) ou experiências (força de vontade, conforto, dormir sob as estrelas) —, conseguir o que quer dependerá do que *faz* para obter essa coisa, relacionamento, habilidade ou experiência. Muitas pessoas, entretanto, limitam-se a desejar o que querem e então esperam até conseguir. Por mais ardente que seja o seu desejo, por mais criativo que você seja para imaginar meios pelos quais seu desejo poderia finalmente realizar-se, enquanto você não fizer algo externamente (no comportamento), dependerá exclusivamente da sorte e da generosa receptividade dos outros para conseguir o que quer. Enquanto toda a atividade dirigida a conseguir o que quer permanecer interna, a gratificação ou negação de seu desejo dependerá da generosidade freqüentemente caprichosa do mundo.

Assim, entre desejar e ter deve estar *fazer*. Além disso, fazer requer um *plano* — um plano que oriente sua atividade ao longo dos caminhos que o levarão (provavelmente) a obter o que quer. De acordo com isso, identificamos cinco estágios no processo de passar do desejar ao ter:

desejar ▶ querer ▶ planejar ▶ fazer ▶ ter

É preciso lembrar, enquanto descrevemos cada um desses estágios, que eles são parte de um processo maior, *interdependente*, e que estes cinco estágios não permanecem separados para aquelas pessoas caracteristicamente bem-sucedidas na passagem do desejar ao ter.

Desejar

"Queria que este sinal mudasse", pensou Roy, parado na esquina. Então, repentinamente, ele empertigou-se. "Lá vem outro." Observou o Corvette serpentear através do tráfego. Suspirou e depois disse em voz alta, dolorosamente: "Queria ter um". "Um o quê?", perguntou um estranho que estava atrás de Roy. Com um melancólico "aquilo", Roy apontou para o predador de fibra de vidro que já desaparecia. O estranho balançou a cabeça e disse: "Já tive um desses. Você tem bastante dinheiro?". Roy balançou a cabeça. "Tem tempo bastante?" Roy pareceu confuso, depois encolheu os ombros. "Você tem família?" Roy acenou e disse: "Três filhos". O estranho fez um gesto com a mão, dizendo: "É melhor deixar para lá" e afastou-se. Roy tentava imaginar de que diabos o estranho estivera falando, quando repentinamente um outro Corvette reluzente deslizou à sua frente. Paralisado, ele murmurou ardentemente: "Rapaz, como eu queria ter um desses!". Observou-o desaparecer, então voltou-se para o sinal de pedestres que acabava de fechar. Roy desejou que o sinal mudasse.

Como disse o Grilo Falante em *Pinóquio*, "Quando você entrega seus desejos nas mãos de uma estrela, pouco importa quem você é...". E enquanto você estiver *desejando*, isto é verdade. Roy não tem dinheiro, tempo ou utilidade prática para um Corvette. Mas nenhum desses argumentos tem qualquer importância, porque Roy não está fazendo nada além de simplesmente desejar algo. (Por exemplo, ele não arranjou um emprego noturno para financiar o carro.) A mãe de um dos autores tem uma resposta-padrão para pessoas que passam a vida toda desejando e depois reclamam por não terem o que querem. Como ela diz, "Bem, querida, se você deseja numa mão e cospe na outra, qual delas você acha que vai se encher primeiro?".

Ainda assim, as pessoas desejam coisas o tempo todo. É possível desejar ter um milhão de dólares, receber um telefonema de uma estrela de cinema convidando para um encontro, que as pessoas se entendessem melhor, que o filho sossegasse, ou que não fosse preciso cortar a grama. O que torna estes *desejos* específicos é que eles *não suscitam um comportamento engajado*. Como exemplo disso, quando terminar este parágrafo, enumere três coisas que queria fossem verdade (ou que queria ter) e três coisas que você quer. Ao compará-las, você notará que os objetivos que você *quer* provavelmente o impulsionaram a alguma atividade (mesmo que apenas um planejamento interno) destinada a ajudá-lo a realizar sua vontade. Os objetivos *desejados*, não importa o quanto, estarão relativamente desvinculados de qualquer comportamento voltado para a realização desses desejos. Permanecem, em vez disso, como coisas que talvez algum dia lhe serão dadas.

Utilize o espaço abaixo para relacionar as três coisas que deseja fossem verdade e as três coisas que você quer. Compare as diferenças na sua reação quando pensa nos itens das duas listas. Os itens de uma das listas suscitam sentimentos mais voltados para a ação do que os da outra lista? Ou uma vontade de começar a fazer planos? Não deixe de comparar suas listas antes de prosseguir; você as usará novamente daqui a pouco.

Desejos	Vontades

Embora muita gente não veja diferença entre desejar e querer, as pessoas realmente capazes de transformar seus sonhos em realidade *fazem* uma separação entre os dois. Quando entrevistamos pessoas bem-sucedidas para determinar a organização de processos internos que resultam nesse talento, descobrimos que todas elas fazem seus sonhos passarem por um processo de qualificação antes de dar quaisquer passos adicionais para torná-los realidade. Se um desejo não se qualificou como uma *vontade* madura, elas não se dão ao trabalho de agir para concretizá-lo. O procedimento para distinguir um desejo de uma vontade apresentado na seção "Como transformar o desejo em realidade", no final deste capítulo, é uma síntese dos processos de qualificação que descobrimos em cada uma dessas pessoas talentosas.

A aplicação de certos padrões determina basicamente se um desejo permanece como desejo ou se é transformado numa vontade (isto é, um objetivo que compele a pessoa a algum tipo de ação). Chamamos a esses padrões *critérios de boa formulação*. Os critérios de boa formulação referem-se àqueles padrões relacionados a considerações tais como:

- É possível ter, fazer, ser ou vivenciar isto?
- Vale a pena ter isto?
- Isto me dará o que eu *realmente* quero?
- Isto vale o esforço?

A primeira pergunta, "É possível...?", deve ser respondida afirmativamente, se você ou um conhecido já realizou este desejo antes, *ou* se é possível imaginar circunstâncias plausíveis que o tornariam viável. Ainda não é necessário acreditar na probabilidade ou na exeqüibilidade da realização desse desejo. Conforme veremos na próxima seção, há uma ocasião e uma maneira mais adequadas para enfocar esses aspectos. Se não há nada que você deseje (e você gostaria de desejar alguma coisa), pode criar uma lista de opções encontrando respostas para a pergunta: "*O que* é possível ter, fazer, ser e vivenciar?".

Perguntar-se "Vale a pena ter isto?" o levará a avaliar as conseqüências da concretização do seu desejo. *Desejar* um barco, um cachorro, cavalos, um filho, mais filhos, uma segunda casa ou seu próprio negócio pode ser maravilhoso. Mas algumas das prováveis conseqüências de *ter* estas coisas — manutenção cara, frustração, perda de liberdade e responsabilidades extras — talvez não sejam tão maravilhosas. Além disso, seria prudente considerar se ter essa determinada coisa estaria de acordo com seus valores pessoais. Talvez o desejo seja um luxuoso e sensual casaco de peles; mas, se você nunca se perdoar por contribuir para uma indústria que acredita sinceramente ser antiética, provavelmente não vale a pena tê-lo. E finalmente (por enquanto), esta pergunta pode ser usada para levar você a avaliar de que modo ter essa coisa poderia afetar seu relacionamento e a vida de sua família, amigos e colegas de trabalho.

Com muita freqüência, as pessoas anseiam por algo que no final das contas se revela emocionalmente vazio e insatisfatório. Ao perguntar-se "Isto me dará o que eu realmente quero?" *antes* de envolver-se na perseguição de um desejo, você estará se dando a oportunidade de identificar seus desejos, necessidades emocionais e anseios mais importantes. Isto lhe dará as informações necessárias para julgar a validade futura do seu desejo. Se o que você deseja não lhe dará o que realmente quer, seria melhor então desenvolver e considerar outros desejos que *de fato* lhe oferecem a possibilidade de gratificação.

Para responder à quarta pergunta, "Vale a pena o esforço?", é preciso antecipar o que será necessário fazer (bem como o tempo, a energia e o custo) para perseguir um determinado desejo. Se você já conhece os desafios, dificuldades e obstáculos a serem superados e ainda assim está convencido de que o esforço vale a pena, o desejo e o compromisso o fortalecerão nos momentos difíceis.

A importância destas perguntas é que, para respondê-las, você precisará ponderar seus desejos em relação a quem você é e à sua situação na vida. Conforme veremos nas próximas seções, quem você é como pessoa — suas necessidades, inclinações, valores e desejos pessoais —, bem como as necessidades, inclinações, valores e desejos das pessoas com quem você está envolvido, tudo isto se torna importante quando você começar a se mover rumo a um objetivo.

Além da sua importância para o estabelecimento de metas apropriadas, responder a estes critérios de boa formulação provoca também uma mudança: satisfatoriamente respondidos, transformam os desejos em vontades. Isto é, uma vez que a realização dos desejos seja viável, que eles valham a pena, que o esforço não seja exagerado e que os desejos estejam de acordo com a ecologia pessoal, a espera passiva se transforma num ímpeto de planejar e agir para que o desejo se realize.

Queremos enfatizar que isto não implica que haja qualquer coisa de inerentemente errado em desejar, mas que (1) coisas que permanecem como desejos não geram comportamentos destinados à obtenção do que se deseja, e (2) é preciso estar consciente de quando se deseja algo em vez de querê-lo, já que a consciência da diferença possibilitará à pessoa selecionar os desejos suficientemente importantes para serem transformados em vontades. Como exemplo desta diferença, aplique os critérios de boa formulação a cada um dos desejos que você listou previamente e observe como sua reação muda quando você é capaz de responder satisfatoriamente a todas as perguntas em relação a qualquer um dos desejos. Isto só levará um ou dois minutos, e você estará aprendendo um processo que o ajudará para o resto da vida.

Querer

Mais uma vez sozinho em seu quarto, Kenny não conseguia imaginar o que dera errado *desta vez*. Desta vez tinha sido Alicia. Antes dela houvera Barbara, Linda, Mae... Foram tantas! Alicia era tão bonita, e no começo os dois pareciam se dar tão bem! Em duas semanas, Kenny a convencera a morar com ele. Mais tarde, como sempre, os desapontamentos começaram a se acumular. Com Alicia, tinha sido a disputa sobre o tipo de comida que comiam e o fato de que ele gostava de ficar acordado até tarde enquanto ela preferia dormir cedo. Além do mais, ela parecia não ter nenhum senso de humor (se tinha algum, era incompatível com o gênero de divertimento de Kenny), e era *tão* infantil e dependente! "Mas as coisas pareciam tão bem no começo", pensava Kenny, balançando a cabeça. Ele recostou-se no travesseiro e cismou em voz alta: "E pensar que eu já estava planejando a nossa família. Talvez eu tenha sorte da próxima vez".

Se as coisas estão indo bem no começo, Kenny logo passa a fazer planos para o futuro — planos de longo prazo. Entretanto, é óbvio que, qualquer que seja a pessoa com quem ele imaginou viver e ter uma família no futuro, essa pessoa não era Alicia, apenas parecia-se com ela. Como todo mundo, Kenny tem critérios (padrões) que caracterizam o que ele quer de uma companheira a longo prazo. O erro de Kenny foi não levar em conta seus critérios para um relacionamento a longo prazo quando considerou a possibilidade de um futuro relacionamento com Alicia. Alicia *não* era vegetariana, *não* ficava acordada até tarde, *não* era independente e *não* tinha senso de humor — qualidades que eram obviamente importantes para Kenny. Ela correspondia aos seus critérios de beleza e diversão, mas estes critérios eram uma base insuficiente (ao menos para Kenny) sobre a qual estabelecer um compromisso para a vida toda.

Ao decidir que queria viver com Alicia, Kenny ignorou ou se esqueceu de atender a muitos critérios relevantes. Desse modo, conseguiu gerar para si mesmo um futuro atraente e aparentemente real, que, contudo, não era apropriado. Se tivesse incluído esses critérios em suas especulações sobre o futuro, teria rapidamente compreendido que Alicia não era a pessoa certa para ele (embora ela pudesse muito bem ter se encaixado em seus critérios como uma amiga, uma amante ocasional, etc.).

Betty sentia-se quase desamparada. Havia tantas coisas que ela queria! Queria um carro novo e uma casa própria. Havia tantas coisas bonitas que ela gostaria de comprar para as crianças! E por falar em criança, ela gostaria de ter outra. E quanto às férias? Ela e o marido não tiravam férias há anos. Betty gostaria de ter um trabalho bem remunerado, mas como também queria mais tempo para si e para ficar com os filhos, tinha esperança de encontrar um trabalho bem remunerado que lhe permitisse ter alguns dias, as noites e os fins de semana livres. Ela decidiu falar com o marido (assim que ele chegasse à noite do seu segundo emprego) sobre a necessidade de passar mais tempo com as crianças. Ela enrijeceu-se ao lembrar que também tinha novidades para ele: um outro trabalho de meio expediente que ele poderia assumir nos fins de semana. Ela recostou-se nas almofadas por alguns momentos, devaneando com satisfação: "Com este trabalho, vamos poder tirar férias!".

Ao contrário de Kenny, Betty consegue levar em consideração as coisas que são importantes para ela quando imagina seu futuro. Ela as leva *todas* em consideração. O que deixa Betty paralisada e efetivamente a impede de satisfazer a maioria (ou qualquer um) dos seus critérios é que ela ignora o fato de que *há* alguns fatos na vida (tais como mortalidade, altura, as vinte e quatro horas do dia) que devem ser levados em consideração. Em geral, é preciso ganhar dinheiro para comprar um carro, uma casa ou roupas; ganhar dinheiro exige tempo e esforço; é difícil sair de férias quando se está trabalhando — mesmo que se possa pagar a passagem; é difícil ter um, dois ou três empregos sem prejuízo do tempo reservado à família; e por aí afora. O fato é que alguns dos critérios de Betty são *simultaneamente incompatíveis* (por exemplo, conseguir um emprego *e* ter mais tempo livre), enquanto alguns dependem em seqüência de outros (por exemplo, trabalho ▶ dinheiro ▶ casa).

Não é a quantidade de critérios que atrapalha Betty, mas o fato de que eles não são *priorizados*. Todos nós poderíamos facilmente listar uma centena de coisas que queremos. Mas na realidade utilizamos apenas algumas delas para fazer avaliações do futuro. A razão disto é que elas são priorizadas, possibilitando-nos atender apenas àquelas de maior importância ou àquelas com que se deve lidar *antes* que outros itens da lista entrem no campo da possibilidade. Para Betty, o fato de operar a partir de uma reação de escolha não a ajuda em nada, uma vez que a falta de priorização a impede de ater-se a uma aspiração por tempo suficiente para fazê-la acontecer.

James fora músico durante toda a sua vida. Ele adorava isto e durante a maior parte de sua vida adulta ganhara seu sustento (embora, temos que admitir, com dificuldades) como músico. Mas então as coisas mudaram — ele se casou e teve filhos. Ter uma família é uma coisa boa quando se conquista um disco de platina por mês, mas com os trocados que um músico de clube recebe, mesmo um músico excelente como James, é impossível manter uma família. Como sempre fora uma pessoa responsável (ele nunca perdera uma única apresentação), James tomava conta da família com seriedade. Pensando no futuro, ele percebeu que precisaria encontrar um modo mais lucrativo e seguro de fazer dinheiro para sustentar a família. Ele sempre fora fascinado pela tecnologia e percebeu que havia milhares de anúncios implorando por programadores de computação. Ele conhecia pouco sobre esse mercado de trabalho, então começou a pesquisar através de leituras e conversas com pessoas do ramo. Munido dessas informações, imaginou-se trabalhando como um programador de computação, decidiu que gostaria disso e, então, voltou para a escola. Enquanto trabalhava duro na escola, continuou a tocar sua música, mas somente nos fins de semana, para conseguir algum dinheiro extra; afinal de contas, ele tinha seus estudos e uma família para manter.

Há algumas coisas a serem observadas no modo como James decidiu o que queria. A primeira é que, ao contrário de Kenny, James inclui nas suas decisões os critérios relevantes, a saber, os critérios que serão importantes no futuro a curto e longo prazo. Ser criativo musicalmente e ser responsável são critérios que sempre foram e (provavelmente) sempre serão importantes para James. A inclusão de ambos lhe garante que o futuro que ao final quererá para si mesmo respeitará os dois critérios. Entretanto, se ficasse nisso, James poderia facilmente ter acabado por se dividir entre os dois critérios (como Betty entre os dela). Ao invés disso, James os prioriza, dando à responsabilidade para com sua família mais peso do que à sua necessidade de fazer música. A importância dessa priorização é que ela lhe possibilita resolver qualquer conflito criado por esses critérios nos futuros possíveis considerados. Assim, tendo especificado e priorizado seus critérios, James fica livre para gerar possíveis futuros para si mesmo e para avaliá-los segundo esses critérios. Levando-os consigo, James experimenta cada um desses futuros possíveis, tentando descobrir aquele ou aqueles que lhe parecem mais satisfatórios e propulsores. Nesse processo, não importa se explicitamente ou não, ele está tentando conseguir algumas respostas gerais para os critérios de boa formulação que apresentamos na seção anterior:

■ O que é possível ter, ser, fazer ou vivenciar?
■ Vale a pena ter isto?
■ Isto me dará o que eu realmente quero?
■ Isto vale o esforço?

Como James precisava gerar novas possibilidades de ganhar dinheiro (ao contrário de quando já se tem uma idéia que precisa apenas de avaliação), a primeira questão que ele examinou foi *"O que* é possível...?", em vez de "É possível...?". Esta questão pressupõe a *existência* de muitas possibilidades e, como no caso de James, orienta a pessoa na busca de alternativas. Uma resposta afirmativa às três outras questões demonstra que o futuro desejado está de acordo com os critérios da pessoa e com todos os tipos de experiências e informações que ela está utilizando para avaliar o possível atendimento daqueles critérios. (Todos os processos humanos de tomada de decisões requerem informações prévias, e estes dados podem incluir a recordação e a imaginação de experiências e as informações sensoriais atuais.) As recordações e experiências que constituem a base das informações são assim avaliadas em relação aos critérios utilizados. Por exemplo, James usa uma base de informações que inclui suas experiências passadas com a música, suas atuais obrigações familiares, o que outras pessoas que ele conhece fizeram ou estão fazendo, tanto no meio musical quanto fora dele, bem como outras informações, obtidas em conversas ou em leituras. Ele leva tudo isto em consideração no seu processo de tomada de decisões quanto ao seu futuro profissional. Ele cogitou de várias carreiras possíveis e avaliou cada uma delas em relação aos seus critérios e às suas prioridades. Fez ainda outras considerações, tais como o novo período de aprendizagem, o custo, os ganhos potenciais, os interesses da família, etc. Quando não conseguia responder a estas perguntas com base na sua experiência pessoal, buscava outras fontes de informação (pessoas e livros) que pudesse utilizar para enriquecer suas representações dos possíveis futuros.

Uma importante característica do pensamento de James é a pressuposição de que cabe a ele *escolher* o seu destino e de que é sua responsabilidade fazê-lo concretizar-se. Se só houvesse (na sua cabeça) uma maneira de satisfazer cada um dos seus critérios, então o processo de decisão jamais iria além de tentar descobrir como aumentar o que ele já faz para atender às necessidades da família (isto é, tentar fazer mais apresentações). James, contudo, não tem essa limitação e portanto procura várias maneiras de ser responsável, vários modos de satisfazer seu desejo de tocar e, mesmo, formas de satisfazer simultaneamente ambos os critérios. Subjacente à sua vontade também está a pressuposição de uma relação causal entre o que ele faz no presente e o futuro que terá no final. Isto significa que James acredita — e expressa essa crença em seu comportamento — que o que faz agora produzirá em larga medida seu futuro. Esta é uma pressuposição importante de causa e efeito, pois o ajuda a reconhecer que a satisfação de seus desejos depende, ao menos em parte, dos seus próprios esforços presentes e futuros.

Os enredos dos futuros possíveis são até aqui muito gerais, se comparados a um enredo que tivesse todos os detalhes especificados. Ser capaz de dividir uma meta em suas partes componentes é essencial, assim como especificar as atividades exigidas para realizar cada etapa. Por exemplo, na atividade "fazer o jantar", preparar a salada é uma atitude componente da atividade geral de fazer o jantar. Esta atitude, entretanto, é relativamente mais geral do que tirar a alface da geladeira, lavá-la, separar as folhas, etc. A especificidade relativa de comportamento que uma pessoa utiliza para representar o que será necessário para alcançar uma meta desejada é uma distinção muito importante em todos os empreendimentos que requerem planejamento e execução de etapas em seqüência. Conforme veremos, o sucesso depende largamente de se usar a quantidade adequada de detalhes em cada estágio, desde querer até ter.

Quando se está no estágio da vontade no processo de tomada de decisões, o grau de detalhamento das considerações pode, e provavelmente deve, ser razoavelmente geral. Prestar atenção a detalhes muito pequenos nesta etapa pode levar a pessoa a ater-se a particularidades mínimas, que só serão relevantes se existir realmente a intenção de buscar aquele futuro específico. Ao considerar apenas detalhes maiores, a pessoa pode fazer avaliações relativamente simples e rápidas da conveniência de uma possível vontade. Com estes possíveis futuros aparentemente adequados na sua lista, passaremos à próxima etapa da seqüência:

Planejar

Era o ano de 1979, e Bill decidiu que queria tornar-se um programador de computação. Sua esposa achou a idéia ótima e quis saber para que escola ele iria. "Não sei ainda", replicou Bill, "mas vou começar a me informar sobre elas amanhã." Bill começou a se informar sobre todas — até mesmo sobre escolas que ficavam do outro lado do continente. Quando era possível, ia até os *campi* para conversar com as pessoas. Logo ele dispunha de montes de informações sobre cada escola e seu programa. Ele também começou a reunir informações sobre as necessidades das companhias e sobre as tendências das indústrias, tanto em relação a computadores quanto no geral. Era uma coisa muito complexa para se planejar. Cada escola tinha vantagens e desvantagens, e Bill pesava-as cuidadosamente. Renunciaria a alguma possibilidade com grande relutância. Afinal de contas, talvez houvesse algo que ele ainda não conhecesse sobre uma escola em particular. É claro que as diferenças entre as escolas estavam correlacionadas às demandas e tendências da indústria, da economia e da sociedade. Bill examinava-as sob todos os aspectos, dedicando muitas horas a tentar avaliar essas necessidades e tendências. Então, é claro, havia mais um problema a ser considerado. Como sustentar a família e manter contato com ela enquanto estivesse na escola? A cada nova informação ou consideração, Bill voltava atrás em seus possíveis planos de ação, ajustando-os e avaliando-os de acordo com as semanas, meses e anos que eles exigiriam e de acordo com o ponto a que o conduziriam. Bill queria descobrir a melhor maneira de se tornar um programador de computação, e gastou todo o ano de 1979 imaginando essa maneira. E também todo o ano de 1980, 1981, 1982...

Depois que você tem uma noção acerca daquilo que quer, é preciso formular um plano capaz de conduzi-lo até onde quer ir. Por exemplo, se você resolveu ir a Seattle, é preciso decidir como ir até lá. É melhor ir de carro, ônibus, avião, barco, trem, ou alguma combinação disso tudo? Qual o melhor caminho? Quando começar e terminar a viagem? E por aí afora. Em outras palavras, depois de criar uma meta para si mesmo, é preciso dividi-la em passos a serem dados para tornar este futuro possível. Um plano é a receita que delineia exatamente como fazer aquela mistura de dar água na boca que aparece na capa da revista *Cuisine*. A receita dirá quais são os ingredientes necessários, quando utilizá-los e o que fazer com cada um deles. A receita não faz o prato, apenas ensina *como* fazê-lo.

Bill certamente reconhece que para alcançar seu objetivo de tornar-se um programador de computação é preciso organizá-lo em etapas a serem percorridas. Afinal, ele não pode simplesmente entrar na Honeywell, sentar-se e declarar-se programador. O que o paralisa, entretanto, é que ele divide as atividades em unidades pequenas demais. Guiado pelo critério da seleção do melhor plano, Bill se ocupa em acumular e examinar cuidadosamente montanhas de informações e possibilidades. É muito possível que o plano que Bill venha afinal a formular seja completamente ponderado, explícito e praticamente perfeito, mas também é possível que, quando ele tiver feito sua escolha, os computadores estejam obsoletos. Bill se perde nos detalhes.

Além da enorme demora entre querer e conseguir, que pode ser causada por planejamentos tão detalhados, há também o perigo de que planos definidos de forma muito estreita possam mais tarde ser fonte de inflexibilidade e desapontamento. O objetivo de um plano é guiar o comportamento na direção de uma meta específica. Mas como ninguém sabe ao certo como será o futuro, mesmo os planos mais cautelosos podem dar errado. As incertezas do mundo garantem que haverá surpresas. A escola que Bill escolher pode mudar seu processo de admissão; o professor com quem ele planejava trabalhar aposenta-se; sua mulher engravida (e são gêmeos); oferecem-lhe uma promoção no emprego atual, ou ele descobre que odeia computadores. E aí? A interminável sofisticação de possibilidades futuras que ele busca a serviço da sua meta pode muito bem mantê-lo num caminho que não tem mais nada a ver com sua situação atual. Assim como no caso de Bill, se os planos forem muito detalhados, exigindo que a pessoa os siga precisamente, a vida se torna uma daquelas figuras para colorir, com a cor de cada espaço indicada por um número. À medida que se colore tenazmente cada espaço numerado, fica fácil perder de vista o que a figura representa. Perde-se a oportunidade de mudá-la, e não será possível prosseguir se os fabricantes do *kit* não tiverem fornecido tinta suficiente de uma determinada cor.

Marsha fora explorada durante sua vida inteira. Na escola, era objeto de um interminável desfile de brincadeiras e depreciações. As coisas não foram muito diferentes quando se formou na faculdade e conseguiu um emprego como secretária numa corretora de valores. Ela tem trinta anos de idade, trabalha na firma há cinco anos e tem feito um bom trabalho. Mesmo assim, ninguém a nota, ou, quando a notam, tiram vantagem dela. Um dia, um dos corretores novatos entregou-lhe uma lista de compras de mercearia e pediu-lhe que providenciasse tudo. Ele estava certo de que ela não se importaria. Mas Marsha se importou, e a raiva brotou nela enquanto olhava a lista. Marsha decidiu que aquilo era demais. Sabia que no mínimo valia tanto e era tão esperta quanto qualquer um que trabalhava lá. Portanto, decidiu que queria ser respeitada e, além disso, tornar-se uma corretora. Uma vez que sabia o que queria para si mesma, Marsha relaxou. Já podia ver como tudo aconteceria: as pessoas com quem trabalhava perceberiam repentinamente o seu valor. Alguns lhe pediriam desculpas e gostariam de compensá-la. "É aí que eu vou pedir a eles que me ensinem a ser uma corretora!", planejava. Outros simplesmente ficariam muito embaraçados e discretamente começariam a tratá-la melhor. "E então vão começar a falar a meu respeito para o chefe, ele vai notar... uma promoção..." Marsha pensou, sentada à sua mesa, e sorriu com malícia. O corretor novato, que estava passando, zombou: "Bom, se eu soubesse que listas de compras a fariam tão feliz, teria começado a entregá-las antes". "Está tudo bem", Marsha disse para si mesma, virando-se para a sua máquina de escrever. "Você logo perceberá o valor que eu tenho."

Marsha organizou seu plano para tornar-se respeitada e para passar à posição de corretora de valores de acordo com as etapas comportamentais exigidas. O problema, entretanto, é que seu plano depende do comportamento de *outras* pessoas, e não do seu próprio. Isto é, seu sucesso ou fracasso na realização da meta desejada depende, e é determinado, pelo que outras pessoas fazem. É claro que é preciso levar em conta possibilidades, restrições e recursos externos ao fazer um plano, mas fazer com que a meta dependa totalmente (ou quase) da reação dos outros (no caso de Marsha, seus colegas e superiores) é correr um risco excessivo. No caso de Marsha, por exemplo, é provavelmente irreal presumir que seus colegas compreenderão espontaneamente sua estupidez e farão as correções específicas que ela deseja que façam. É muito possível, por outro lado, que eles sejam ótimas pessoas, que, caso fossem chamados à atenção sobre como subestimam Marsha, tentariam mudar, mas os planos dela não incluem nem mesmo alguma atitude da *sua* parte para fazê-los dar-se conta disso.

Os traços mais nítidos do pensamento de Marsha são que para ela o *locus* de controle está no mundo exterior, e não nela, e que ela faz pouca ou nenhuma idéia da relação de causa e efeito entre suas ações atuais e a realização do seu desejo de ser respeitada e promovida no emprego.

É claro que James não decidiu simplesmente entrar para um curso de programação de computadores e então, como num passe de mágica, tornou-se um programador. Havia muitas etapas pelas quais ele teria que passar a fim de se tornar um programador. Em linhas gerais, ele precisava obter seu diploma e conseguir um emprego, mas cada uma dessas grandes metas era formada por pequenas metas. Para conseguir o diploma, ele teve que entrar para uma escola, depois cumprir todo o currículo. Cursar os quatro anos da escola e depois então encontrar uma posição satisfatória eram com certeza pontes que ele no fim teria que atravessar. Mas elas não tinham que ser atravessadas agora. James sabia que tinha resolvido e superado muitos obstáculos em sua vida, então sentia-se confiante de que seria verdadeiramente capaz de cruzar aquelas pontes, quando chegasse o momento. Ele as tinha sempre em mente, mas, em vez de se preocupar com que cursos fazer, arrumar local de estudo em sua casa e decidir como organizar essa mudança em sua vida, concentrou-se na tarefa de entrar para a escola. Decidiu que o que precisava fazer era reunir informações sobre várias escolas (''Vou até a biblioteca e solicito indicações de várias corporações'') e, a partir dessas informações, selecionar aquelas que ofereciam o curso no qual ele estava interessado, aquelas que ofereciam permutas e que ele poderia pagar convenientemente. Então se candidataria àquelas que lhe interessavam (''Posso ligar para pedir os formulários e pegar emprestada a máquina de escrever do Bill para preenchê-los''), solicitaria ajuda financeira (''Preciso perguntar a cada escola o que existe nessa área, então vou precisar de novo da máquina de escrever''), e tudo isso teria de ser feito durante as próximas quatro semanas, se queria começar no outono. Bem, James selecionou duas escolas e decidiu de que ajuda financeira precisava, mas nunca estivera na faculdade antes. Então, procurou alguns amigos graduados e pediu sua opinião sobre os planos e escolhas que fizera. Os planos lhes pareceram bons. Tranqüilizado, James candidatou-se. Depois de aceito, James passou para a próxima fase de seu plano, que era fazer o curso. Agora ele imaginava que cursos fazer, quando fazê-los, como modificar seus compromissos com a música a fim de acomodá-los a seu horário escolar; então começou a preparar o local no qual estudaria em casa, e assim por diante.

O caminho que vai de querer ser um programador de computação a *ser* um programador de computação é muito longo e requer muitos pequenos passos intermediários. James terá que dar cada um deles, mas, em vez de ficar paralisado por ter que defini-los todos antes de agir, ele especifica apenas os primeiros da seqüência, deixando os seguintes relativamente indefinidos. Ele faz dois tipos de avaliações, ou testes: avaliações detalhadas do futuro próximo e avaliações menos específicas para tudo o que está além desse futuro relativamente próximo.

O fato de James sentir-se livre para concentrar-se apenas nas primeiras etapas do seu plano é o resultado da interação de dois fatores:

a experiência de ter vencido desafios no passado, de agir a partir de uma *reação de escolha* (de modo que seu destino possa ser influenciado) *e* um pressuposto de causa e efeito entre o presente e o futuro (isto é, o que ele faz agora determina os rumos do futuro). Uma reflexão adicional sobre a reação de escolha assinala o fato de que os planos de James dependem dele mesmo, não dos outros. Por exemplo, ele não espera que alguém lhe ofereça uma máquina de escrever para preencher os formulários. Ele também gera mais de uma maneira de cumprir as etapas que ele quer ou precisa cumprir (por exemplo, pesquisar as escolas na biblioteca e contactar companhias), o que lhe dá flexibilidade para alcançar suas metas.

Ao avaliar como dar prosseguimento ao plano, James está tentando determinar (tanto de uma perspectiva geral quanto de uma perspectiva detalhada) que etapas serão eficazes (levando-o aonde quer ir) e se valem ou não a pena. "Eficácia" e "valer a pena" são os critérios. O primeiro (eficácia) o conduz na direção daquelas etapas/comportamentos que provavelmente o levarão na direção em que ele quer ir. O segundo (valer a pena) o faz examinar (com base em dados inteiramente pessoais) os efeitos de cada etapa sobre seu bem-estar pessoal em todas as áreas de sua vida. Por exemplo, uma maneira de financiar sua educação seria assaltar um banco, mas para James esta opção não *valeria* os riscos e a agressão à sua auto-estima que necessariamente se seguiriam.

Finalmente, James testa seus planos comparando-os com experiências pessoais passadas que ele tenha para aquela etapa particular ou plano geral. Quando não tem um exemplo na sua história pessoal, leva seus planos a algum recurso externo especializado, tal como um livro ou uma pessoa. Usando um livro, ele pode checá-lo pessoalmente. Levando-os a uma pessoa, ela pode checá-lo e sugerir mudanças, se necessárias. (James pediu a estudantes que examinassem seus planos.)

Agora que os planos estão formulados, é tempo de:

Fazer

O cliente que acabara de deixar o consultório de Barb lhe dera um bocado em que pensar. Era um homem gigantesco (uma vez havia afundado o rosto de outro homem apenas com um soco), de pouca inteligência, trabalhador, *muito* sério e necessitado de ajuda para seu casamento em crise. Barb decidiu que uma das coisas de que o homem precisava era aliviar a seriedade inflexível com que via sua situação. Barb formulou um plano no qual daria a ele uma perspectiva nova e mais leve de sua situação através de brincadeiras que faria com ele. Imaginava-se brincando e rindo de todas e de cada uma de suas opiniões sombrias, até que finalmente um sorriso rachasse seu aspecto endurecido e ele se juntasse a ela numa avaliação mais despreocupada da situação. Satisfeita com o plano, Barb chamou-o para outra entrevista. No encontro seguinte, Barb pôs seu plano em ação.

A cada gesto cheio de seriedade, a cada afirmação cheia de gravidade que ele fizesse, Barb respondia com uma brincadeira ou uma paródia. Sentia imenso prazer em seu desempenho. No entanto, o que ela não notou foi que a face do cliente tornava-se cada vez mais corada, que ele cerrava e descerrava as mãos e que respirava com maior rapidez. Antes que percebesse o que estava acontecendo, Barb subitamente descobriu-se balançando acima do chão, agarrada firmemente por uma das manoplas do cliente, enquanto a outra estava cerrada e erguida para golpeá-la.

Não sabemos se a meta *visada* por Barb para seu cliente teria sido apropriada, mas sem dúvida podemos dizer que seu plano para alcançá-la *não* era adequado. Depois de estabelecer o que queria em relação a seu cliente, Barb desenvolveu um plano que imaginou seria eficaz para fazer com que o homem tivesse uma perspectiva mais leve da situação. O erro de Barb foi não levar em conta as reações de seu cliente enquanto punha seu plano em prática. Em vez disso, continuou a executar seu plano conforme o havia originalmente concebido. Nesta situação, reagir apenas de acordo com o plano já formulado é uma reação de omissão (já que a *única* opção que ela tinha era reagir ao plano conforme ele fora concebido). Como depois ficou claro, o plano de Barb não era adequado às circunstâncias, e se ela não tivesse mantido um rígido desempenho das etapas do plano, poderia ter tido a oportunidade de usar as reações do cliente como indicações de que precisava ajustar seu próprio comportamento e seu plano a essas reações.

O erro de Barb foi seguir seu plano sem ajustá-lo de acordo com o *feedback*, ou seja, todas as reações que ocorrem numa situação e que poderiam ser usadas para informar e guiar o pensamento e as ações de uma pessoa. Um outro erro que as pessoas às vezes cometem ao pôr seus planos em prática é deixar de segui-los. Se uma pessoa formulou um plano que lhe pareceu (e talvez às fontes especializadas mencionadas na seção "Planejar") eficaz para a obtenção do que quer, então é preciso segui-lo. Somente seguindo-o a pessoa dá a si mesma a oportunidade de ter uma fonte contínua de informações que lhe permita saber se o passo que está dando é ou não útil para levá-la à meta desejada.[1]

O plano original de James fora freqüentar a escola durante o dia e tocar à noite. Ele percebeu que seria um desgaste muito grande, mas pensou que poderia agüentar e, de qualquer modo, precisava de dinheiro para ajudar a sustentar a família. Mas, no fim do primeiro semestre, James parecia um zumbi. Entre tirar boas notas na escola, estudar, trabalhar durante a noite e tentar passar algum tempo com a família, ele dormia muito pouco — e descansava menos ainda. James percebeu que teria que mudar sua situação profissional. Ainda precisava conseguir dinheiro; mas como? Percebeu que após seu primeiro semestre já tinha alguma prática rudimentar com computadores. Começou a comercializar essa prática e finalmente obteve dois empregos de meio expediente, como digitador para um professor na faculdade e para um consultor particular. Ele saiu da banda. O dinheiro que conseguia com os dois empregos não era muito, mas ajudava, e seus horários eram flexíveis, de modo que ele podia adaptá-los ao seu horário escolar. Além disso, e talvez mais importante que isso, James ia para a cama antes das duas da madrugada, o que não acontecia quando ele tocava. Sua esposa estava preocupada por ele ter abandonado algo que estivera próximo ao seu coração por tanto tempo, mas James explicou: "Ouça, eu amo a música, mas minha família e o lugar aonde pretendo chegar agora são muito mais importantes para mim. Está na hora de deixar essa coisa acontecer".

A utilidade de um plano está em ser um guia para um comportamento que ao final torne possível alcançar um objetivo. O plano que parece o melhor do mundo pode, entretanto, ser falho ou tornar-se inadequado devido a mudanças no mundo. Continuar a seguir um plano obsoleto é bobagem. James gostaria de ter continuado com suas apresentações. Partira do princípio de que isso era possível e elaborara seus planos a partir daí. A realidade cotidiana, contudo, mostrou-lhe que passar o dia na escola, jantar com a família e então sair para tocar em clubes até duas da manhã era mais do que ele podia agüentar, sem prejudicar a saúde, seus relacionamentos, seu futuro, etc. O traço mais importante na forma como James persegue (o fazer) seu futuro como programador de computação é que ele faz avaliações contínuas quanto à eficácia de seu comportamento e de sua experiência. Assim, essas informações tornam-se uma fonte que ele utiliza para decidir se continua com o que está fazendo ou se faz mudanças no seu comportamento/plano. Frente à exaustiva realidade de aulas matinais e apresentações noturnas, James compreendeu que teria que corrigir seu plano original (voltando ao planejamento descrito na seção anterior).

A outra avaliação contínua que James faz é analisar se o plano vale ou não a pena. É possível que, embora um dado aspecto do plano seja eficaz para a realização do objetivo, não *valha* o esforço. No caso de James, as apresentações certamente não eram uma etapa eficaz para a realização de seu objetivo. James, contudo, foi além disso. Decidiu que, dados os acontecimentos em sua vida, o trabalho com a música não era mais em si mesmo algo que valesse a pena.

Assim, o fazer apropriado (isto é, levar adiante a execução de um plano) implica fazer avaliações atuais e *contínuas* da eficácia e valor dos passos/comportamentos realizados. Essa avaliação contínua toma como referência os planos passados e também a experiência e as necessidades do presente. Partir do pressuposto de que o que se faz no presente tem enorme influência sobre o que ocorrerá no futuro e especificar os comportamentos apropriados (de forma bastante detalhada) permitem criar a flexibilidade necessária, caso se deseje ou se precise mudar o plano. Obviamente, a meta de desejar, querer, planejar e então fazer é:

Ter

Dobie podia ver tudo: uma plantação — sua plantação — verdejante, germinando, as fileiras do milharal farfalhando pela ação da brisa, suculentos tomates vermelhos pendendo dos pés como ornamentos de Natal, cenouras brilhantes, pepinos enormes... Como nunca plantara antes, Dobie não fazia idéia do seu talento para a agricultura, mas estava determinado a ter a plantação que imaginara. Comprou ferramentas e sementes e descobriu que gostava de passear pela plantação. Dobie trabalhou duro preparando o solo e semeando-o. Sentia-se bem por trabalhar ao ar livre, ao invés de estar dentro de casa, vivendo a vida de outras pessoas por intermédio da magia da televisão. O sol bronzeava a pele de Dobie, dando-lhe uma tonalidade castanha, enquanto ele se ocupava em plantar, regar, capinar, esperar — esperar a tímida explosão que ouviria quando os pequenos brotos rompessem as vagens. Uma manhã, ele foi recompensado com a gloriosa visão de minúsculas folhas verdes ganhando a luz do dia. Os vizinhos paravam para saber notícias de suas plantas e para comentar sobre o tempo. Dobie já se imaginava visitando esses mesmos vizinhos, carregando cestas de verduras excedentes e queixando-se orgulhosamente: "Eu sei que estive aqui ainda ontem, mas (dá de ombros) a coisa continua rendendo". Uma semana mais tarde, Dobie observava desesperançado suas mudas caídas e mortas. Quando já era tarde demais para salvar a plantação, ele trouxe um amigo agricultor para realizar a autópsia. Dobie ficou boquiaberto com a profundidade de sua falta de conhecimentos sobre plantas. Algumas ele plantara muito fundo; outras, muito superficialmente. Algumas ele molhara demais, outras não molhara o bastante. A sombra de uma planta curvada matara algumas, enquanto o sol direto provocara a morte de outras. O solo era anêmico, e os caracóis, saudáveis. Vendo seus planos malogrados, Dobie deu as costas à plantação: "Bom, *esta* foi uma péssima idéia. O que será que está passando na TV?".

A plantação que Dobie desejara parecia valer a pena, e certamente sua sinceridade e sua dedicação na busca desse desejo não podem ser criticadas. Entretanto, como se viu, ele simplesmente não tinha o conhecimento e a experiência necessários para ser bem-sucedido na plantação, *desta* vez.

Assim como aconteceu com Dobie, depois do desejo, da vontade, do planejamento e da execução, haverá *algum* resultado. Pode-se obter aquilo que foi originalmente desejado, caso em que se deve celebrar a eficácia do plano e usufruir da realização do desejo. Entretanto, como no caso de Dobie, também pode ocorrer que o resultado não seja o desejado. O que fazer então?

A reação de Dobie ao ver frustradas suas expectativas foi decidir que não valia a pena ter uma plantação e assim abriu mão dessa aspiração. Uma avaliação contínua do tipo "Minhas expectativas estão sendo atendidas ou não?" às vezes conduz à insatisfação; sempre que houver uma diferença entre o que está ocorrendo e o que era esperado, a conseqüência natural é o desapontamento.

Além da sua avaliação atual da satisfação das expectativas, Dobie age com base na pressuposição de que a experiência simplesmente lhe acontece e de que o passado determina o presente. Assim, Dobie coloca-se — e às suas ações — fora daquilo que produz sua experiência contínua. Olhando agora para trás, com mais informações, ele poderia ver por que sua plantação fracassou. Mas, visto como algo que lhe aconteceu, não lhe ocorre que o fracasso se deu simplesmente em função de informação e experiência, que poderiam ser adquiridas para que ele pudesse algum dia de fato estar colhendo suas próprias verduras. Encarado como algo determinado pelas circunstâncias, em vez de por ele próprio, o plantar tornou-se apenas mais um daqueles empreendimentos nos quais ele estava fadado a fracassar. E por isso voltou à televisão.

James tinha seu diploma em mãos há duas semanas. Por alguma razão que ele não entendia, vinha adiando dia após dia seu plano de procurar uma colocação como programador de computação. Ele admitiu que sua hesitação advinha do medo de fracassar. Uma manhã, enquanto tentava se convencer a marcar entrevistas de emprego, subitamente percebeu que não tinha tanto medo do fracasso quanto de ter sucesso — não queria mais ser um programador de computação. Embora tivesse se saído muito bem no curso, dois anos à frente de um monitor de vídeo não fora a experiência que ele originalmente esperara. Ele gostava de interagir com *pessoas*, não de ter acesso à memória de um computador. Por alguns momentos, essa percepção foi como uma grande decepção, dados os quatro anos que gastará para aprender e conquistar o direito de ser um programador. O diploma começou a parecer-lhe mais um simples pedaço de papel, em vez do símbolo e passaporte que era. Mas, enquanto James pensava nisso, percebeu que um bacharelado é um diploma universitário, e ele sempre quisera ter um diploma universitário. Era algo de que deveria se orgulhar. Além disso, hoje em dia quase toda posição profissional requer um diploma universitário. Com o diploma e com a proliferação de computadores, ele estaria muito bem preparado para engajar-se em alguma daquelas companhias em que originalmente planejara se empregar, só que em vez de ocupar um cargo na área tecnológica, ele poderia ser o entrevistador das pessoas que procuravam colocação. James relaxou pela primeira vez em semanas, pois mais uma vez o futuro lhe oferecia possibilidades propulsoras. Ele fizera muitos amigos na faculdade, aprendera um bocado, e agora era tempo de começar uma outra fase de sua vida. James levantou os olhos para o relógio — eram dez da manhã. Suspirou aliviado e pensou: "Graças a Deus, fui para a faculdade; senão, provavelmente eu estaria levantando exatamente agora depois de outro show de vinte e cinco dólares".

Uma vez que nem sempre é possível ter exatamente aquilo que se quer, o que devemos fazer com resultados indesejados? James tinha esperanças de vir a ser um programador de computador — e de gostar disso. As coisas não saíram como ele esperava. Mas, em vez de concluir que sua decisão original estava errada ou que os quatro anos de faculdade haviam sido uma perda de tempo, James começou a gerar maneiras pelas quais o que ele tem (isto é, um bacharelado num campo no qual não está mais interessado) *fora, é* e *poderia ser* útil, uma oportunidade, uma bênção, etc. Pensando assim, descobre que ter conseguido um diploma é algo por si só gratificante, que um diploma será um trunfo para iniciar uma nova carreira, que sua prática com computadores será também um trunfo em praticamente qualquer profissão, que aprendeu muitas coisas que não teria aprendido de outra forma, que aumentou seu círculo de amizades e que o esforço para tornar-se programador de computadores permitiu-lhe sair da rotina de uma carreira de músico de clube. Na verdade, James é capaz de combinar o conhecimento, a experiência e as credenciais que conseguiu estudando programação com seu interesse em pessoas, para criar novas possibilidades de carreira, tais como trabalhar com vendas, relações públicas, recrutamento de pessoal, etc.

A arte de ter, portanto, está em querer o que se conseguiu. Isto *não significa desistir do que se queria* originalmente. O ter de que falamos aqui poderia ser concluir uma das etapas detalhadas do caminho rumo à meta geral, ou a obtenção da própria meta geral. A diferença entre as reações de James e de Dobie a um descompasso entre o que haviam desejado e o que conseguiram baseia-se fundamentalmente na capacidade de James para mover-se no passado, no presente e no futuro. Atento ao que aprendia em uma única aula ou numa única interação, bem como àquilo que adquiria pessoalmente ao longo de todos os semestres e mesmo ao longo do processo inteiro, James diversificava o âmbito relativo daquilo a que estava prestando atenção em suas avaliações. Dobie, ao contrário, mantinha a meta geral desejada constante ao avaliar seus esforços. A flexibilidade na maneira de satisfazer seus critérios ajudou James a utilizar suas experiências para a satisfação pessoal no presente e para o contínuo sucesso no futuro. A inflexibilidade de Dobie contribui apenas para aumentar sua lista de inadequações e incapacidades.

Aliada à flexibilidade de James, está sua pressuposição de relações de causa e efeito entre o passado, o presente e o futuro. Isto lhe dá uma continuidade de experiência e a possibilidade ininterrupta de alcançar suas metas prioritárias. Ele também pressupõe que metas são algo cuja obtenção só depende dele. Isto o leva a definir como mudar seu comportamento de acordo com suas metas.

Se Dobie tivesse usado esse raciocínio, em vez de se recriminar por ter sido bobo e desistido do seu sonho, poderia ter ficado feliz por ter descoberto um lugar de que gostava (plantações), curtido seu bronzeado, usufruído dos exercícios, aproveitado mais o contato com os vizinhos e compreendido que o fracasso era uma experiência que ele poderia usar agora para assegurar-se de que sua próxima plantação teria mais sucesso.

Finalmente, quando se consegue algo que se queria, é importante usá-lo e vigiá-lo bem. Para *manter* um resultado é preciso apreciar o que se tem e o que foi necessário para consegui-lo. O tempo e o esforço empregados para tornar o corpo saudável ou forte, progredir na carreira, conseguir e manter um carro desejado, ou começar e cultivar um relacionamento, são muito valiosos. Ter *alcançado* a meta é, por si só, algo a acalentar e de que se orgulhar. Sem exercícios, um corpo rijo pode voltar a ser flácido; um emprego pode ser perdido; um carro pode ser roubado ou virar um ferro-velho, cheio de ferrugem, sujeira e graxa; um relacionamento pode desaparecer se seus rituais e necessidades forem ignorados ou esquecidos. A apreciação, portanto, ajuda a garantir que a pessoa continuará empenhada nos comportamentos e atividades contínuos necessários para manter aquilo que tanto quis.

Como dissemos anteriormente, os indivíduos que constantemente são bem-sucedidos na passagem do desejo à obtenção usam as cinco etapas que acabamos de descrever como uma seqüência evolutiva, e não como passos distintos. Como provavelmente ficou evidente com a discussão desses raciocínios, nem sempre é possível seguir apenas uma direção durante a seqüência. Na verdade, isto seria certamente uma exceção, e não a regra. As complexidades envolvidas na realização da maioria dos objetivos e a variedade quase sempre imprevisível de reações externas combinam-se para virtualmente garantir que em algum ponto a pessoa terá que ajustar sua vontade, seu plano e suas ações. Essas etapas inter-relacionam-se da seguinte maneira:

Desejar ▶ Querer ▶ Planejar ▶ Fazer ▶ Ter

Em outras palavras, se algum aspecto do planejamento for insatisfatório para a realização do objetivo, é necessário ou modificar o plano conforme o objetivo ou voltar à etapa de racionalização da vontade e mudar, de alguma forma, aquilo que se quer. Se durante a execução do plano a pessoa perceber que seu comportamento é ineficaz ou não vale a pena, deve voltar a estapa de planejamento e alterar seu plano, ou talvez tenha que retroceder mais e reavaliar seu objetivo (vontade). E se aquilo que se conseguiu não é o que você queria, você pode transformar isso em algo que queira *ou* voltar atrás e reajustar o plano adequando-o à meta desejada, ou talvez voltar ainda mais e mudar o que quer. O que acabamos de descrever é o modo pelo qual indivíduos bem-sucedidos percorrem a passagem do desejar ao ter usando automaticamente esses processos internos. Este talento para transformar sonhos em realidades é produtivo em qualquer situação. A próxima seção traz o formato EMPRINT que propicia esse valioso conhecimento.

Como Transformar o Desejo em Realidade

Desejar e Querer

1 A primeira etapa para obter o procedimento EMPRINT para estratégias bem-sucedidas de transformar o querer em ter é separar as coisas que se deseja das coisas que se quer. Ao final deste parágrafo, reserve alguns momentos para identificar para si mesmo cinco coisas, objetivos ou mudanças que você *desejaria* ter, e depois cinco que você *quer*. (Inspirar-se na frase "Eu desejaria ter...", depois "Eu quero..." o ajudará nesta tarefa.) Identifique-os agora e liste-os aqui.

Desejos

_____

_____

_____

_____

Vontades

_____

_____

_____

_____

2 Em seguida, quando chegar ao fim deste parágrafo, compare as duas listas usando as seguintes questões: há alguma diferença entre seus desejos e suas vontades em termos de como você pensa e se sente em relação a eles? Você cria imagens de cada um deles? Você os descreve para si mesmo e tem as mesmas sensações que sentiria se tivesse realmente a experiência? Ou são sensações quanto à possibilidade de concretizá-los? Como você reage a eles? Compare calmamente o modo como você pensa e reage aos seus desejos e vontades.

É provável que as coisas que você deseja tenham uma imagem obscura, com poucos detalhes, indistinta, ao contrário das coisas que você quer, que tendem a ser representadas com mais detalhes e clareza. Entretanto, talvez a diferença mais significativa esteja na reação: *desejar* tende a suscitar passividade, enquanto *querer* é mais ativo e intencional. Se você parar um momento para desejar um dos itens de sua lista, notará provavelmente que, embora fosse ficar realmente feliz em realizar esse desejo, não se sente particularmente motivado a fazer qualquer coisa para realizá-lo. Já quando você pensa nas coisas que *quer*, elas provavelmente geram sentimentos de motivação, a necessidade de agir, planejar e outras reações orientadas para a ação.

A importância desta distinção está no fato de que as coisas que queremos tendem a gerar comportamentos voltados para a realização desses objetivos, enquanto desejos não geram tais comportamentos. Quando uma pessoa vai perseguir um objetivo, ela certamente deseja ter certeza de que ele corresponde aos seus critérios daquilo que é importante para ela, do que vale a pena, de quem ela é como pessoa, etc. Quando a pessoa não está perseguindo um objetivo, contudo, não há necessidade ou razão para restringir seus desejos aos critérios, já que desejar é, essencialmente, um exercício de imaginação. Desejar é fantasiar sem restrições o que poderia ser e, como tal, é um bom modo de gerar possibilidades novas e criativas. Se aplicar seus critérios como um filtro para o mundo das possibilidades, a pessoa sem dúvida não conseguirá reconhecer ou considerar todos os objetivos desejáveis, porque estará cega para eles. É possível testar este efeito dos critérios de modo muito simples: basta você considerar por um momento o que faria pelo resto da vida se tivesse todo o tempo, dinheiro e liberdade para fazer *qualquer coisa* que quisesse; agora compare essas especulações com o que já planejou para a sua vida.

Para evitar que você perca a possibilidade de ver seus desejos atendidos, nós lhe oferecemos os seguintes passos para transformar um desejo numa vontade madura e que valha a pena. O primeiro passo é motivar o comportamento. Isto pode geralmente ser conseguido quando se tem uma representação específica, detalhada e vívida de um objetivo que se deseja alcançar.

3 Ao final deste parágrafo, escolha um dos desejos que você enumerou previamente e faça uma imagem mental específica, detalhada e vívida de si mesmo tendo realmente aquilo que desejou. Crie esta representação da forma mais real possível. Você pode enriquecê-la acrescentando cor, movimento e som, vendo, ouvindo e sentindo de fato o que estaria realmente ocorrendo se estivesse nessa realidade desejada. Talvez deseje um amor verdadeiro, fama ou uma carreira específica. Qualquer que seja o seu desejo, gere para si mesmo um enredo rico em detalhes, no qual você vivencie diretamente a realização do seu desejo. Enquanto intensifica a realidade de *ter* seu desejo realizado, observe o que muda nas suas reações internas com relação a esse desejo. Procure agora criar esse enredo e imaginar plenamente a realização do desejo. Você se sente fortemente atraído por esta experiência imaginada? Se não se sente, não é apropriado perseguir esse desejo em particular. Quando se sentir de fato fortemente atraído por um dos seus desejos após criar uma experiência imaginada como essa, passe à próxima etapa.

4 A segunda coisa necessária para transformar um desejo numa vontade que valha a pena perseguir é fazer a si mesmo as perguntas da boa formulação e respondê-las. Estas perguntas também devem ser respondidas com relação a cada uma das suas vontades, para ter certeza de que vale a pena perseguir a sua satisfação. Entretanto, antes de fazer isto com cada uma das suas vontades, pegue um dos desejos que o atraem fortemente (depois de ter completado a etapa anterior) e avalie-o em relação a cada uma das seguintes perguntas:

Ele pertence ao domínio do que é possível? Isto é, existe ao menos uma pessoa que tenha alcançado um objetivo semelhante? Os recursos básicos e os conhecimentos necessários estão disponíveis? Em termos de possibilidade, há uma grande diferença entre querer viver em Marte este ano e querer ser um astronauta; ou entre calçar dois números menos e querer ser financeiramente independente. Embora um objetivo talvez seja possível, os fatores existentes podem torná-lo impossível para você. Por exemplo, a possibilidade de você se tornar um astronauta se reduz enormemente se você for um paraplégico ou tiver setenta anos. Avalie seu desejo fazendo-se esta pergunta antes de prosseguir.

Vale a pena alcançá-lo? Isto é, este objetivo está em harmonia com seus atributos, ideais e predileções? Por exemplo, nosso astronauta em potencial poderia concluir que participar do programa espacial é a mesma coisa que dar apoio à crescente militarização do espaço, algo a que ele é veementemente contrário. Ou talvez não valha a pena ser um astronauta quando se levam em consideração as longas horas longe de casa e da família. Utilize agora a pergunta "Vale a pena tê-lo?" para avaliar seu desejo.

Isso vai me dar o que eu realmente quero? Você provavelmente já teve a experiência de querer realmente algo que parecia importante e, quando finalmente conseguiu o que queria, descobriu que não valia a pena mesmo (e talvez até devesse ser evitado). Por exemplo, você pode ter querido, se esforçado e adquirido uma casa grande, linda, chique e mais tarde ter descoberto que mantê-la era uma carga exaustiva e indesejável. Do mesmo modo, ter e gerir um negócio (muito trabalho, pagamento imprevisível), ou possuir um carro caro porém delicado (muito tempo na oficina, consertos caros), ou ter o seu próprio cavalo (cuidados diários, contas do veterinário), podem parecer coisas muito desejáveis até que você se depare com a realidade, talvez desagradável, de tê-las. Para determinar se seu desejo vai lhe dar o que você realmente quer, é preciso penetrar na vívida representação previamente gerada de ter o seu desejo realizado — penetrar de modo a que tudo seja como se você estivesse lá, vendo o que queria, ouvindo o que ouviria e, especialmente, sentindo o que sentiria. A experiência é como você queria que ela fosse? Se não for, seu desejo pode ser ajustado ou corrigido para fazê-la satisfatória? Penetre nessa representação e faça a avaliação agora.

Vale a pena fazer o esforço necessário para alcançar a meta? Antes de dedicar-se a um objetivo, é importante avaliar se o esforço que provavelmente terá que ser feito para persegui-lo vale a pena ou não. Para esta avaliação, imagine primeiro algumas das coisas necessárias para transformar seu desejo em realidade (no exemplo do nosso astronauta, desistir do emprego atual, mudar-se para a NASA em Houston, salário baixo, muito tempo longe de casa, etc.). Agora, penetre no seu empreendimento e avalie seus sentimentos em relação a ele. Você sente que vale a pena fazer o que será necessário? Faça essa avaliação do seu desejo antes de prosseguir.

5 Feito isso, você pode agora comparar seus sentimentos quanto ao empreendimento com seus sentimentos quanto ao objetivo em si e então usar esta comparação para decidir se o objetivo vale o esforço. Faça agora esta comparação e tome uma decisão quanto ao seu desejo.

Recapitulando, as conclusões a que você precisa chegar para querer algo de modo útil e apropriado são:

■ Que você tem uma representação específica, detalhada, vívida do objetivo (do que você quer);

■ Que o objetivo é algo que pode ser alcançado, mesmo que você no presente não saiba como;

■ Que o objetivo satisfaz seus critérios pessoais (é o que você realmente quer, e vale a pena esforçar-se para alcançá-lo), e não critérios impostos de fora (tais como nos anúncios: "Este é o carro para o homem dos anos 90!").

6 Quando terminar de ler este parágrafo, examine cada um dos desejos e vontades previamente listados nos testes acima. Pegue uma ou duas coisas que você *quer* querer — isto é, metas que você não quer agora mas acha que *deveria* querer (como deixar de fumar, ou fazer um plano de aposentadoria) — e submeta esses objetivos à mesma seqüência. Você talvez descubra, depois de passar esses objetivos por essa seqüência de testes, que eles mudaram qualitativamente e que sua experiência mudou muito, no sentido de que agora você os quer, que seu comportamento está mais engajado. Faça os testes agora e descubra as mudanças que ocorreram.

Perseguir objetivos que não tenham sido submetidos a essa avaliação que você aprendeu é com freqüência contraproducente para o seu bem-estar. Uma pessoa que persegue objetivos sem tê-los antes avaliado inteiramente não está necessariamente seguindo o arco-íris, mas muitas vezes nos lembra um cachorro que entra cegamente no trânsito para perseguir um carro. Correr atrás de objetivos calcados apenas em caprichos e fantasias é uma perseguição geralmente improdutiva e possivelmente perigosa. Ao dedicar alguns momentos à avaliação dos seus sonhos, desejos e vontades antes de agir sobre eles, você estará protegendo e aumentando seu bem-estar.

Planejar

Ao planejar, estamos essencialmente elaborando as seqüências de ações e seus resultados subseqüentes que nos conduzirão ao resultado desejado. Se a seqüência planejada é de fato capaz de levar ao resultado, então segui-la conduzirá à obtenção do que se quer (partindo-se do princípio, por enquanto, de que o mundo não é caprichoso). É claro que há muito poucas coisas certas, e é raro que uma pessoa saiba exatamente quais os passos que a conduzirão necessariamente ao resultado desejado. Assim, uma característica importante para qualquer plano é a inclusão de *pontos de ramificação*. Pontos de ramificação são aqueles passos da seqüência que, dependendo do que aconteceu até ali, o conduzirão a uma das alternativas possíveis. Por exemplo, se seu plano é tornar-se um astronauta, é prudente incluir nele o que você fará no caso de sua candidatura inicial ser rejeitada. (Você poderia entrar para uma companhia filiada à NASA, candidatar-se à Agência Espacial Européia, etc.)

O propósito dos pontos de ramificação no plano é ajudar a garantir que você possa continuar rumo ao seu objetivo se parte do seu plano sair errada. Obviamente, o que está subjacente em qualquer planejamento é a pressuposição da relação de causa e efeito entre presente e futuro: o que você faz agora determinará seus resultados no futuro. Criar pontos de ramificação no plano é reconhecer a importância de se ter uma reação de escolha em vez de uma única seqüência fixa em direção ao objetivo. Ter apenas uma seqüência fixa é uma reação de omissão e permite que um único passo malsucedido afunde o plano. De onde vêm a seqüência e seus pontos de ramificação? Conforme discutimos acima, desenvolver um plano inclui descobrir uma seqüência de passos que conduzam à realização do objetivo. Esta seqüência de passos provém da divisão (detalhamento) da perseguição do objetivo em relação a várias considerações. Por exemplo, ao fazer seu plano, um astronauta aspirante pode detalhar o processo de tornar-se um astronauta em relação às *atividades* envolvidas. Os primeiros passos gerais que vêm à mente são a necessidade de candidatar-se, de ser aceito e de submeter-se ao treinamento. Por sua vez, estes passos podem ser subdivididos. Quanto à candidatura, é preciso obter o formulário, preenchê-lo, parecer um bom candidato à NASA e entregá-lo. Cada um desses passos pode ser ainda mais especificado: preencher o formulário requer uma máquina de escrever, líquido corretivo, fotocópias, etc.; parecer um bom candidato significa entregar um formulário facilmente legível, cujo conteúdo possa provocar uma reação favorável, etc. Chegando a um passo cujos detalhes sejam desconhecidos (por exemplo, o que causa uma reação favorável), então você precisa se informar: buscar uma fonte externa de informações capaz de lhe fornecer os detalhes necessários. No nosso exemplo, as fontes de informação podem ser livros e artigos sobre o recrutamento de astronautas, um contato com o departamento de pessoal da NASA ou uma conversa com um astronauta.

Qual é a hora certa de parar de procurar novos detalhes atavés da divisão de etapas? Em geral, a perseguição de um objetivo já está suficientemente dividida quando se chegou a uma especificidade que requer conhecimentos, capacidades e comportamentos que a pessoa já tem e com os quais está familiarizada. Ao planejar a candidatura a astronauta, não há necessidade de detalhar a etapa do preenchimento do formulário se esta for uma atividade que a pessoa já domina. Além disso, em geral não é necessário especificar a seqüência inteira, desde o estágio atual até o momento futuro de realização do objetivo.

Na maioria das vezes, é suficiente você especificar apenas as etapas necessárias para começar a mover-se rumo ao seu objetivo. As etapas seguintes só precisam ser especificadas quando você já tiver avançado o suficiente para poder imaginar plenamente como seria dar esses passos de fato. Assim, comece imaginando-se, tão completamente quanto possível, realizando os passos em seqüência, sentindo como é cada um deles. Ao gerar uma experiência imaginária de um comportamento necessário para alcançar seu resultado, você terá a oportunidade de checar a viabilidade e o valor de cada etapa antes de comprometer-se a realizá-la. Isto serve para garantir que, ao elaborar seu plano, você não o construa em torno de passos que não valem o esforço ou que contrariam seus princípios e valores. (Por exemplo, você determina que uma etapa exige viver num ambiente urbano, mas isto irá de algum modo entrar em conflito com seus valores pessoais.) Especifique então as ações e considerações necessárias para o primeiro passo e comece a levá-lo adiante. Uma vez engajado no desempenho deste plano inicial, é tempo de especificar e avaliar integralmente os detalhes da próxima etapa, ou das duas próximas etapas da seqüência, e assim por diante, até que tenha percorrido todo o caminho para ter o que quer.

Demos acima um exemplo em que a meta é dividida em termos das *atividades* requeridas para realizá-la (pegar e preencher o formulário, treinamento, descobrir ao que a NASA reage favoravelmente, etc.). Há outras maneiras de detalhar uma meta, incluindo as seguintes maneiras que descobrimos ser importantes para gerar um plano eficaz:

■ **Atividades** Quais os comportamentos, tarefas e procedimentos que devem ser adotados?

■ **Informações** Quais as coisas que já sabe e o que ainda é preciso aprender para atingir a meta?

■ **Pessoas** Quem está, ou pode ser, envolvido na realização da meta, com quem você pode contar para ajudar (ou atrapalhar), e como podem ajudar (ou atrapalhar)?

■ **Recursos** De quais capacidades, habilidades e vantagens concretas você dispõe para ajudar (ou atrapalhar), e quais fontes externas de ajuda poderiam ou deveriam ser utilizadas?

■ **Tempo** Quanto tempo as várias etapas vão durar e quando devem ser iniciadas?

■ **Estágios de progresso** Como e quando você saberá que se encaminha rumo a sua meta?

1 Ao final deste parágrafo, reveja sua lista e escolha uma das suas vontades. Divida a persecução de seu objetivo em etapas adequadamente detalhadas para gerar um plano. Para fazê-lo, utilize as estruturas de planejamento listadas acima, uma de cada vez. Estando familiarizado com o planejamento em relação a cada uma destas estruturas, você descobrirá que não é mais necessário restringir-se a elas e incluirá naturalmente informações pertinentes a cada uma delas no seu planejamento. Dedique agora alguns minutos a este processo de planejamento. Fazê-lo agora ajudará a garantir que você o fará no futuro.

Há um último ponto a assinalar: diz respeito ao momento de parar o planejamento. É possível prosseguir *ad infinitum*, dividindo as possíveis seqüências para alcançar um objetivo. Conhecemos pessoas que especificam tão detalhadamente as várias possibilidades e procedimentos que geralmente não conseguem fazer nada para alcançar seu objetivo. Portanto, é importante determinar o momento de parar de planejar. Isto pode ser resolvido em parte observando-se quando a especificação já é suficiente. Ou seja, quando os estágios iniciais do plano já foram divididos em comportamentos e habilidades com os quais se está familiarizado, pode-se deixar para depois a continuação do planejamento e começar a dar estes passos rumo ao objetivo. *Também* é útil colocar algum tipo de limitação externa ao seu planejamento, tais como uma hora, uma semana, um ano, até Debbie chegar em casa, até a hora de sair, etc. Se, esgotado o prazo, o plano ainda não estiver satisfatoriamente completo, há ainda a opção de se estabelecer um novo prazo. A utilidade do prazo, portanto, é motivar a pessoa a ser decidida no planejamento e, no mínimo, lembrá-la de que já se passou algum tempo sem que qualquer coisa tenha sido feita rumo ao objetivo.

Planejar é um passo significativo no processo geral de se obter o que se quer. Os elementos do planejamento aprendidos aqui são essenciais para o sucesso futuro. Utilize estas estratégias e observará uma melhoria na sua eficiência. Se o que você busca é algo que vale a pena querer, então vale a pena o planejamento para determinar o melhor modo de obtê-lo.

Fazer

Chega um momento em que a seqüência de passos já foi planejada e é tempo de engajar-se nos comportamentos especificados pelo plano (quaisquer que sejam eles). Talvez o mais importante na execução do plano seja vê-lo como uma oportunidade de aprendizado, e não como uma possibilidade de fracasso. Muitas pessoas consideram um insucesso numa etapa particular do seu plano como um fracasso. Sentem-se desencorajadas, incapazes, pessimistas quanto à sua capacidade de continuar e desistem.

Entretanto, é muito mais apropriado e útil encarar estas etapas fracassadas como um *feedback* valioso. Especificamente, o *feedback* que se recebe quando se fracassa numa etapa do plano é o seguinte: é preciso dividir ainda mais esta etapa, e é provável que haja necessidade de mais informações sobre como cumpri-la. Talvez você não esteja familiarizado com uma habilidade, comportamento ou procedimento como julgou, ou talvez os tenha esquecido. Por exemplo, o aspirante a astronauta talvez descubra, olhando para o formulário, que esquecera o modo correto de preenchê-lo. Ou talvez perceba que necessita de determinadas habilidades, comportamentos e procedimentos que não previra e que requerem informações e aprendizado adicionais. Em qualquer dos dois casos, é preciso conseguir informações para especificar melhor este passo novo, ou esquecido, a um nível em que se possa dominá-lo.

Às vezes, uma maior especificação torna impossível prosseguir com o plano do jeito que ele é. Por exemplo, se a candidatura a astronauta foi rejeitada por fatores que essencialmente não dependem da pessoa (descontando, obviamente, subornos ou contatos poderosos), qualquer especificação maior dos passos que conduzirão a essa meta particular será infrutífera. É neste momento que os pontos de ramificação previamente considerados e planejados se tornam importantes, pois permitirão à pessoa prosseguir rumo ao objetivo geral (ainda que por um caminho diferente), ou talvez rumo a um objetivo alternativo igualmente atraente.

Aconteça o que acontecer, não deixe de colocar o plano em ação. *Execute-o.* Relegado a um exercício mental, um plano nunca dá frutos.

Comprometido com a ação, um plano conduz a *algum* lugar. E, se você permanecer flexível e reagir às dificuldades e obstáculos como oportunidades para aprender, é provável que consiga ir até o fim.

Ter

Finalmente, a pessoa alcança seu objetivo (ou uma alternativa aceitável). Isto é, tem o que queria. Entretanto, o ato *adequado* de ter não é exatamente a experiência passiva que a palavra "ter" parece implicar. É importante valorizar o que se obteve, dando-lhe o olhar apreciativo merecido. Desprezar ou rejeitar a conquista, dizendo "Ah, acho que foi bem", ou "Não foi nada, qualquer um podia ter feito isso", é não apenas um desrespeito aos próprios esforços, mas também um risco, tanto para o alcance da meta, em primeiro lugar, quanto para a persecução de objetivos futuros. Se você não dá valor aos resultados obtidos, é provável que não tenha motivação para fazer o que é necessário para conseguir resultados adicionais. Isto não é verdade apenas para o objetivo geral, mas também para os passos planejados para o trajeto. Cada um desses passos é em si mesmo um objetivo (menor), e deve ser acalentado como tal.

1 Selecione alguns exemplos de sua história pessoal nos quais você alcançou um objetivo e, em conseqüência, experimentou um certo prazer. Os objetivos selecionados podem ser importantes (conseguir o diploma de graduação, criar um filho, manter sentimentos de amor e carinho por alguém que o magoou, perder quinze quilos) ou secundários (limpar o quarto, comprar um presente, lavar o carro). Ao comparar esses exemplos, identifique o que foi satisfeito na realização desses objetivos que os tornou agradáveis. Deste modo, você estará identificando os critérios segundo os quais você valoriza ou desvaloriza a consecução de objetivos. Realização, perfeição, aprendizado, o elogio dos outros, eficácia, ter dado o melhor de si, rapidez, são exemplos de critérios segundo os quais a consecução de uma meta pode ser avaliada. Uma vez identificados os critérios, entretanto, é preciso parar para avaliá-los quanto à sua adequação. Usando como exemplos os critérios listados acima, padrões de avaliação tais como perfeição, elogio dos outros e rapidez provavelmente o levarão ao desapontamento e à desvalorização daquilo que obteve: perfeição é difícil de medir, mais difícil de alcançar e fácil de perder; o elogio dos outros depende da presença dos outros que lhe farão o cumprimento e, principalmente, de que eles concordem que o feito merece elogios; rapidez com freqüência se choca contra um mundo que não responde tão bem quanto você gostaria e é facilmente impedida pela emergência de obstáculos que não haviam sido previstos. Os outros critérios relacionados, por sua vez, são mais adequados simplesmente porque dependem apenas dos seus próprios esforços. Ter realizado ou aprendido alguma coisa, ou dado o melhor de si, são critérios avaliados e satisfeitos (ou não) apenas por você. Vale a pena gastar algum tempo avaliando os critérios que usa atualmente para valorizar a realização de um objetivo, modificando aqueles que dependam de fatores externos que estejam relativamente além da sua influência. Ao fazê-lo, você estará se assegurando de que continua apreciando suas conquistas no presente, bem como valorizando e cuidando de suas capacidades pelo que elas podem representar — a base de confiança em sua capacidade de alcançar o sucesso futuro.

Você agora conhece a estratégia para passar do desejar ao ter. A escolha agora é sua. Este procedimento EMPRINT é um veículo que transformará seus sonhos em realidade. Na verdade, depende de você fornecer a energia. São os seus esforços que estimulam o movimento do formato, mas a estrutura deste garante seu progresso eficiente e eficaz rumo ao destino escolhido.

5 Comer

Todo mundo sabe que a saúde deve ser um dos primeiros pontos (se não o primeiro) na lista de prioridades de uma pessoa, uma vez que a doença pode limitar profundamente a expressão e embotar a fruição de todos os demais itens da lista. Mesmo assim, muitas pessoas ignoram a saúde pessoal até que se defrontam com uma doença ou com a fragilidade da velhice. Parece notável haver pessoas que, embora acima do peso, continuam a comer demais, ou que comem alimentos que sabem ser nocivos à saúde ou fumam cigarros, apesar das provas inquestionáveis dos males que causam, ou que evitam fazer exercícios apesar de ficarem ofegantes após subirem dois lances de escada (com os músculos às vezes doendo por falta de uso), etc. O que é notável em todas essas pessoas é que a maioria quer ser saudável e tenta imitar aquelas pessoas capazes de manter um peso adequado, de exercitar-se e de evitar substâncias nocivas. Mas com freqüência elas falham. E, tendo falhado várias vezes, muitas perdem a esperança de se tornar o que querem ser.

Mas há pessoas que se alimentam adequadamente, evitam substâncias nocivas (ou ao menos as usam com moderação) e fazem exercício suficiente. É pouco provável que elas tenham nascido com cérebros já preparados para lidar apropriadamente com as implicações que os doces, o tabaco e empregos sedentários têm para a saúde. Conforme vamos descobrir neste capítulo e nos dois subseqüentes, o que faz com que uma pessoa coma demais, evite fazer exercícios ou fume enquanto outra se alimenta adequadamente, faz exercícios e evita cigarros pode ser explicado pelas diferenças na maneira como esses indivíduos usam seus processos internos.[1]

Wilma está almoçando fora com algumas amigas e se divertindo muito. Uma das amigas elogia seu vestido novo. Com um sorriso, Wilma se ajeita na cadeira para exibi-lo melhor. Então, levanta as mãos para o céu e, ruborizada, confessa que mal pôde pagar por ele. "Mas ficou tão bem em mim", explica ela, "que eu tinha que comprá-lo. Meu marido provavelmente vai subir pelas paredes quando vir a conta." Não há nenhuma objeção por parte das amigas de Wilma quanto à escolha do vestido, pois ele faz um bom trabalho ao esconder uma silhueta que vem engordando regularmente durante o último ano. Wilma gostou da refeição e está satisfeita, mas parece que a refeição ainda não acabou. A garçonete pergunta a Wilma e suas amigas o que querem de sobremesa. Enquanto lê o cardápio de bolos, tortas e pudins do dia, Wilma se imagina provando cada um deles. Sabe que deveria evitar sobremesas, mas as opções parecem tão gostosas que decide abrir uma exceção desta vez e pede o bolo de chocolate. Mais tarde, em casa, ocupada com pequenos afazeres, vê uma caixa de balas. Ela almoçou não faz muito tempo, e a hora do jantar não está longe, mas aqueles caramelos com nozes são tão tentadores! Assim, depois de ter acalmado seus pensamentos com a promessa de um jantar leve, Wilma abre a caixa de balas.

Wilma não ignora as conseqüências; muito pelo contrário, está muito bem-informada. Baseada em experiências passadas, sabe o que esperar de seu comportamento. Sabe que o marido vai brigar com ela pela extravagância na loja de roupas, que a sobremesa vai pesar-lhe no estômago, que as balas acabarão com seu apetite para o jantar e que a sobremesa e as balas a farão engordar. Sabe de tudo isso, mas ainda assim nenhum destes futuros, muito prováveis, é tão real para ela quanto a presença sensual do vestido, do bolo ou das balas. Para Wilma, é a satisfação dos prazeres do momento que conta, e sua experiência, suas racionalizações e seu comportamento se curvam a serviço dessa satisfação momentânea.

Wilma *subordina* a saúde e o conforto *futuros* ao prazer sensual *presente*. Por "subordinar" queremos dizer que ela acha suas avaliações sobre o presente mais *propulsoras, subjetivamente falando*, que suas avaliações do futuro. Não há necessidade de especificar outras variáveis da sua experiência, porque o fato de subordinar o futuro ao prazer sensual no presente é suficiente para determinar o comportamento de comer em excesso. Se durante alguns momentos nos imaginarmos comendo (ou em qualquer outra situação que sirva de exemplo) *e* usando como base para nossas decisões *somente* o que nos dará prazer sensual *agora*, descobriremos que é fácil comer demais e que não é preciso muito esforço para derrubar e pôr de lado quaisquer outras considerações.

Mae é uma das pessoas que estão almoçando com Wilma. Enquanto a garçonete desfia o menu de guloseimas açucaradas que ela quer vender, Mae fica tentada por algumas das opções. Mas sabe que a sobremesa é algo de que depois terá que se livrar e por isso a recusa. Todas as suas amigas insistem em que ela as acompanhe na sobremesa, alegando que ela não está gorda e (ao contrário delas) pode se dar ao luxo de ceder à tentação. Mas Mae se mantém irredutível: "Não, vou me arrepender depois. Prefiro guardar esses momentos em que cedo à tentação para algo realmente especial. Além disso, como é que vocês acham que eu não engordo, afinal?". Mais tarde, em casa, Mae se depara com uma caixa das suas balas favoritas — Toffees ingleses. São ótimas, mas ela não quer estragar o jantar. Então guarda a caixa, prometendo a si mesma comer uma depois do jantar, se ainda estiver com vontade.

Assim como Wilma, Mae é capaz de considerar a gratificação imediata de alguma possibilidade agradável, mas ceder ou não depende, para ela, da congruência entre a satisfação do momento e as conseqüências futuras. Para Mae essas conseqüências futuras são reais, e desta forma reage a elas. Da mesma maneira, enquanto Wilma acha bobagem desistir de um prazer agora por causa de algumas *possíveis* conseqüências futuras (isto é, não propulsoras), Mae acha bobagem ceder agora e ter que pagar o preço depois. Nesta situação, Mae tem um futuro propulsor.

Portanto, Mae subordina as gratificações do presente às gratificações do futuro. Também é importante o fato de que ela reconhece que suas ações no presente estão relacionadas e levam àquelas gratificações futuras (relações de causa e efeito entre presente e futuro), bem como dispõe de escolhas quanto à maneira de satisfazer seus critérios, tanto no presente quanto no futuro.

Sharon fecha a porta atrás de si e, encostando-se nela, dá um suspiro de alívio. Foi um longo e frustrante dia de trabalho. Aliviada, ela liga o ar-condicionado e tira a meia-calça e o vestido justo. Mas as roupas não saem facilmente. O vestido e a meia-calça estão apertados e grudados. "Ah, droga, ainda não emagreci nada!" Ela balança a cabeça, pesarosa, e promete a si mesma começar uma nova dieta. Mais calma, fresca e relaxada, Sharon começa a pensar em algo para fazer, mas logo percebe que não há nada em casa que ela realmente queira fazer. Isto a deixa deprimida, até que se lembra que ainda não verificou se há recados na secretária eletrônica. Fica animada quando vê que há um recado, mas é apenas um lembrete da Companhia Telefônica para pagar a conta. "Por que meus amigos nunca me telefonam?", pergunta-se ela. Sozinha, à toa e um pouco deprimida, Sharon logo está revistando a geladeira. Pega uma fatia de queijo, creme de amendoim e um refrigerante dietético, um pacote de biscoitos e então se joga no sofá. No caminho, para lhe fazer companhia enquanto come, Sharon apanha uma revista que já leu e deixa-se cair no sofá com seu saque. Meia hora mais tarde, já está farta, mas não satisfeita. Pondo de lado o que sobrou dos biscoitos, do queijo e do creme de amendoim, volta à cozinha para atacar o *freezer*. O prêmio desta vez é meio pote de sorvete, que ela come direto da embalagem. Quando o sorvete já está pela metade, o telefone toca. Sharon põe o sorvete de lado e vai atender. É uma (Sharon vibra) amiga! Sharon e a amiga trocam comentários sobre os horrores do dia e fazem piadas sobre o trabalho. Quando desliga, está se sentindo leve e feliz, ligada às pessoas que se importam com ela. Faz um muxoxo de autoreprovação quando descobre que o sorvete derreteu e então fica espantada ao perceber que nem tocara nele enquanto estava ao telefone. Isto aciona uma cadeia de recordações, e Sharon se lembra de que no último fim de semana passou um dia inteiro num churrasco — um dia maravilhoso com os amigos — e mal comeu alguma coisa (nem quis comer) o dia todo.

Como todas as pessoas, Sharon passa por períodos bons e ruins. Os bons são aqueles que geram sentimentos agradáveis (sentir-se amada, esperançosa, segura e importante), e os ruins, os que geram sentimentos desagradáveis (tais como sentir-se só, pouco atraente, inútil e dispensável). Os acontecimentos do dia fizeram com que Sharon se sentisse daquela maneira, mas não lhe tinham dado os estímulos de que ela precisava para sentir-se melhor ou diferente. Comer é uma tentativa de preencher a sensação de vazio. E, embora o vazio da fome possa ser satisfeito por um estômago cheio, o vazio daqueles estados emocionais que ela valoriza muito, como ter amigos e sentir-se importante, não se preenche tão facilmente. Entretanto, como para Sharon realizar aqueles estados emocionais tão valorizados não é uma questão de escolha, mas de acaso, ela faz a única coisa que sabe para mudar os sentimentos que a deixam irritada: comer.

As avaliações de Sharon baseiam-se normalmente na maneira como ela se sente no momento. São avaliações atuais sobre seus estados emocionais. Preocupada como está com suas emoções, Sharon vai rapidamente valorizar qualquer coisa que a faça sentir-se bem (tais como telefonemas, festas, comida, etc.) e evitará qualquer coisa que a faça sentir-se mal. É claro que ninguém quer ou gosta de sentir-se mal, mas muitas pessoas preservam seus sentimentos desagradáveis para obter um futuro propulsor importante. Essas pessoas têm futuros propulsores e são capazes de subordinar seus desejos presentes a uma realização de seus desejos futuros. Também acreditam na relação de causa e efeito entre as ações presentes e as experiências futuras.

O que acabamos de descrever dos processos internos de Sharon não é, entretanto, suficiente para criar seu comportamento de comer em demasia. Prestar atenção e valorizar seus estados emocionais, bem como dar importância às coisas que lhe proporcionam emoções satisfatórias, é útil e importante. Todo mundo merece a oportunidade de experimentar a gratificação. O que torna os processos internos de Sharon problemáticos é que ela lida com reações de omissão, ao invés de ter alternativas para suas reações. Com isto queremos dizer que sua experiência é algo que acontece a ela, ao invés de estar sob o seu controle. Ela tem apenas um modo de aliviar suas emoções desagradáveis — comer —, e ele não funciona bem. Ter apenas um modo de reagir não é escolha. Governada como está pela omissão, ela se volta automaticamente para aquilo que lhe dá uma sensação próxima dos estados emocionais que ela valoriza. No seu caso, os estados internos que ela valoriza (estar em contato, sentir-se importante) provocam uma sensação de vazio quando não são satisfeitos e um sentimento de realização quando satisfeitos. Isto é, a sensação de realização é parte da equivalência de critério para aqueles estados internos. Comida é uma maneira disponível de aliviar o vazio, embora não lhe dê realmente as sensações que ela deseja. Se, em vez disso, ela buscasse e desenvolvesse outras opções nesse contexto, estaria em condições de gerar muitas maneiras de obter os estados internos que tanto valoriza.

Carol fecha a porta atrás de si e, recostando-se nela, dá um suspiro de alívio. Foi um longo dia de trabalho, quente e frustrante. Aliviada, ela liga o ar-condicionado e tira a meia-calça e o vestido justo. Depois de refrescar-se um pouco diante do ar-condicionado, Carol começa a pensar no que vai vestir para o encontro que tem naquela noite. Duas horas de trabalho haviam sido suficientes para que ela percebesse que aquele seria um dia terrível, então telefonara a um amigo e marcara um cinema para aquela noite. Disse ao seu companheiro que sua única condição era que o filme fosse divertido, se não totalmente ridículo. Era uma noite quente, por isso Carol escolheu uma roupa leve, folgada. Isto feito, preparou seu jantar. Carol estava na metade de um sanduíche de salada de galinha quando percebeu que estava satisfeita; embrulhou a outra metade e guardou-a na geladeira. Ainda tinha duas horas antes de sair para o cinema, então pegou uma revista para ler, mas logo começou a sentir-se sozinha. Jogando a revista para o lado, pegou o telefone e ligou para uma amiga, que ficou feliz com o telefonema. Trocaram comentários sobre os horrores do dia e fizeram algumas piadas sobre o trabalho. Antes de desligar, Carol combinou com a amiga de se encontrarem na noite seguinte. A conversa fez Carol lembrar-se de uma velha amiga com quem não tinha contato há muito tempo; assim, passou a última hora antes de sair escrevendo-lhe uma carta.

Carol talvez tenha os mesmos problemas de Sharon, mas seu modo de reagir a eles é muito diferente. Embora ambas tenham os mesmos critérios (estar em contato, sentir-se importante), os avaliam de maneira muito diferente. As avaliações de Sharon a compelem a reagir a mudanças no seu estado emocional quase que a cada instante. Carol, ao contrário, faz ricas representações internas do futuro e avalia suas ações no presente em relação a esse futuro (baseada na relação de causa e efeito), o que a leva a fazer planos sobre como *vai se sentir* em várias horas do dia. Assim, Carol faz *planos* para organizar sua situação e seu comportamento de modo a poder ter as experiências que deseja quando quiser. Se e quando as coisas não acontecem do modo como ela as planejou, Carol continua a gerar opções, dividindo seus objetivos em comportamentos úteis e eficazes, que lhe dão outras maneiras de atender a suas necessidades.

Em conseqüência disso, enquanto Sharon chega em casa sem qualquer intenção além de satisfazer a necessidade imediata de refrescar-se, Carol já fez planos para a noite, idealizados para lhe dar os estados emocionais que ela achou que desejaria. A multiplicidade de formas de que Carol dispõe para gerar os estados emocionais desejados (marcar um encontro, ligar para uma amiga, escrever uma carta) demonstra que seus estados emocionais dependem basicamente de escolhas suas, enquanto Sharon fica na dependência da comida e da generosidade do mundo para satisfazer sua necessidade de contato e carinho. Carol provavelmente não come demais porque (1) gera muitas formas de satisfazer suas necessidades emocionais e, assim, não atribui ao ato de comer propriedades especiais além da satisfação da fome fisiológica, e (2) como alguém que avalia seu futuro e é impulsionado por ele, Carol considera e é guiada por suas projeções quanto às pesadas conseqüências de uma alimentação inadequada.

Quando era criança, George pesava vinte quilos e esperava muitas coisas da vida. Queria uma bicicleta, queria ser representante da turma e queria que Sylvia gostasse dele. Quando não conseguiu nenhuma destas coisas, ficou desiludido e furioso com os pais, os colegas, Sylvia e o mundo por privá-lo delas. George agora é um homem feito, pesa cento e vinte e cinco quilos e ainda *espera* muitas coisas da vida. Sentado diante da TV e mastigando ruidosamente uma tigela de pipocas, George observa os elegantes galãs que desfilam na tela e imagina-se um deles, com uma moça adorável sentada ao seu lado, compartilhando sua pipoca. Ele deseja ser atraente, mas quando percebe que não é e que a moça não está sentada ao seu lado, sente-se triste e rejeitado. "Eu queria ser mais magro", diz ele mais tarde aos amigos, diante de uma cerveja e de uns aperitivos. Quando eles lhe sugerem que faça um regime, George faz que não e diz, zangado: "Regime! Eu não quero fazer regime. Eu quero ser magro como vocês, seus cretinos sortudos!".

George faz uma coisa curiosa com seu futuro — transforma-o em presente. Como qualquer outra pessoa, George deseja algumas coisas que não tem no presente (tais como ser magro e atraente) e que normalmente as pessoas situam no passado ou no futuro. Mas George representa seus desejos futuros no presente, isto é, ele se imagina já tendo o que quer. Se ele estivesse apenas sonhando acordado, isto não seria um problema.

Mas o desejo de George é que ele *realmente* tivesse essas coisas. Ao representar seus objetivos como sendo o presente, George apaga o tempo que existe entre não tê-los (a realidade) e *obtê-los* (a possibilidade). É durante este intervalo entre querer e conseguir que uma pessoa dá os passos que compõem a obtenção de uma realidade. Ao não considerar esse intervalo, George rouba a si mesmo a oportunidade de descobrir a seqüência de passos que precisa dar para perder peso, ser atraente, etc. A maneira como ele pensa sobre o que quer torna a realização de seus objetivos reações de omissão, já que conseguir ou não qualquer um desses objetivos será uma conseqüência de circunstâncias fortuitas, e não de seus esforços para criar as circunstâncias necessárias e dar os passos requeridos.

George não tem acesso conceitual aos passos que o conduzirão às metas que valoriza porque organiza sua experiência em segmentos relativamente grandes (conseguir o objetivo). Para ele, ter sucesso é *já* ter alcançado inteiramente o objetivo. No caso de seu desejo de ser esbelto e atraente, George não faz as relações de causa e efeito que demonstrarão e o convencerão do impacto cumulativo de seus hábitos alimentares e por isso continua a comer de modo inadequado. Desta maneira, seus hábitos alimentares nunca se tornam obrigatoriamente ligados à experiência de ser magro.

Um dia Martha tentou vestir um velho par de calças e descobriu que não podia mais fechá-las. Ela obviamente engordara e imaginou-se dali a alguns anos, inchada, sem graça e solitária. Sendo uma pessoa que valoriza ter uma boa aparência, ser saudável e atraente, a perspectiva de estar acima de peso era-lhe insuportável. Enquanto se esforçava para tirar as calças, Martha imaginava como queria ser e sentir-se de fato; depois, sentou-se na beirada da cama para pensar no que seria necessário fazer para ser e sentir-se como desejava. Percebeu que teria de mudar alguns dos seus padrões alimentares, começar a fazer exercícios e fez os planos necessários para realizar essas mudanças. Naquela noite, saiu para jantar com amigos. Quando chegou a hora de fazer o pedido, Martha escolheu um prato de peixe e uma salada. Mais tarde, quando o garçom exibiu-lhe o cardápio de sobremesas, ela ignorou a insistência dos amigos, dispensou a sobremesa e sentiu-se muito orgulhosa de si mesma. Cada dia lhe trazia novos desafios e oportunidades de sentir-se orgulhosa quando escolhia o que comer e fazia os exercícios que a tornariam saudável e atraente. Suas energias renovadas e as entusiásticas atenções dos outros atestavam o fato de que ela estava realmente se aproximando dos seus objetivos. Quando um dia descobriu que podia novamente fechar aquelas velhas calças, ficou alegre e orgulhosa. Mas sabia o que aconteceria se desistisse agora do regime; por isso começou a fazer experiências para descobrir a quantidade exata de comida e exercícios de que necessitava para manter sua boa saúde autal.

Ao contrário de George, Martha avalia e sente-se impulsionada por um *futuro remoto*. Isto lhe possibilita considerar o que ocorrerá entre sua experiência atual e aquele futuro imaginado. As considerações de Martha voltam-se para o que ela vai fazer para conseguir, ou evitar, determinado futuro. Isto se deve à interação de vários fatores: um grau detalhado de especificidade (a designação de comportamentos específicos), reações de escolha (ela terá os comportamentos) e relações de causa e efeito entre presente e futuro (ela acredita que suas ações produzirão resultados no futuro). Algo semelhante é sua crença de que o que fez no passado produziu os resultados atuais. Além desses elementos que a compelem a fazer planos para orientar seu comportamento, Martha também utiliza o orgulho como um critério altamente valorizado e define o sucesso como um compromisso com um comportamento produtivo (mais do que como ter alcançado o objetivo). O critério "orgulho" dá a Martha um modo de sentir-se bem mesmo quando se priva de alguma coisa; por exemplo, ela pode ter orgulho de si mesma por recusar a sobremesa. Do mesmo modo, definir sucesso como avanço permite-lhe sentir-se bem-sucedida a cada vez que faz exercícios ou come adequadamente.

Assim, a experiência contínua de Martha não é estar imersa nos pântanos da privação e do esforço para alcançar o objetivo visado, mas estar continuamente usufruindo de sucessos (ainda que pequenos) e satisfazendo experiências internas (orgulho). Em outras palavras, para Martha, estar *chegando lá* é uma experiência gratificante por si mesma.

Do Conhecimento à Experiência

Na seção anterior apresentamos as formas específicas de pensamento (processos internos) que podem ser importantes na transformação de padrões inadequados de alimentação em padrões adequados. Do mesmo modo, os capítulos subseqüentes, sobre exercício físico e uso abusivo de substâncias nocivas, especificarão as diferenças nos processos internos que tornam possível evitar exercícios ou exercitar-se regularmente, fumar ou não fumar, usar drogas, etc. Quer aconteça de repente, como resultado de uma experiência obrigatória, quer ocorra com o tempo, como resultado da repetição, uma pessoa só se transformará em alguém que se alimenta adequadamente, não fuma, etc. se mudar os filtros perceptivos e conceituais através dos quais ela percebe o mundo. Você já dispõe de descrições dos processos internos subjacentes aos padrões de alimentação adequados e inadequados, mas não dos meios para passar de um conjunto de processos a outro. Nesta seção, apresentaremos o formato EMPRINT que pretende lhe propiciar aquilo que é necessário para tornar disponíveis os recursos internos e (se eles lhe servirem bem) uma parte do processamento e das experiências em curso.

Se voltarmos aos exemplos apresentados neste capítulo, notaremos que todos os exemplos de uma alimentação adequada (saudável) têm em comum um *futuro propulsor*. Sem um futuro propulsor, os efeitos a longo prazo da bebida, do comer em excesso, da preguiça e do uso de drogas tornam-se simples peças de informação irrelevante, em vez de uma realidade em formação. Então, a primeira pergunta é: dispomos de um futuro propulsor em relação à nossa saúde? E, mais especificamente para esta seção: dispomos de um futuro propulsor em relação a nossos hábitos alimentares e ao nosso peso? No caso de não dispormos, o primeiro . passo é gerar um futuro propulsor em relação ao peso. Este futuro propulsor é a base sobre a qual será construído tudo o que está por vir.

1 Para começar, descubra se você está acima do peso e, se estiver, quantos quilos. Anote os critérios que está utilizando para avaliar isto. É a capacidade de atração no sentido visual, o esforço na hora de subir escadas, o conselho do médico, ou alguma combinação destes fatores? Você gostaria de ser visto numa roupa de banho, ou isto o envergonharia? Se alguma dessas circunstâncias (ou similares) for verdadeira, é hora de compreender que, a não ser que você faça algo agora para mudar isto, no futuro estará apenas mais velho e mais gordo. É preciso, então, que esta seja a dura realidade do futuro que você está evitando. Se você está com um peso desejável, mas preocupado com seus hábitos alimentares e gostaria de mantê-los, ou o seu peso atual (e talvez mesmo melhorar sua aparência, sua aptidão e sua saúde motivando-se a *melhorar* seus hábitos alimentares), então siga também os próximos passos. Mas antes determine se você está acima do peso e, se estiver, quantos quilos. Não se esqueça de identificar os critérios utilizados nesta avaliação.

Estou _____ quilos acima do peso. Sei disto porque _____

_____

2 Há várias maneiras de começar a construir um futuro propulsor para hábitos alimentares saudáveis. Depois de ler as instruções deste parágrafo, imagine-se no futuro, daqui a seis meses, sofrendo as conseqüências dos excessos alimentares, especialmente de comidas que engordam. Você pode imaginar-se diante de um espelho, nu, vendo-se de frente, de lado, de costas, examinando o tônus muscular e a configuração geral do seu corpo. Usando este futuro corpo, imagine-se tocando a ponta dos pés, fazendo alguns abdominais e exercícios de alongamento, sentindo o esforço e o empenho que estes pequenos exercícios requerem do seu corpo maltratado. Ouça o seu futuro "eu" dizer: "Se pelo menos eu tivesse o corpo que eu *quero*, em vez deste. Mas agora desci ainda mais no poço de minha própria preguiça". Faça isso agora.

3 Se isto não for real o suficiente para você, passe algum tempo fazendo o que se segue e depois repita as etapas acima. Observe as pessoas gordas do seu próprio sexo em todos os lugares a que você for. Observe-as subindo escadas, apertando-se nas cadeiras, manobrando para passar nos corredores de aviões e lutando para entrar e sair de carros. Imagine-se um deles enquanto observa; sinta o excesso de gordura forçar seu coração, sugar sua vitalidade e seu espírito. Observe como os outros reagem, como olham para essas pessoas e o que dizem quando elas passam. É uma realidade cruel, mas o desconforto serve para torná-la propulsora.

4 Agora chega. No final deste parágrafo, imagine-se daqui a seis meses, após ter tido um comportamento alimentar impecável. Olhe de novo para seu futuro "eu" no espelho, de frente, de costas e de lado. Não deixe de comparar este futuro "eu" com sua horrível projeção anterior e com sua aparência atual e depois *apenas* com aquela horrível projeção anterior. Assim, estará comparando o melhor que pode ser com aquilo que para você está abaixo do aceitável. Observe que as mudanças também foram boas para a sua pele e o seu cabelo. Sinta o conforto e a alegria que esse corpo cuidado, mais magro e mais saudável pode experimentar com movimentos tais como tocar os pés, fazer abdominais e subir escadas. Reveja as instruções, se necessário, e termine esta etapa antes de prosseguir.

5 Se for difícil fazer com que esta projeção do seu futuro "eu" pareça real, faça o seguinte: recorde uma ocasião no seu passado — ainda que distante, na adolescência — em que seu corpo tinha um peso e um tônus de que você gostava. Recorde sua aparência e como você se sentia. Penetre em algumas lembranças agradáveis da facilidade com que seu corpo se movia com aquele peso, talvez incluindo o fato de estar livre de preocupações com o seu peso. Depois de evocar esse "eu" passado, transfira essas características de peso e vitalidade para o futuro "eu" desejado e imaginado. Ao fazer esta transferência, não deixe de manter sua idade real, mas mude o peso e a vitalidade que você experimenta. E, principalmente, mantenha a sua sabedoria, que você ganhou em experiências de vida e critérios de valor desde essa época.

Se você nunca teve um peso e um nível de vitalidade desejáveis, é essencial começar imaginando uma infância e adolescência com um peso e uma vitalidade ideais e então levar esta história imaginada para o seu futuro. Se isto for difícil, procure exemplos no mundo lá fora. Observe pessoas de todas as idades que estão num peso apropriado. Identifique-se com elas. Imagine-se movendo-se dentro e junto do corpo do exemplo escolhido. (Lembre-se: apenas o aprendizado, o comportamento e um pouco de tempo o separam do que você quer.) Traduza estes exemplos alheios para a representação do seu futuro "eu". Se esta etapa for a apropriada a você, é hora de engajar-se nesta interessante experiência.

6 A despeito de como foi a criação deste futuro propulsor e desejável, sinta o prazer de ser esse "eu" futuro. Primeiro, entre na imagem criada, veja tudo através dos seus olhos futuros. Então sinta-se movendo-se, andando, curvando-se e dançando com esse corpo desejável. Sinta as experiências sensuais de vitalidade e graça que esse "eu" futuro desfruta. Não deixe de ouvir-se dizer: "Estou tão feliz por ter mudado minha maneira de ser, tão orgulhoso". Depois de conseguir isto, volte devagar ao presente.

7 Tendo à frente claramente dois futuros possíveis, é hora de examinar seus critérios. Com base em que você decide *quando* e *o que* comer? Seus critérios servirão de apoio aos comportamentos desejados ou os arruinarão? Vamos comparar dois conjuntos possíveis de critérios e ver como poderiam ser atendidos:

Conjunto A

Nutritivo = nutrientes, vitaminas, proteínas

Leve = não pesa nem empanturra depois

Fresco = não é congelado, enlatado ou processado; frutas e vegetais crus

Satisfeito = sem fome

Conjunto B

Prazer = doce, gostoso, cremoso

Recompensa = doce, gostoso, cremoso

Disponível = comida pronta; não há necessidade de prepará-la

Satisfeito = não posso comer nem mais um pedaço

ENTRADAS

Ostras frescas — meia dúzia
Fettuccini Alfredo
Pastel de carneiro com cominho
Sopa de cebola com massa folheada
Salada verde mista
Caldo de verduras

PRIMEIRO PRATO

SALADA DE QUEIJO

SALADA DE ESPINAFRE
acompanhada de cogumelos frescos, pão de alho, ovos cozidos,
pedacinhos de bacon e outros temperos e guloseimas

SALADA DE GALINHA
(diversas variações criadas em nossa cozinha)

OMELETE DOURADA
espinafre, cogumelos frescos e queijo,
servida com uma guarnição de frutas

MONTE CRISTO
um delicioso sanduíche em três camadas de peru,
presunto e queijo, à milanesa, salpicado com açúcar
e servido com compota de morangos e creme chantilly

SANDUÍCHE DE PEITO DE PERU ASSADO COM LEGUMES
peito de peru assado com legumes, servido no pão caseiro,
acompanhado de alface, tomate e coco
e uma guarnição de frutas

LOMBO DE VACA
lombo de vaca grelhado, servido com cogumelos fritos
com cebolas e diversas guarnições

SANDUÍCHE DE FILÉ NOVA IORQUE
filé grelhado com cogumelos frescos, servido no pão
de cebola de nossa própria padaria

FRANGUINHO GRELHADO COM LEGUMES

PRATO PRINCIPAL

FILÉ NOVA IORQUE
legumes grelhados com alho na manteiga,
bearnaise ou molho de pimenta verde

LOMBO DE CARNEIRO À FLORENTINA
enrolado em massa folheada e
servido com molho de pimenta verde

PEITO DE CARNEIRO
assado a gosto e servido com molho de alecrim

GALINHA TROPICAL
peito de galinha frito, servido com manga e molho de gengibre

FRANGUINHO ASSADO
assado com alho e cogumelos frescos ou molho cremoso de
conhaque

FILÉ GRELHADO COM LEGUMES

SALMÃO GRELHADO
com legumes grelhados, servido com manteiga em conserva

PEIXE-ESPADA GRELHADO COM LEGUMES
servido com molho de erva-doce

TRUTAS FRESCAS

BROCHETTE DE CAMARÃO
servida com molho de laranja

FETTUCCINI ALFREDO

SOBREMESA

Morangos frescos
Sorvete de abacaxi
Torta de avelãs
Mousse de chocolate
Bolo de chocolate Decadence

Fica claro que um dos conjuntos ajudará a alcançar o objetivo, enquanto o outro não (isto é, a não ser que os meios de preencher os critérios sejam mudados). Seus critérios são adequados como apoio ao seu futuro desejado? As indicações que você utiliza para determinar se seus critérios estão ou não sendo obedecidos são adequadas como apoio ao seu futuro desejado? Saber se os critérios ajudam ou atrapalham é um dos segredos do sucesso nesta área; por isso, não deixe de fazer esta avaliação antes de prosseguir.

Se os critérios e indicações forem inadequados a seus objetivos, então adote outros que sejam apropriados. Isto parecerá artificial apenas durante um breve período. Como você estará conseguindo o que quer numa escala maior (progresso rumo ao futuro desejado), estes novos critérios se integrarão ao sucesso. Para se familiarizar com o processo, treine a escolha das refeições em cardápios, utilizando seus critérios apropriados. Por exemplo, para os critérios previamente definidos de nutrição, leveza e frescor, escolha refeições no cardápio das páginas 135 ABC.

Depois de ter criado um futuro propulsor para si mesmo em relação ao peso e de ter examinado os critérios (e as indicações de que eles foram obedecidos) de adequação, é preciso agora especificar os passos necessários para alcançar o futuro desejado. É preciso também garantir que os passos escolhidos estejam de acordo com a satisfação dos critérios e com a realização do futuro.

8 A próxima etapa é assegurar-se da organização do objetivo em segmentos suficientemente pequenos para fornecer adequadamente um retorno compensador. É preciso prestar atenção a três detalhes: (1) seu tamanho, prestando atenção às roupas, que ficam folgadas, depois justas de novo quando você passa a um tamanho menor, etc.; (2) diariamente, preste atenção à sua capacidade de adotar comportamentos escolhidos (por exemplo, preste atenção ao fato de que hoje você evitou açúcar e gorduras hidrogenadas e comeu dois tipos de frutas e vegetais); e (3) preste atenção à saúde e às mudanças na sua vitalidade. É provável que mudanças perceptíveis na vitalidade só sejam notadas de semana a semana. Exclua as semanas em que haja qualquer doença passageira, pois não é razoável esperar que novos hábitos alimentares protejam a pessoa de *todas* as viroses, etc., embora seja razoável esperar uma melhoria na sua vitalidade após um período de alguns meses. Assim, é possível que haja *menos* resfriados, gripes, etc., neste inverno, em comparação com o inverno passado. Antes de passar à próxima etapa, use o espaço abaixo para listar os objetivos pequenos, a curto prazo, que você usará como evidência de sucesso contínuo. Anotá-los lhe dará um incentivo permanente.

Seus objetivos a curto prazo para uma alimentação bem-sucedida

9 . Tendo identificado esses objetivos a curto prazo (que são uma indicação de que você está se aproximando do futuro desejado), é possível começar a especificar quais comportamentos poderão concretizá-los. Aqui você deve estabelecer as relações de causa e efeito entre as ações presentes e os resultados futuros. Tendo em mente tanto o próximo objetivo imediato quanto os futuros propulsores (o indesejado bem como o desejado), você dará às ações individuais um propósito e um significado que garantirá seu sucesso através do tempo.

Seja específico quanto a *o que* vai ou não vai comer, incluindo as *quantidades*, e *quando* vai ou não vai comer. Seja realista. Se todas as peças que descrevemos estiverem no lugar, você se sentirá satisfeito, não sentirá que está passando por privações. Se houver privação, é um sinal da necessidade de ajustes, provavelmente nos critérios utilizados, ou talvez na gama de comportamentos que você espera ou exige de si mesmo. Identifique agora os comportamentos que o conduzirão a seus objetivos. Anote-os no espaço que se segue. Assim, você estará desenvolvendo uma lista de meios eficazes, à qual poderá recorrer sempre que precisar reforçar seu compromisso.

O que não vou comer _____

_____

_____

_____

O que vou comer _____

_____

_____

_____

Quanto vou comer _____

_____

_____

_____

Quando vou comer _____

_____

_____

_____

Quando não vou comer _____

_____

_____

Você agora já tem uma representação propulsora do seu futuro "eu" no peso ideal; já especificou suas ações a um nível que propicia um *feedback* constante; suas ações estão submetidas a critérios adequados; e você identificou os comportamentos que o afastarão ou conduzirão ao futuro desejado. De acordo com nossa pesquisa, outro aspecto importante do controle de peso/alimentação é a crença de que os padrões de alimentação e o peso são uma questão de opção — sua opção. Até que seu peso e seus hábitos alimentares sejam uma reação de escolha, as circunstâncias, e não você, determinarão se você se alimenta bem e controla seu peso. Pense, por um momento, no possível "eu" futuro gordo/doentio, e no possível "eu" futuro elegante/saudável. A diferença entre eles é o que você *faz* (e não faz) agora. A diferença entre as reações de escolha e de omissão é a diferença entre escolher e simplesmente reagir.

É preciso, então, ter experiências pessoais para o seguinte:
- Peso é uma reação de escolha.
- O que se come é uma reação de escolha.
- Quanto se come é uma reação de escolha.

10 Você pode conseguir estas experiências optando deliberadamente por um comportamento (em uma refeição) que esteja de acordo com alguma escolha explícita que você mesmo fez. Por exemplo: opte por acompanhar amigos que vão comer fora, mas decida não comer nada sem por isso deixar de se divertir (se for necessário para sentir-se bem, coma antes de sair). Ou então, opte por comer (e gostar) apenas legumes e verdura num jantar (se necessário, extraindo o prazer, talvez, das circunstâncias do jantar, da exploração profunda da textura e do sabor dos legumes e verduras, do modo como eles foram preparados, ou de qualquer arranjo que lhe permita ter ao menos uma experiência prazerosa num jantar unicamente vegetariano). Cada experiência do tipo que exemplificamos lhe dará uma vivência significativa, capaz de influenciá-lo positivamente no futuro à medida que avança rumo ao objetivo desejado.

Como observamos algumas vezes (e ilustramos com respeito à comida), as pessoas geralmente bebem, comem, fumam e usam drogas para satisfazer critérios importantes, tais como prazer, gratificação, controle e confiança. Mas quantas maneiras há de satisfazer qualquer um destes critérios? O prazer certamente pode resultar da calda de chocolate derretida na boca, mas também pode vir de:

- Sentir o corpo deslizando em águas tépidas
- Subir agilmente as escadas
- Lençóis limpos e frescos numa noite quente
- Vinho quente numa noite fria
- Descer velozmente uma pista de esqui
- Boa música num bom aparelho de som (ou ao vivo)
- Uma boa xícara de café e o jornal de domingo na cama
- Os vários tons de verde e marrom de uma floresta numa tarde agradável
- Ouvir os próprios passos num passeio à luz das estrelas

11 E o cardápio continua, claro. O que poderia conter sua lista de experiências agradáveis? Faça uma lista dos possíveis modos de satisfazer cada um de seus critérios para perder peso, que não seja comer.

Cardápio de experiências satisfatórias

_____

_____

_____

_____

_____

_____

12 É preciso ensaiar internamente estas novas estratégias adquiridas, colocando-as nas situações em que você as quer ver funcionando no futuro. Por exemplo, ensaie (internamente) como chegar a uma festa e pedir água mineral em vez de cerveja ou champanhe — ouça sua voz pedindo a água mineral. Se, por exemplo, você come demais quando está cansado, ensaie (internamente) chegar em casa cansado e tomar um banho quente ou se afundar numa poltrona confortável com uma boa revista (ou quaisquer outros comportamentos que possam satisfazer as necessidades criadas pelo cansaço), em vez de manter uma comunicação constante entre a geladeira e a TV.

É importante que no ensaio você represente apenas o que _vai fazer_, e não o que não quer mais fazer. A razão para isto é que reagimos às experiências que imaginamos, e mesmo as negativas devem ser primeiro representadas para depois serem negadas. (É como as placas rodoviárias, que apresentam uma possibilidade, tal como andar, passar ou trazer o cachorro, e então mostram um grande traço sobre a imagem para informar que aquilo _não_ é permitido.) Por exemplo, diga para si mesmo: "Não vou comer um pedaço do bolo de chocolate". Para compreender o significado desta proibição você provavelmente visualizou o pedaço de bolo de chocolate. Talvez tenha também imaginado o gosto, o cheiro e a textura do bolo. Quanto mais rica a representação, mais irresistível ela se torna. As palavras — ou um traço sobre a imagem do bolo — simplesmente não podem competir com as reações suscitadas por aquela rica representação sensorial do bolo. Para o objetivo de perder peso, é portanto mais útil dizer: "Comerei a nectarina fresca e gostosa" do que dizer: "Não vou comer o bolo de chocolate".

Em resumo, da forma mais vívida e integral possível, imagine-se comportando-se e reagindo do modo desejado nas situações em que você precisa destes comportamentos e reações. Experimente agora mesmo. Ensaie um pouco suas novas estratégias.

A cada dia, ou quando surgir a ocasião, avalie quais dos seus comportamentos o estão conduzindo ao futuro desejado. Qualquer mudança que você descubra ser necessária como resultado desta avaliação deve ser checada quanto à sua adequação e então projetada para o futuro no seu repertório comportamental subseqüente, da maneira que acabamos de descrever. Seguindo estes procedimentos e repetindo-os numa base consistente, você pode usar este procedimento EMPRINT para adotar as estratégias das pessoas bem-sucedidas descritas neste capítulo. Pratique-as com freqüência: elas se tornarão cada vez mais naturais e autênticas.

6 Exercícios Físicos

Fran estava lá, nua, olhando-se no espelho. "Muito flácida", suspirou, enquanto socava os músculos sem vigor de seus braços, abdômen e coxas. "Eu queria estar em melhor forma." Fran considerou a possibilidade de começar algum programa de exercícios físicos naquele mesmo dia, mas ainda tinha um jantar para preparar. E no dia seguinte iria trabalhar, então estaria muito cansada quando chegasse em casa. E no outro dia começariam suas férias. "Bem, terei de esperar até que as coisas sosseguem por aqui."

Duas coisas chamam a atenção na abordagem que Fran faz do exercício físico. A primeira é que ela não faz nenhuma abordagem; espera que o exercício a aborde. O jantar, o trabalho e as férias impedem-na de se exercitar, assim como tudo o mais que não a agarre pela mão e diga: "Agora vá fazer ginástica!" A segunda coisa é que, assim como George na seção sobre comer em excesso, Fran representa sua meta desejada de ser atraente no presente e, assim, limita sua capacidade de identificar a seqüência de etapas que precisa percorrer a fim não apenas de tornar-se atraente, mas, além disso, de organizar um horário para se exercitar. Como resultado desses dois fatores, Fran não pode nem especificar um plano seqüenciado e razoável para se exercitar, nem fará os arranjos necessários para esse plano amplamente imaginado de exercício físico.

Para Fran, então, as avaliações sobre o futuro estão relacionadas às inconveniências que podem surgir da prática de exercícios físicos, enquanto suas avaliações presentes estão voltadas para determinar se ela é ou não atraente, e de que maneira. Mais ainda, um futuro de exercícios físicos não é propulsor para ela. Ou melhor, o que ela faz está determinado (em sua mente) por aquilo que o mundo possibilita que lhe aconteça. Assim, ela fica pensando em si mesma como uma pessoa sem atrativos e sente-se incapaz de fazer alguma coisa a esse respeito. É exatamente por causa desse tipo de reflexão que os *spas* estão indo tão bem e proliferam. Eles proporcionam um ambiente completo no qual os clientes pouco têm a fazer senão dieta e exercícios e onde são orientados sobre quando, como e o que fazer. Entretanto, o problema desses *spas* é que chega um momento em que a pessoa precisa deixá-lo e voltar a um mundo que exige que decisões pessoais sejam tomadas e executadas.

Sally subia bufando as escadas, carregando uma grande caixa de tecidos. Uma vez em seu quarto, ela deixou cair a caixa sobre a cama e caiu prostrada ao lado dela para descansar. "Uau!", ofegou. "Por que estou tão exausta?" Ela baixou os olhos para seus braços e pernas. Eles não apenas estavam fracos, mas tinham a aparência de fracos, e sua pele em alguns lugares parecia excessivamente flácida. Sally levantou-se e ficou em frente ao espelho. Por um instante, foi transportada para alguns anos atrás, quando jogar tênis, andar de bicicleta e cuidar do jardim eram tarefas quase cotidianas; lembrava como conseguia subir a escada de dois em dois degraus e mover-se com seus membros macios e elegantes. Quando olhou de novo para o espelho, viu subitamente a si mesma, apenas poucos anos depois, incapaz até mesmo de subir as escadas sem perder o fôlego e vestindo roupas com a intenção de esconder a pele flácida. "Não", descobriu-se falando em voz alta, "eu, não." Então, nesse instante, Sally determinou os momentos, os lugares e os tipos de exercícios físicos que faria e pôs-se ao trabalho.

Quando Sally comparou os anos anteriores, cheios de vigor, com aquilo que vivenciava agora, tornou-se óbvio para ela que a inatividade dos últimos anos lhe custara caro e continuaria a minar sua força e sua vitalidade se ela não fizesse alguma coisa. A fraqueza e as futuras rugas que imaginava eram tão constrangedoramente reais e tão horríveis que quaisquer inconvenientes ou impedimentos presentes em relação aos exercícios pareciam-lhe insignificantes. E, é claro, ela acreditava que dependia dela murchar ou vicejar.

As experiências passadas, presentes e futuras de Sally sobre si mesma formam a base de uma relação de causa e efeito, imputando sua má forma física atual e sua horrível forma física futura aos cuidados que ela tem com o seu corpo. O exercício manteve seu corpo saudável, e, se ela deseja experimentar isso de novo, fará exercícios. Simultâneo à relação de causa e efeito está o fato de que o futuro é propulsor para Sally; por isso, tanto o repugnante futuro sem vigor quanto o atraente futuro em que teria força são reais para ela, e depende dela decidir para qual deles está se encaminhando (reação de escolha). A outra distinção importante que se deve fazer quanto ao processo interno de Sally é que ela organiza seu pensamento em termos de *ações* — andar de bicicleta, jogar tênis, cuidar do jardim. Ao contrário de Fran, cujo pensamento está organizado em termos de uma meta global, Sally provê a si mesma representações de ações que a levarão do presente ao futuro que deseja.

O que acabamos de descrever sobre o processo interno de Sally é suficiente para levá-la a fazer exercícios, mas isso não garante que ela se exercitará *regularmente*. Cada vez que ela pensar deste modo, ela se sentirá motivada a praticar exercícios. Porém, como está claro, sua motivação é recuperar o mais rápido possível a atração e a força, e por isso é provável que venha à tona apenas naqueles momentos em que a situação provoca nela a percepção do vigor de seus músculos ou de sua força. Isto é, ela só se sentirá motivada quando ficar sem fôlego depois de subir uma escada, ou quando não puder acompanhar o filho num passeio de bicicleta ou quando vestir um maiô e perceber que suas pernas não parecem tão lisas.

Fazer exercícios torna-se parte de uma rotina regular quando seus frutos se tornam a realização de um critério importante. Por exemplo, da maneira como estão as coisas para Sally, ficar forte tornará possível para ela fazer mais em situações que requerem força, e essas situações são os únicos momentos em que a força é relevante. Suponha, entretanto, que Sally também valorize sua independência *e* aja segundo o critério de equivalência, pelo qual ser independente, pelo menos em parte, inclui ser fisicamente forte (independência = fisicamente forte). Ser independente, em oposição à força física, é um critério que pode se adaptar a quase todas as situações, tornando a força de importância crescente. Do mesmo modo, enquanto o vigor muscular é um critério no qual Sally provavelmente só pensa ocasionalmente, a atração é um critério do qual ela provavelmente pode estar consciente com maior freqüência. Ao fazer com que o vigor muscular a satisfaça, pelo menos em parte, no que diz respeito à sua capacidade de atração, Sally relaciona o exercício físico a uma parte significativa da sua vida. Essas maneiras mais generalizadas de satisfazer critérios tornam o exercício físico mais importante, mais preponderante e uma parte integrante de sua consciência contínua.

Mexendo os Músculos

Nesta seção o conduziremos através de um procedimento EMPRINT que lhe proporcionará a habilidade, a percepção e os processos internos que transformarão naturalmente o ato de se exercitar numa parte regular da sua vida. Você está prestes a receber a técnica que lhe permitirá estabelecer critérios apropriados, gerar um futuro propulsor, criar relações úteis de causa e efeito de presente a futuro, especificar *quando* fará exercícios

105

(bem como que tipo de exercício é apropriado para você) e desenvolver metas que orientem seu sucesso através de etapas úteis e estágios para o progresso. O procedimento EMPRINT que se segue é planejado para organizar seus recursos internos de maneira a tornar a prática de exercícios físicos um elemento natural e agradável, mesmo que exija um pouco de esforço em sua rotina diária.

Com a intenção de criar motivações para a prática de exercícios, o próprio exercício deve tornar-se uma maneira de satisfazer algum critério importante. Se você obedece normalmente a critérios altamente valorizados, que podem ser a riqueza, a eficiência, o bem-estar e a clareza de espírito, provavelmente não sentirá atração pelos exercícios simplesmente porque eles não parecem satisfazer a qualquer um desses critérios. Se esse é o seu caso, você precisa estabelecer critérios que o levarão a preferir subir dois lances de escada a ir de elevador; critérios que o farão achar divertido ver outras pessoas envolvidas em atividades tais como natação, tênis ou ciclismo; critérios que façam sua movimentação e a prática de exercícios parecerem uma coisa boa para você. Os critérios que levam à valorização da prática de exercícios físicos incluem:

saúde
resistência
flexibilidade técnica
força
atratividade
boa disposição
longevidade

1 Critérios como esses tornam a prática de exercícios físicos valiosa, já que são eles que tornarão possível (pelo menos em parte) a satisfação desses critérios. Quando tiver terminado de ler este parágrafo, use sua imaginação e adote — um de cada vez — cada um dos critérios relacionados (e qualquer outro que possa ter lembrado). Faça uma viagem ao futuro usando um critério escolhido. Ao fazer isso, você se imaginará atravessando o tempo, comportando-se sempre de maneira a satisfazer o critério escolhido. Por exemplo, se está utilizando a resistência física como critério, suas ações serão congruentes com a conquista e a manutenção dessa resistência. Isto levaria a comportamentos como subir pela escada em vez de ir pelo elevador, escolher férias ativas ao invés de sedentárias, empenhar-se em atividades durante seus momentos de lazer, ao invés de assistir à TV, etc. Isto pode ser estendido até mesmo à carreira profissional (pelo menos na não-participação em carreiras que diminuirão diretamente sua resistência). Perceba se sua viagem no tempo com o critério selecionado leva-o ou não a um futuro possível de que você goste. Vale a pena adotar esses critérios que o levam aos futuros que você quer para si mesmo. Enriqueça sua representação do futuro que esses critérios criam, até que ele se transforme em um futuro propulsor. Se precisa de assistência, reveja o procedimento para criar futuros propulsores apresentado no capítulo 3. Passe vários minutos nesta exploração. Faça isto agora, antes de passar à próxima etapa. Será um tempo bem aplicado.

2 A veracidade da afirmação de que a prática de exercícios físicos conduzirá à realização de critérios que você estabeleceu para si mesmo deve estar baseada em experiências pessoais. Esta etapa foi planejada para dar-lhe esses tipos de experiências pessoais. Tome conhecimento das instruções, depois siga-as quando isso lhe for solicitado.

Supondo-se mais uma vez que um dos seus critérios seja a resistência, volte atrás em sua história pessoal até descobrir um exemplo em que teve o tipo de resistência que gostaria de ter de novo (ou de preservar). A partir desse ponto, continue retrocedendo no tempo e vá percebendo como seu comportamento e suas atividades tornam essa resistência possível. Se você não tiver nenhuma experiência desse tipo em sua história pessoal, substitua-a pela de outros indivíduos que mostraram resistência. Então, entre no que você acredita ser a experiência contínua deles. Isto é, imagine como ela deve ser para eles. Isto lhe dá a base de uma relação de causa e efeito entre ações e resultados no que diz respeito à resistência. Agora traga isto para o presente e o futuro, criando no futuro o nível de resistência que deseja. (Você pode escolher vários momentos de sua vida futura, desde os próximos anos até a idade avançada.) Volte de cada futuro para o presente, identificando o que você *terá feito* para alcançar esse futuro desejado. Deste modo você construirá um conjunto de relações de causa e efeito entre o que faz agora e a forma física futura que deseja para si mesmo. Vá em frente e construa agora essas relações de causa e efeito.

3 A fim de determinar o tipo de exercício físico apropriado à forma que deseja ter, inclua momentos possíveis para a prática desses exercícios, assim como a formulação de tipos específicos de exercícios e seus cenários típicos. Correr de bicicleta e nadar são contextos de exercícios específicos, o que significa que se deve reservar um tempo para eles (um obstáculo decisivo para muitas pessoas). No entanto, ir e voltar do trabalho caminhando, ou subir pelas escadas em vez de pelo elevador ou por escadas rolantes são exemplos de como aproveitar a oportunidade de se exercitar em contextos cotidianos. Dados os seus critérios e percursos diários, de que maneiras você poderia se exercitar nas várias situações nas quais normalmente se encontra?

Além do mais, você pode descobrir ou criar contextos para a prática de exercícios físicos que satisfaçam outros critérios, tais como freqüentar uma academia de ginástica para conhecer pessoas, correr em momentos de solidão, caminhar por pontos turísticos, exercitar-se enquanto ouve rádio para manter-se informado sobre música ou notícias, participar de competições esportivas, e assim por diante. Use o espaço que se segue para anotar as maneiras pelas quais poderia se exercitar dentro de situações em que você se encontra normalmente. Inclua também tipos de exercícios físicos que poderiam satisfazer outras necessidades e desejos importantes.

Formas atraentes de exercício

---

4 Quaisquer que sejam as maneiras que você descobriu para se exercitar, é importante que o processo de se exercitar e/ou aprender o esporte com o qual planeja se exercitar seja segmentado em estágios e etapas. Não há necessidade de começar a exercitar-se durante uma hora inteira. Você estará mais apto a alcançar sucesso com o passar do tempo se começar com um segmento de dez minutos e for acrescentando mais tempo à medida que o exercício se tornar mais familiar e confortável. Mexa seu corpo e descubra que movimentos fazem bem a você agora. Use essa informação para ampliar seu repertório de movimentos. Por exemplo, sabemos de um tenista afoito que machucou seriamente o joelho. Ele continuou a jogar como sempre, mas permanecia na linha de base, pois não podia se mover muito ou com rapidez. Enquanto se tratava, ele avaliava seu progresso não em comparação com sua habilidade anterior à lesão, mas em termos da sua melhora diária, sem deixar de reagir aos sinais de seu corpo. Organizando sua experiência em pequenas etapas, você terá a certeza de que estará se movendo em direção ao seu futuro desejado com a velocidade apropriada à sua forma física atual. E estará dando a si mesmo a satisfação de atingir muitas metas contínuas ao longo do caminho em direção ao futuro almejado. Para tanto, considere cada uma das maneiras de se exercitar que enumerou acima, segmentando cada uma delas em passos e estágios que possam ser facilmente atingidos e sustentados e que respeitem sua condição física e seu bem-estar atual. Seja realista. Deixe que sua inclinação o dirija para a brevidade e a simplicidade. Detalhe agora cada um dos passos e etapas, antes de seguir adiante.

5 Agora que você possui novas estratégias, precisa praticar ainda mais para se assegurar de que essas novas maneiras de pensar e se comportar funcionarão efetivamente no futuro. Felizmente, esse tipo de prática é fácil, agradável e proveitosa. Quando chegar ao fim deste parágrafo, ensaie mentalmente como se exercitará durante as duas próximas semanas. Imagine os acontecimentos de cada um dos dias que virão — onde está, o que está fazendo, quem está com você —, desde o momento em que acorda de manhã até a hora de dormir. Sinta o fluxo do tempo e de suas atividades e esteja certo de cumprir a programação de exercícios escolhida por você de maneira que ela se torne uma parte natural deste fluxo. Não deixe de incluir o tempo de preparação ou de viagem, se necessários. Sinta o movimento do seu corpo e as sensações contínuas enquanto você executa cada uma das etapas da sua programação de exercícios. Se a qualquer momento se imaginar pensando ou agindo de maneira indesejável, volte atrás e ajuste seu ensaio mental até cumprir suas metas de exercício. Por exemplo, se você se imagina chegando em casa depois de um dia fatigante de trabalho, se estatelando em frente à TV e permanecendo ali até a hora de ir para a cama, recomece e imagine como ficaria feliz em dar uma estimulante e restauradora caminhada à volta do quarteirão (ou ir àquela aula de ginástica noturna). Agora, gaste um minuto ou dois para ensaiar mentalmente seus novos hábitos de exercício.

Um problema comum com relação à prática de exercício é que algumas pessoas querem ser corredoras, ao invés de aprender a correr; ser esquiadoras, ao invés de aprender a esquiar; ser tenistas, ao invés de aprender a jogar tênis. Embora esses indivíduos adquiram aparelhos e equipamentos satisfatórios, provavelmente se desapontarão em seus desejos de se tornarem peritos e saudáveis graças à corrida, ao esqui ou ao tênis. Se você quer atingir suas metas, não serão os sapatos, os esquis ou as raquetes apropriados que o farão mais forte ou flexível ou aumentarão sua resistência ou sua longevidade. O que *tornará* possível o desenvolvimento de sua força, flexibilidade e resistência é uma crença bastante forte nos benefícios do exercício físico (futuro propulsor), uma ligação convincente entre sua auto-imagem e os atos e resultados do exercício (satisfação do critério) e uma abordagem suficientemente desenvolvida (pequenas etapas especificadas). Tudo isto se combina para tornar a prática de exercício físico parte do que você é como pessoa, e não algo que você aplica ao corpo, como um *band-aid*.

Agora você está familiarizado com a técnica que lhe permite avaliar; planejar e executar uma programação de exercícios físicos. Se algo o impedir de se comprometer com uma programação de exercícios, lembre-se de voltar a estas páginas. Se acha que este é o momento para este saudável compromisso, as técnicas aqui descritas o levarão das boas intenções às ações salutares.

7 Temperança e Temperamento

Uma alimentação adequada e hábitos regulares de exercício físico são dois aspectos importantes para se alcançar um bem-estar físico e emocional. Mas não são os únicos. Os benefícios de uma alimentação nutritiva e de exercícios vigorosos não podem concorrer com os estragos que pode causar o uso abusivo de substâncias nocivas. As substâncias a que nos referimos são todas as drogas, naturais ou artificiais, que constituem uma ameaça ao bem-estar físico ou psicológico de uma pessoa. Incluem coisas como cocaína, anfetaminas, calmantes, café, cigarros e álcool. Como todas essas substâncias *são* drogas, o uso abusivo ocorre quando, apesar dos seus reconhecidos e cumulativos efeitos perigosos, uma pessoa ainda assim as usa habitualmente. Esse uso abusivo se caracteriza, em quase todos os casos, por uma dependência fisiológica ou psicológica. Os riscos para a saúde que essas substâncias representam, bem como os problemas de dependência, já foram bem documentados e não vamos repeti-los aqui. Na década passada, os efeitos a curto e a longo prazo dessas substâncias tornaram-se conhecidos de qualquer pessoa maior de vinte e um anos (e até mesmo muito mais jovens). Qualquer criança de cinco anos sabe que os cigarros que seus pais fumam fazem mal à saúde. Nos dias de hoje, poucas pessoas podem proteger seus hábitos nocivos com o escudo da ignorância. E ainda assim milhões de indivíduos continuam bebendo café em excesso, cheirando cocaína, fumando três maços de cigarros por dia ou se intoxicando diariamente. Como isto é possível?

Drogas
Como muitas pessoas, temos testemunhado as conseqüências muitas vezes trágicas da dependência e do uso abusivo de drogas. A dependência e o uso de drogas conflita obviamente com a meta mais importante que temos defendido, qual seja, tornar possível aos indivíduos interagir com o mundo na base da escolha, ao invés de ter reações de omissão. Embora

não desculpemos o uso de drogas, reconhecemos contudo que para muitas pessoas as drogas são parte da filiação a uma dada subcultura, da participação em rituais, etc. Esperamos que o que se segue possa dar a muitas pessoas a capacidade de manter o uso de drogas como uma reação de escolha, ao invés de uma reação de omissão.

Hooper ficara muito impressionado com a cocaína na segunda ou terceira vez em que a experimentara. Após algumas carreiras, ele ficava tão cheio de energia, tinha percepções tão penetrantes, pensamentos tão brilhantes, que ele mal podia acreditar. Hooper *gostava* de ser brilhante e de destacar-se, e ali estava um pó branco que o deixava assim sempre que queria! Entretanto, as coisas agora não estavam indo tão bem no trabalho. As pessoas com quem Hooper trabalhava estavam reclamando da sua irritabilidade e do seu humor imprevisível. "Eles estão é com inveja", Hooper garantia a si mesmo. Mas o chefe de Hooper não estava satisfeito com seu trabalho em alguns projetos recentes. Sentado em sua sala, Hooper recebe um telefonema do chefe pedindo um melhor desempenho. É um dia péssimo para Hooper, pois ele passou mais uma noite insone, durante a qual teve inúmeras idéias incríveis. É pena que não consiga se lembrar de nenhuma delas agora, e ali está seu chefe, dando-lhe prazos finais. "Mas", ele pensa consigo mesmo, enquanto tranca a porta da sala, "eu sei como resolver isso." Hooper cheira algumas carreiras, mas seu cérebro não reage, continua a coxear em seu ritmo normal. Então cheira mais algumas carreiras. Depois de algum tempo, começa a sentir os efeitos. Sente-se mais desperto agora, mas onde está o brilhantismo? Onde está a torrente de idéias? Onde está o sentimento de domínio? Hooper bate mais duas carreiras, e logo fica eletrificado pelo seu próprio brilhantismo e sua autoconfiança. Mais tarde, naquele mesmo dia, ele entrega o trabalho. Pouco depois, o chefe o chama a sua sala para discuti-lo. Não sabe dizer se vale ou não alguma coisa, porque está tudo tão confuso e incoerente! Mas Hooper está preparado para enfrentar o massacre do chefe. Antes do encontro, já antevendo problemas, cheirara mais algumas carreiras de cocaína.

Hooper atribui muito valor a experiências tais como ser brilhante e ter controle sobre as coisas, e a cocaína lhe dá as sensações e emoções que ele associa a essas experiências. Isto é, com a cocaína Hooper vivencia a agudeza de percepção, os sentimentos, a cinestesia, as imagens e o diálogo internos que ele associa a ser brilhante e ter controle. Como uma droga que faz tudo isso pode ser uma coisa ruim? Tendo descoberto um modo fácil de gerar em si mesmo essas experiências altamente valorizadas, Hooper começa a usar cocaína regularmente. Mas com o uso contínuo vem uma acomodação fisiológica aos efeitos da droga. Este aumento de tolerância em relação à droga significa que a carreira que

112

costumava fazer efeito há alguns meses não tem mais muito impacto, o que o força a cheirar mais carreiras até alcançar as sensações e emoções que procura. Isto também significa que, quando ele não usa cocaína, tem uma sensação de falta de controle e de brilhantismo mais profunda do que a que tinha antes de começar a se drogar. Esta falta de controle aumenta a atração pela droga, e assim o círculo vicioso é alimentado.

O comportamento de Hooper em relação ao uso da cocaína é fruto da interação de três elementos. O primeiro é a busca de certos estados emocionais e capacidades (brilhantismo, controle). O segundo é que ele tem apenas um modo (cocaína) de conseguir os estados emocionais e capacidades que busca, o que significa que é a disponibilidade de cocaína que determina se ele conseguirá ou não controle e brilhantismo. E o terceiro é que ele se preocupa mais com o presente (medido em horas) do que com as conseqüências que no futuro lhe possam ser prejudiciais.

O modo como Hooper atende a seus critérios de brilhantismo e controle é uma reação de omissão, uma vez que ele opera a partir da crença de que o único modo de satisfazer esses critérios é a cocaína. Contudo, mesmo que o uso da cocaína seja uma reação de omissão, se Hooper fosse impulsionado mais pelo futuro do que pelo presente, talvez se controlasse e não cedesse por medo das conseqüências futuras. Mas como é compelido pelo presente e como presta atenção basicamente a seus estados emocionais (limitando a duração do tempo talvez a duas ou três horas), Hooper acha a necessidade do presente muito mais substancial do que quaisquer complicações futuras. Seu azar é que, embora a cocaína gere os estados emocionais (isto é, as *sensações*) que ele quer, ela não lhe permite distinguir as percepções, os processos internos e os comportamentos que fazem do controle e do brilhantismo uma realidade comportamental.

Chloe foi apresentada à cocaína por Hooper e teve de admitir que gostou. De repente, descobriu que tinha um milhão de coisas para dizer, a maioria das quais a impressionou pela sagacidade e perspicácia. Embora ela gostasse dos efeitos imediatos, também se preocupava com os efeitos a longo prazo. No ano passado, ela recebeu um telefonema avisando que um seu amigo fora internado num centro de desintoxicação. Sua carreira havia sido destruída, e agora, um ano depois, ele ainda passava a metade do tempo em centros como esse. Chloe se dera conta de que Hooper se transformara em um ser sombrio e taciturno e não queria que o mesmo lhe acontecesse. No trabalho, ela se sentia sob a mira do chefe. Ele queria o material no qual ela vinha trabalhando, mas ela ainda não descobrira uma abordagem que considerasse boa. Como não podia mais esperar por uma inspiração, experimentou dar um passeio para esfriar a cabeça, o que geralmente a ajudava a pensar de modo mais lúcido quando voltava à sua mesa. Desta vez, entretanto, não funcionou; então ela tentou ler artigos e folhear livros de áreas afins. Ainda insatisfeita com o que estava conseguindo, Chloe reuniu alguns colegas e começou a conversar com eles sobre seu projeto. Isto funcionou. Logo Chloe estava animada com o trabalho, tendo novas idéias e aprimorando-as com a ajuda dos colegas.

Assim como Hooper, Chloe gosta de ser brilhante e ter controle, mas também dá muito valor ao seu bem-estar físico e psicológico. Com base na experiência passada e presente de outras pessoas e nos futuros que pode imaginar, ela *sabe* que, se se viciar em cocaína, estará pondo em risco esse bem-estar. É possível que Hooper também valorize seu bem-estar, mas qualquer futuro relacionado à cocaína que ameace o bem-estar que ele venha a imaginar é vago e pouco impressionante e não lhe parece real. Entretanto, a determinação de Chloe de que os efeitos imediatos da cocaína não valem os futuros efeitos colaterais não faz com que seu desejo de controle e brilhantismo se esvaneça. Em vez de usar a droga, ela desenvolveu vários *outros* modos de gerar esses estados emocionais e capacidades. Andar para clarear a mente, ler coisas importantes e conversar com colegas são algumas das maneiras de que ela dispõe para estimular o surgimento de boas idéias. Não é a cocaína que determina seu brilhantismo, mas seu próprio comportamento, e sobre ele ela tem opções.

O que permite a Chloe não usar cocaína (ou usá-la apenas em circunstâncias especiais) é que os seus futuros imaginados são propulsores quanto ao seu bem-estar, e ela tem outros modos de gerar os estados emocionais e capacidades que a cocaína também parece lhe dar. (É muito possível que Hooper considerasse as conseqüências futuras do uso de cocaína, mas estas conseqüências futuras não eram tão reais que o compelissem a mudar seu comportamento.)

Obviamente, a cocaína não é a única droga utilizada de forma abusiva. Parece haver grande procura por estimulantes, calmantes, heroína, maconha, etc. Os padrões de processamento interno que caracterizam o uso repetido de cada uma dessas drogas é, na maioria dos casos, o mesmo descrito para a cocaína. O que gera inicialmente a dependência (psicológica) dessas drogas para um indivíduo é que a droga lhe propicia algum estado emocional altamente valorizado. O futuro é subordinado à gratificação presente, e não há qualquer percepção de modos alternativos de gerar o estado emocional altamente valorizado. O que de fato varia de indivíduo para indivíduo são os critérios satisfeitos pela droga.

Pelo Bem do seu Futuro

O procedimento EMPRINT que se segue baseia-se nos processos internos de pessoas que nunca foram suscetíveis ao uso de drogas. Este formato é útil para impedir que um problema se desenvolva, para redirecionar alguém que tenha tendência a apresentar tal problema e queira corrigi-lo em seus primeiros estágios. Tratar um vício muito desenvolvido foge ao alcance deste livro, embora os passos seguintes incluam os elementos cruciais da independência de drogas: futuros propulsores, relações de causa e efeito entre presente e futuro, flexibilidade de critérios para que o uso de drogas se torne uma reação de escolha e uma contextualização de comportamentos.

Assim como comer demais, o uso abusivo de drogas visa satisfazer necessidades imediatas sem preocupação real com seus efeitos a longo prazo. Assim, você precisa gerar duas imagens propulsoras de si mesmo no futuro: uma, sofrendo os problemas físicos, emocionais e sociais resultantes do uso contínuo de drogas; outra, desfrutando de bem-estar físico, emocional e social como resultado da sua independência das drogas.

Talvez você não tenha qualquer problema com o uso abusivo de drogas, e os passos expostos a seguir lhe pareçam irrelevantes. Mesmo assim, se você passar por eles estará vacinado para sempre contra esse tipo de problema. Além disso, se você quiser ajudar um amigo ou um jovem a alterar seu comportamento em relação a drogas, sua familiaridade com a próxima seqüência lhe será útil.

1 Assim, mesmo que você não tenha problemas com o uso abusivo de drogas, reserve algum tempo para evocar visões do seu passado — recordações de si mesmo ou de outros — e identifique pessoas que tenham problemas relacionados a drogas. Responda então a essas perguntas: Como é que você sabe que elas têm problemas com drogas? De que maneira suas ações e reações indicam que elas têm problemas com drogas? Você usará estas informações na próxima etapa; por isso, explore suas recordações e descubra respostas para estas perguntas antes de prosseguir.

2 Uma vez que tenha identificado as manifestações de um problema com drogas, pode passar à próxima etapa. Quando chegar ao fim deste parágrafo, imagine que tem esse problema, com as manifestações e sintomas resultantes. Torne essa história o mais real possível. Preste muita atenção a todos os aspectos: com quem você está, o que está fazendo; como sua visão é afetada, como sua audição e seu paladar se alteram, como se sente. Inclua neste possível futuro outras pessoas com quem você se preocupa e a quem respeita e que percebem que você tem esse problema de descontrole com as drogas. A evidência de que você se empenhou o suficiente nesta vivência imaginária do problema é uma experiência avassaladoramente desagradável. Sem sair desse horrível futuro, imagine a droga que o causa. Deste modo, o futuro desagradável estará associado à droga que o causa. Faça isto agora e então assegure-se de que está livre desse futuro terrível e volte ao presente.

3 Gere agora uma realidade futura de si mesmo como uma pessoa que tem controle sobre seu bem-estar, que é confiante e segura na sua independência. Do ponto de vista deste futuro, olhe para trás e veja situações onde recusou drogas, situações que contribuíram tanto para este futuro desejável. Leve o tempo que for preciso para imaginar-se plenamente neste futuro desejável. (Se você quiser mais ajuda para gerar esses futuros propulsores, reveja o procedimento para a criação desses futuros no capítulo 3.)

4 As avaliações do futuro que sustentam o alcance de um futuro desejado precisam estar baseadas em critérios que focalizem a atenção nas suas experiências físicas, emocionais e sociais. Os critérios que sugerimos incluem:

Critérios	Equivalências de critério
Independência das drogas	Você não *tem* que tomar uma droga para satisfazer suas necessidades.
Bem-estar	Seu corpo está saudável, sua mente está lúcida e seus relacionamentos são satisfatórios *agora e no futuro*.
Cuidado consigo mesmo	Você não faria, intencionalmente, coisas para ferir-se.
Limites de quantidades	Se você decidiu continuar a usar a droga *por prazer*, estabeleceu também níveis apropriados de consumo (isto é, níveis que se relacionam à independência das drogas, ao bem-estar e ao cuidado consigo mesmo).

Sugerimos esses critérios porque descobrimos que eles são quase universais entre indivíduos que não usam drogas ou as usam apenas por prazer (e mesmo assim moderadamente). Sejam quais forem os critérios que você selecionar, assegure-se de que eles o induzirão naturalmente a engajar-se nos comportamentos que o levarão ao seu futuro desejado de independência das drogas. (Lembre-se de que os formatos no capítulo 3 o ajudarão a alcançar isto.)

5 Queremos falar um pouco mais sobre o quarto critério listado acima, limites de quantidades, pois ele envolve um outro meio de conseguir e manter flexibilidade em relação à dependência das drogas. Isto é feito através da *contextualização* do consumo de substâncias consideradas por alguns como drogas para diversão (tais como álcool e maconha). Por contextualização, queremos dizer a limitação do uso dessas drogas a situações específicas (definidas por quando, onde, com quem e por quanto tempo). É importante, contudo, que essa contextualização seja feita tendo em vista o seu futuro desejado e seus outros critérios de bem-estar, para garantir que aquilo que você define como situações apropriadas, de lazer, estejam de acordo com o seu futuro desejado. Por exemplo, ao decidir que *o momento em que chega em casa do trabalho* constitui uma situação apropriada de lazer para o consumo de drogas, você talvez esteja negligenciando outras avaliações do futuro em relação a essa situação. Essas avalições quanto ao futuro o conduzirão ao dia seguinte *no trabalho*, quando tenta superar a ressaca e a dispersão produzidas pelas drogas e põe em risco o seu bem-estar. Novamente, ao fazer estes testes com o futuro, você deve tornar a agitação tensa, cansativa e turva que se segue ao vício do álcool, por exemplo, no mínimo tão propulsora quanto a agradável leveza imediata causada pelo álcool. Assim você poderá estabelecer situações mais apropriadas (em termos do seu futuro desejado) para utilizar drogas. Alguns exemplos: "Na noite anterior ao meu dia de folga no trabalho" e "No começo do dia em que eu não tiver maiores responsabilidades". Antes de passar à próxima etapa, identifique algumas situações que pareçam apropriadas ao uso limitado de drogas para diversão, tais como álcool e maconha. Depois de anotá-las, reveja cada uma dessas situações à luz de conseqüências futuras e faça as mudanças necessárias para alinhá-las com a sua preocupação quanto ao seu futuro bem-estar.

Situações adequadas ao uso de drogas para diversão

---

6 Estabelecer situações limitadas para o uso de drogas, ou eliminá-las totalmente, não significa que as necessidades que as drogas preenchiam devam agora permanecer em aberto. Observamos que são freqüentes os casos em que as pessoas bebem, fumam e usam drogas para satisfazer critérios importantes, tais como prazer, controle e confiança. Mas há muitas maneiras de satisfazer qualquer um desses critérios. Conforme descrevemos na seção anterior sobre comida, é preciso criar para si mesmo uma gama de comportamentos capazes de satisfazer as necessidades que as drogas visavam atender. Para fazer isto, identifique primeiro as necessidades e desejos atualmente satisfeitos pelo uso de drogas. Faça então uma lista de outros comportamentos capazes de satisfazer esses critérios.

Lista de comportamentos satisfatórios

_____

_____

_____

_____

_____

_____

É a partir de tais listas de comportamentos (e das reações por eles geradas) que a pessoa cria para si mesma a independência de reação comportamental que decorre da capacidade de escolha. Isto é sem dúvida preferível à dependência escrava de ter sua experiência e seu comportamento determinados pela disponibilidade de uma droga.

7 Para assegurar a escolha de uma opção constante da nova lista e um comportamento diferente no futuro, é preciso agora que você ensaie mentalmente como estará se satisfazendo no futuro. Quando terminar de ler este parágrafo, feche os olhos e imagine-se naquelas situações nas quais as drogas são uma tentação. Imagine-as uma a uma, e em cada uma delas vivencie-se sentindo-se e comportando-se de maneiras que satisfaçam suas necessidades e desejos (que não seja o caso de drogas, é claro). Do modo mais vívido e completo possível, imagine-se comportando-se e reagindo de formas congruentes com o seu futuro desejado. Pelo bem do seu futuro, faça isto agora.

8 Se o uso abusivo de drogas for uma preocupação para você, e não apenas uma curiosidade, sugerimos que reforce o que aprendeu nesta seção repetindo os exercícios e investigações dos capítulos 3 ao 6. Você também se beneficiará dos formatos EMPRINT das próximas seções sobre o fumo e o álcool. Substitua o tópico "Cigarros" ou "Álcool" pela preocupação com as drogas à medida que passa pelas etapas destas seções.

Ao longo de toda esta seção você esteve criando para si mesmo um conjunto de recursos valiosos. Em vez de ouvir um sermão informativo sobre os efeitos do uso de drogas, você organizou suas percepções e processos internos de um modo que o afastará naturalmente do uso de drogas, conduzindo-o para meios mais úteis de gratificação pessoal.

Fumo

John está feliz por estar em casa, feliz por estar novamente com a esposa. Ela lhe conta uma coisa engraçada que as crianças fizeram e John começa a rir — ele *quer* rir —, mas o que começa como uma gargalhada degenera-se rapidamente num acesso de tosse. Quando ele acaba de tossir, as últimas gracinhas das crianças já foram esquecidas. "Você está bem?", pergunta a esposa. Passando a mão pela boca, John resmunga: "Ah, é essa droga de cigarro!". John já passou por tudo isso antes. Sabe que não devia fumar, mas nunca conseguiu parar. John começou a fumar quando era adolescente, em parte como uma afirmação rebelde de independência, em parte para sentir-se incluído no seu grupo de amigos. Obviamente, isto aconteceu há quase vinte anos. Sentindo necessidade de uma pausa, a mulher acende um cigarro. Lá está ela, fumando, e ele não. John sente-se desconfortável por estar sentado ali, sem fazer nada, enquanto a mulher fuma. Ele quer *estar* com ela, então acende um cigarro também. Enquanto exala uma nuvem de fumaça, John relaxa, sentindo que ele e a mulher compartilham algo. "Talvez não devesse fumar agora, John", diz a mulher, apreensivamente. "Farei o que quero", foi o primeiro pensamento de John. Retrucou então, alto, casualmente: "Ah, mais um ou dois pregos no caixão não farão muita diferença".

Quase todos os fumantes começaram a fumar muito jovens. E nenhum deles começou porque os cigarros tinham um gosto bom ou os faziam sentir-se bem. Tontura, enjôos e tosse são a regra, não a exceção, para o fumante novato. Uma vez ultrapassadas essas barreiras, o jovem fumante tem uma garganta áspera, pulmões destruídos, falta de fôlego, péssima respiração, manchas amarelas, despesas extras e o fantasma do câncer no pulmão e da doença cardíaca para... almejar? Pelo menos no começo, as pessoas não fumam pelo prazer inerente ao fumo. Fumam devido às sensações associadas aos cigarros. Por exemplo, como a maioria dos adolescentes, John dava muita importância a ser aceito pelos colegas. Queria sentir-se parte do grupo; queria que gostassem dele e o respeitassem. Além disso, também como a maioria dos adolescentes, John pretendia sua independência da autoridade paterna; e lá estavam seus amigos, desafiando seus pais através do fumo. John não começou a fumar porque gostava do sabor dos cigarros, mas porque o fumo o fazia sentir-se independente dos pais e próximo dos colegas.

John não levou muito tempo para dar o passo seguinte. Através de associação com os critérios da sua juventude, fumar um cigarro mudava a maneira como ele se sentia (fazia-o sentir-se independente e membro de um grupo). Paralelamente, John tornou-se fisiologicamente dependente da nicotina. Em conseqüência, o fumo de fato gerava nele estados emocionais de bem-estar, conforto e calma. Algum tempo depois de terminar um cigarro, John começava a se sentir irritado, desconfortável, fora de sintonia com o mundo e consigo mesmo; mas bastava acender um cigarro e em poucos momentos aquela sensação de bem-estar tomava conta dele novamente. Logo John passou a associar o ato de fumar à capacidade de *controlar seus sentimentos*.[1] Anos mais tarde, sentado à mesa da cozinha com a esposa, John sente-se distante dela, sobrecarregado pelo seu próprio corpo, desconfortável e irritadiço. Ele então acende um cigarro e, com este simples comportamento, evoca aquelas velhas e familiares sensações de inclusão, independência e bem-estar.

A maioria dos fumantes começou a fumar como um modo de satisfazer certos critérios altamente valorizados. (Conforme apontamos acima, virtualmente ninguém começa a fumar por causa do gosto bom dos cigarros.) Estes critérios podem incluir coisas como distanciamento, frieza, suavidade, firmeza, relaxamento, maturidade, potência e audácia. O sentimento de inclusão, a independência e a sofisticação são três dos critérios mais comuns. Mesmo passados muitos anos, o ato de acender um cigarro dá acesso àquelas velhas experiências nas quais esses critérios pareciam satisfeitos. (Um cliente nosso contou-nos que "Quando acendo um cigarro, vejo a mim mesmo no colégio, encostado no meu carro, abraçando minha namorada".) As associações entre o fumo e critérios valorizados formadas na adolescência podem ter sido apropriadas na época, mas não são mais apropriadas quando essas pessoas entram no mundo adulto. A inadequação dessas associações provém do fato de que elas pertencem a um modelo do passado que não é mais relevante para o bem-estar presente e futuro.

Embora fumar possa ter proporcionado experiências de inclusão e independência aos dezesseis anos, não é mais adequado aos trinta. No mundo adulto, acender um cigarro raramente é um modo de entrar num grupo (exceto, talvez, num grupo composto por outros fumantes), ou um sinal de independência. Esses são os critérios da adolescência. Se a satisfação desses critérios fosse o único objetivo do ato de fumar, provavelmente haveria muito menos adultos fumantes. Entregues à própria sorte, o anacronismo e a inadequação dessas antigas associações sucumbiriam, na maior parte dos casos, diante da reação negativa do mundo adulto e do nosso próprio corpo. A indústria da propaganda, entretanto, não esqueceu nossos critérios adolescentes e nossos esforços para satisfazê-los e continua a remexer neles. Quase todos os anúncios de cigarros visam estimular em nós a idéia de que o fumo satisfará critérios de inclusão, independência ou sofisticação. As campanhas de determinados cigarros são elaboradas com a intenção de tocar nas noções que as pessoas têm de *pertencer* a um grupo seleto (os fumantes de tais marcas). O "homem de Marlboro" dirige-se àqueles que querem se ver como pessoas que têm a *independência* do *cow-boy*. "Como mudou, hein!" isto é, você trocou sua ingenuidade de leiteira pela *sofisticação* da mulher de negócios que acompanha os cigarros Virginia Slims. Outros exemplos: (foto de uma festa animada de fumantes) "Jogadores vão a certos lugares" (*inclusão*); (homem sozinho na floresta) "Camel — o lugar do homem" (*independência*); (dois pilotos acendendo cigarros) "Winston — junte-se aos bons" (*inclusão*); (um casal elegantemente vestido no teatro) "Benson & Hedges — o luxo nota 100" (*sofisticação*); (músico solista) "Kool Lights — só há uma maneira de tocá-lo" (*independência*); (um casal elegantemente vestido passeando) "Pall Mall — um passo à frente" (*sofisticação*).

Além deste reforço constante das identificações adolescentes por parte dos meios de comunicação de massa, o hábito de fumar também é reforçado pelas associações feitas na idade adulta. Uma dessas associações é o importante e generalizado critério do *autocontrole*. *Todos* os fumantes com quem conversamos nos contaram que o fumo lhes dava uma experiência de autocontrole, querendo com isso referir-se à capacidade de influenciar a própria experiência. Com o tempo, à medida que um fumante tem sucessivas experiências de que o fumo muda seu estado emocional (geralmente conseguindo satisfazer os critérios descritos acima), uma nova associação especial é gerada: fumar = controle da própria experiência. Além disso, o hábito de fumar é (novamente) reforçado pela publicidade, que cria aquelas associações especiais (equivalências de critérios) evocativas de preocupações *adultas*: fumar Camel = ser homem; fumar Winston = ser o primeiro, o melhor; fumar Pall Mall = ascender socialmente; fumar Vantage = sucesso.

Parar de fumar depende de alguns fatores, dois dos quais são absolutamente essenciais para um sucesso *duradouro*. O primeiro implica gerar a motivação para parar, que deve estar baseada numa relação de causa e efeito entre presente e futuro e exige avaliações de um futuro *absolutamente real*, tão real a ponto de tornar-se inevitável. Hoje em dia, indivíduos para os quais o futuro é *inevitavelmente real* com relação a manter a saúde a qualquer preço jamais começarão a fumar. Para praticamente todos os que fumam, o futuro não é tão *real* a ponto de parecer *inevitável*. Em quase todas as pessoas que pararam de fumar, a motivação (para *parar* realmente, não apenas para *querer* parar) resultou de uma experiência que, de repente, tornou algumas das terríveis conseqüências do fumo *reais* e *inevitáveis*. Por terrível queremos dizer que o futuro ameaça alguns critérios altamente valorizados. Eis três exemplos:

Liz começou a fumar no final da adolescência, numa época em que as pessoas ignoravam os efeitos nocivos dos cigarros. Fumar era uma coisa *in*, e Liz queria ser *in*. Fumou regularmente durante quase quinze anos, até que a mídia começou a falar da relação entre o fumo e o câncer. Liz estremeceu ao se imaginar morrendo de modo tão horrível, por isso parou de fumar.

Jerry começou a fumar quando se alistou na Força Aérea aos dezesseis anos. Todos os rapazes fumavam — isto fazia parte de ser homem. Quando (quinze anos depois) Jerry ouviu as notícias sobre a ligação entre o fumo e o câncer, acreditou nelas, mas não se sentiu compelido a fazer qualquer coisa quanto ao seu próprio hábito de fumar. Passaram-se alguns anos. Um dia Jerry apagou o cigarro para brincar com seus filhos. Em poucos minutos seus pulmões começaram a arder e de repente ele se viu tossindo e ofegando. Jerry compreendeu que os avisos de câncer referiam-se a *ele* e parou de fumar.

Naomi havia fumado dos vinte e oito até os quarenta e cinco anos. Seus filhos, já crescidos, com freqüência insistiam para que ela parasse, mas, a cada vez que ela tentava, ficava apavorada e voltava a fumar. "Tudo bem, eu sou uma pessoa fraca", explicava à família e então dava de ombros. "O que é que posso dizer?" Finalmente, seu médico deu-lhe um basta. Depois de um exame completo, disse a Naomi que, se ela não parasse de fumar, não viveria para ver seus netos. Naomi ficou chocada. Podia suportar a tosse, os pulmões doendo e saber-se uma pária fedorenta em público. Mas não ver seus netos? Isso não. Naomi parou de fumar.

Em todos os três exemplos, o que levou ao fim do hábito de fumar foi o fato de o futuro ter-se tornado propulsor. Isto, por sua vez, ocorreu em função de se imaginar o futuro com muitos detalhes. Invariavelmente, as pessoas que fumam utilizam representações relativamente específicas e detalhadas da experiência que desejam no presente (um estado emocional) e representações vagas, difusas, para suas experiências futuras (por exemplo, ser saudável). A falta de detalhes faz o futuro parecer irreal e longínquo, ou, em outras palavras, sem relação com a própria pessoa em termos do que ela vê, ouve, cheira, prova e sente.

Ser saudável perpassa tantas áreas da vida que, quando a maioria das pessoas contempla um futuro saudável, tudo o que vêem são algumas imagens vagas de si mesmas com aparência saudável e talvez um lampejo de sentimentos sadios. Entretanto, a pessoa pode penetrar mais facilmente na experiência construindo uma representação mais específica, propiciando a si mesma não apenas o que sentiria, mas também o que veria e ouviria. Naomi *sabia* que devia parar de fumar, porque isto lhe causaria problemas de saúde. Mas só se sentiu compelida a parar realmente quando o médico criou para ela um futuro no qual ela pôde prontamente penetrar. Podia ver que não havia netos em volta do seu leito de morte; podia ouvir-se recriminando-se por sua tolice; e podia sentir a dor e o arrependimento. Do mesmo modo, Liz foi transportada para um hospital (com todas as visões e sons concomitantes) e para uma morte dolorosa. A única diferença entre as experiências das duas mulheres eram os critérios altamente valorizados postos em risco pelo fumo. (Não importa o quanto a representação detalhada faz o futuro parecer real; se Naomi desse pouca importância a ver seus herdeiros, isto não a motivaria a parar de fumar.) O que trouxe a especificidade do futuro a proporções reais e propulsoras para Jerry não foi a informação externa (como nos casos de Liz e Naomi), mas a experiência pessoal de sentir-se debilitado pelo fumo. Quando isto aconteceu, Jerry de repente teve todas as peças de que precisava para fabricar um futuro propulsor.

Assim, em resumo, a motivação para parar de fumar depende de encontrar futuros altamente valorizados que sejam postos em risco pelo fumo e em seguida especificá-los até o ponto em que a pessoa possa penetrar neles (isto é, em que eles se tornem propulsores). O efeito será fazer o futuro muito mais propulsor do que o presente, levando assim à subordinação de considerações presentes tais como desconforto, falta de masculinidade, falta de sofisticação, etc. Estas representações reais do futuro ligam-se ao fumo através da relação de causa e efeito entre presente e futuro, de modo que fumar ou pensar em fumar revive o futuro real, desagradável. Os desconfortos provenientes do afastamento da nicotina são temporários. Mas e quanto àquelas considerações sobre masculinidade e sofisticação?

Dan fumava quando era adolescente. Quando seu pai (que também fumava) descobriu, subiu pelas paredes. Dan era jovem demais para fumar, decretou ele, e avisou-o de que era melhor para ele não ser pego fumando de novo. Algumas semanas depois, Dan feriu-se durante um jogo de bola. O pai levou-o correndo para a sala de emergência do hospital. Enquanto esperavam o médico, o pai acendeu dois cigarros e deu um a Dan. Mesmo agora, vinte anos depois, Dan se recorda daquele momento em que compartilhou com o pai a experiência de ser adulto. Obviamente, agora Dan é um fumante. Ele sabe que devia parar, mas todo mundo na sua família fumava. Ele era apenas uma dessas pessoas que funcionavam melhor com um cigarro na mão. Quando o pai morreu de enfisema, Dan pensou no seu próprio futuro, mas apenas suspirou: "Bem, como fumo, talvez não viva tanto quanto os outros, mas não posso evitar isso". Seu desespero fez com que acendesse outro cigarro para se acalmar.

Como milhões de pessoas sabem, parar de fumar e tornar-se um não-fumante são duas coisas diferentes. Muitas pessoas que param de fumar e atravessam bem o período inicial de desconforto físico, durante o qual seus corpos estão se reajustando, voltam a fumar em uma semana, um mês ou seis meses. Para muitas dessas pessoas, o comportamento de fumar preenche equivalências de critério positivas, gratificantes. No exemplo acima, Dan, quando era adolescente, teve uma experiência muito positiva e gratificante com o pai, de forma que associou fumar a ser homem (homem = fumar). Com o tempo, Dan desenvolveu equivalências de critério adicionais que o levaram a identificar-se como um fumante (fumar não é algo que ele faz, mas parte de quem ele é: eu = fumante) e que reforçam essa identificação do eu (fumante = vem de uma família que fuma, gosta de fumar, funciona melhor com cigarros).

Se Dan vier a ter de fato experiências que de repente tornem a realidade futura sobre a qual é prevenido em todos os maços de cigarros inevitavelmente presente (como saber que talvez tenha câncer de pulmão), é possível que ele pare, mas isto não muda necessariamente seus critérios ou a maneira como ele prova o cumprimento desses critérios. Depois de uma semana ou um mês sem fumar ele ainda continua identificando fumar com o fato de ser um homem, ainda pensa em si mesmo como um fumante que está apenas tentando lutar contra suas tendências naturais. Ele vê uma descontinuidade entre a prova de cumprimento dos seus critérios do que é ser um homem e do que é ser ele mesmo (a saber: homem = fumar; eu = fumante) e seu *comportamento* (não fumar). Como resultado, a descontinuidade cresce, torna-se insuportável e finalmente é resolvida pela volta ao fumo.

O segundo passo essencial para parar de fumar, então, é mudar os meios pelos quais critérios altamente valorizados são satisfeitos, de modo que os critérios e conceitos que a pessoa tem de si mesma apóiem e concordem com a decisão de não fumar. Por exemplo, se Dan tivesse mudado sua equivalência de critérios para ser homem = ter responsabilidade para com os outros, ou não PRECISAR de nada, ou força de vontade, então todos os tipos de comportamento que não o de fumar apareceriam como maneiras de satisfazer seu critério do que é ser homem. Além disso, é importante que a pessoa separe o fumo de experiências que utilize para definir a si mesma. É muito mais apropriado perceber essas associações relacionadas ao fumo em termos de relações de causa e efeito (família fuma → faz Dan querer fumar; dependência da nicotina → cria um desejo de fumar, e daí por diante), tornando-as assim potencialmente sujeitas a escolhas e mudanças. Deste modo, Dan (ou qualquer pessoa) poderá se definir como um homem simpático e trabalhador que por acaso fuma atualmente. Isto torna muito mais fácil alcançar afinal o ponto no qual a definição possa incluir também *não-fumante*.

Uma Lufada de Ar Fresco

O procedimento EMPRINT para tornar-se um não-fumante inclui os componentes essenciais do nosso bem-sucedido programa de tratamento em cinco semanas. As experiências criadas pelas etapas seguintes são benéficas para todo mundo porque lidam com aspectos da pessoa como um todo, não apenas com o comportamento de fumar. Mesmo que você não fume, esta seção apresenta muitas coisas importantes que não são repetidas em nenhuma outra parte deste livro. Leia cada etapa antes de seguir as instruções e, se você não fuma, substitua o hábito de fumar por outros comportamentos indesejados.

Esta seção enfatiza especialmente o desenvolvimento de uma auto-imagem forte e positiva. Você se beneficiará desta parte da seqüência, seja ou não um fumante. Se você fuma, esta seqüência de auto-estima o ajudará a *continuar* sendo um não-fumante depois que parar de fumar. Além de relacionar comportamentos úteis a uma auto-estima forte e positiva, você vai desenvolver um futuro propulsor, adotar relações de causa e efeito entre presente e futuro, identificar as necessidades preenchidas atualmente pelo fumo, descobrir novas maneiras de satisfazer essas necessidades e aprender a dividir o sucesso em etapas facilmente alcançáveis.

Como você talvez já tenha percebido, uma das diferenças significativas entre o fumante e o não-fumante (ou ex-fumante) é que, para o fumante, os efeitos negativos do fumo parecem informações estéreis, e não uma possibilidade real. Isto é demonstrado pelo fato de que com freqüência a decisão de parar de fumar é precipitada por alguma *experiência pessoal* propulsora, como tossir e cuspir sangue, ficar sem fôlego após subir uma escada, ouvir do médico que tem (ou terá) câncer, ou ver uma experiência desse tipo acontecer a alguém próximo. O efeito destas experiências é transformar meras informações sobre os efeitos nocivos do fumo em experiências pessoais. Todo mundo sabe que fumar faz mal, mas para algumas pessoas a possibilidade de uma doença cardíaca, pressão alta ou câncer é encarada como uma informação distante e estéril, sem relação com a *sua* experiência pessoal. É óbvio então que, se você quer parar de fumar, precisa gerar para si mesmo um futuro propulsor no qual esteja doente — desesperadamente doente — em conseqüência do fumo. Este futuro propulsor servirá definitivamente para motivá-lo a parar de fumar.

1 Para este fim, você precisa imaginar sua experiência no futuro como algo devastadoramente ruim diretamente resultante do hábito de fumar. Você pode começar lembrando-se de uma ocasião qualquer em que tenha estado confinado em um hospital (ou uma cama). Se você não tem uma lembrança deste tipo, recorde uma visita a alguém confinado em um hospital (ou uma cama) e como foi bom ir embora. Fixe esta lembrança para que ela fique à disposição na próxima etapa.

2 Imagine agora que você é o paciente. É preciso incluir nas suas projeções as experiências desejáveis que o fumo lhe terá roubado, tais como não ver seus netos (como no caso de Naomi), não fazer amor, não poder respirar o ar puro de uma manhã de primavera, não poder fazer aquela viagem especial, etc. Entre em contato com os sentimentos de tristeza, arrependimento, dor, anseio ou desapontamento que pertencem a esta realidade. Será um desafio fazê-la real, porque assim que ela for real você vai se sentir muito desconfortável quando tentar fumar um cigarro. Assim, sugerimos que você comece agora a tornar este futuro propulsor suficientemente real para motivá-lo e que volte a ele depois de realizar as etapas seguintes. (Volte ao capítulo 3 se precisar de mais ajuda para criar este futuro propulsor.) Assim você estará plenamente compelido a agir quando tiver vencido as outras etapas necessárias à preparação para tornar-se confortavelmente um não-fumante. Termine agora esta etapa.

3 Além de estar desligado das experiências pessoais propulsoras que discutimos, o ato de fumar também é (infelizmente) a principal fonte de prazer para muitas pessoas. Para elas, fumar tornou-se um modo de controlar sua experiência. Fumar possibilita-lhes relaxar, pensar, parar, isolar-se, compartilhar, encher-se de energia, refletir e saber que algo terminou (tal como uma refeição). Identifique o que o fumo lhe dá em termos de controle de sua experiência. Tendo feito isto, identifique as situações nas quais essas experiências são importantes para você.

O que o fumo me dá   **Quando isto é importante**

_____   _____

_____   _____

_____   _____

4 Para realizar este processo mais integralmente, mantenha durante duas semanas um diário e anote quando, onde e com quem você fumou cada cigarro e o que você queria ou esperava conseguir daquele cigarro naquela ocasião (tais como relaxamento, tempo para si mesmo, algo para ocupar as mãos, fazer o tempo passar, ou talvez nenhuma outra coisa além do hábito e da disponibilidade).

5 Uma vez identificadas as situações nas quais você fuma, negue-se cigarros em *uma* dessas situações (talvez ao final de uma refeição) durante uma semana, enquanto continua a fumar em outras ocasiões. Durante essa semana, experimente outros comportamentos até encontrar *alguns* que lhe permitam ter a mesma experiência sem fumar. (Isto lhe permitirá transformar uma reação de omissão determinada pelo cigarro em uma reação de escolha em pelo menos uma situação.) Comece então a desenvolver o processo e descubra outros modos de satisfazer suas necessidades em outras situações. A pergunta que você precisará fazer-se durante todo este processo é: "O que eu posso — *vou* — fazer *em vez* de fumar e que funcione igualmente nesta situação?". Pense nisto como um processo de descoberta, não de recusa.

6 O próximo passo é identificar os critérios relacionados à sua auto-imagem. Como você descreveria suas qualidades é atributos? Que traços e características você gostaria que outras pessoas vissem em você? Que tipo de pessoa você quer ser? Por exemplo, você se considera agradável, generoso, carinhoso, maduro, inteligente, curioso, vigoroso, frio, indomável, independente, orgulhoso, teimoso? Você quer ser mais atencioso com os outros, mais atraente, autoconfiante? Identifique ao menos cinco qualidades que você valorize e liste-as no espaço abaixo.

Minhas qualidades presentes e (espero) futuras

---

7 Agora que você identificou seus critérios de auto-imagem, é preciso avaliá-los. Faça-o respondendo a estas três perguntas: Eles são representativos de quem você é, ou são resíduos de uma época anterior, agora inadequada, da sua vida (por exemplo, parecer frio, parecer maduro, etc.)? São representativos de quem você *quer* ser (por exemplo, você quer ser atencioso com os outros, independente, vigoroso)? Quais critérios você poderia acrescentar que estivessem de acordo com o seu desejo de parar de fumar (por exemplo, independente, saudável)? Faça agora essas avaliações para cada uma das qualidades listadas.

É possível que após avaliar seus critérios de auto-imagem você descubra que fumar está em conflito com quem você quer ser. Se for este o caso, a próxima seqüência será especialmente útil.

8 Recorde como você era cinco anos atrás. Coloque tantos detalhes quanto possível: o que você fazia, o que era importante para você, quais sonhos e aspirações você tinha então, etc.

9 Em seguida, identifique duas mudanças significativas que você tenha feito desde então e observe exatamente *como* você as fez. Isto é, especifique para si mesmo o que *você* fez que possibilitou essas mudanças. (Ao fazê-lo, você estará estabelecendo suas próprias relações positivas de causa e efeito entre passado e presente.) Não deixe de terminar esta etapa antes de prosseguir.

10 Agora imagine-se no futuro, daqui a cinco anos, um não-fumante de longa data. Enriqueça sua representação futura como não-fumante tão completamente quanto possível; veja o que você veria então, ouça as diferenças na sua voz e sinta as sensações diferentes de ser um não-fumante de longa data.

11 Internamente, peça ao seu futuro eu para agir como um recurso para o eu presente, encorajando e apoiando seus esforços para tornar-se um não-fumante. É seu futuro eu quem pagará mais caro pelo seu hábito de fumar; por isso, você tem alguém importante por quem parar. Uma vez que seu futuro eu tenha concordado em encorajar e apoiar seus esforços, volte confortavelmente ao presente.

12 Para guiar-se durante o caminho de volta ao presente, anote suas respostas às seguintes perguntas. Respondendo-as, você estará determinando *limites* comportamentais úteis para manter seu bem-estar. Por exemplo, saber que não comeria deliberadamente qualquer coisa que pudesse ser venenosa e que, voluntariamente, você jamais permitiria que outra pessoa abusasse fisicamente de você permite-lhe saber que você cuida e garante o seu bem-estar.

■ Quais seriam os comportamentos (ações, pensamentos ou coisas que você poderia dizer) que você *não* teria?

Coisas que eu não faria

_____

_____

_____

■ Quais seriam os comportamentos que você não teria para com outra pessoa?

Coisas que eu não faria a outras pessoas

_____

_____

_____

■ Quais seriam os comportamentos que você não permitiria que outra pessoa tivesse para com você?

Coisas que eu não deixaria que outros fizessem comigo

■ Quais seriam os comportamentos que você não teria consigo mesmo?

Coisas que eu não faria comigo

Você consegue agora (sem explicações ou hesitações) colocar o fumo na categoria das coisas que não faria a si mesmo? Se não consegue, você *ainda* não tem uma representação do fumo como algo prejudicial, algo destrutivo pelo qual o futuro eu terá que pagar caro.

Lembre-se de que sempre é possível avançar rumo ao seu objetivo por etapas. Se você fuma agora um maço inteiro por dia, por exemplo, poderia estabelecer um limite — na categoria "não faria a mim mesmo" — de no máximo dezesseis cigarros por dia. O limite poderia então ser reduzido a catorze por dia, depois doze, e assim por diante, *uma etapa de cada vez*, até ter eliminado de vez o fumo da sua vida. Para garantir o respeito a cada limite, será preciso continuar a usar o futuro eu como recurso, como estímulo e apoio e também como lembrete das terríveis conseqüências futuras de *não* parar de fumar. Seu futuro eu pode ajudá-lo a não violar os limites identificados como vitais para o seu bem-estar.

13 O próximo passo nesta seqüência é identificar cinco comportamentos que você execute diariamente, comportamentos que sabe que conduzirão a um futuro desejável. Estes comportamentos podem ser aparentemente tão insignificantes quanto escovar os dentes. Talvez escovar os dentes pareça ser uma coisa pequena, mas escová-los contribui *de fato* para um futuro desejável, um futuro no qual você terá dentes e gengivas saudáveis. Um outro comportamento deste tipo seria expressar algum tipo de afeição a quem você ama, diariamente. Isto contribui para um futuro de relacionamentos importantes e significantes. Você provavelmente conseguirá identificar muitos desses comportamentos benéficos, mas bastam cinco, por enquanto. Identifique-os agora e anote-os abaixo.

129

Coisas que faço que conduzem a um futuro desejável

_____

_____

_____

_____

_____

14 Uma vez ciente desses comportamentos úteis, determine de que modo cada um deles é evidência de um atributo em particular. Por exemplo, escovar os dentes poderia ser evidência de que você é consciencioso, se cuida bem, ou é responsável. A expressão de afeto poderia ser evidência, obviamente, de amor. Poderia ser também evidência de uma forma diferente de ser responsável. Faça essa determinação agora, antes de prosseguir.

15 O que estes cinco comportamentos têm em comum é o fato de o conduzirem rumo a futuros desejáveis. Imagine por alguns momentos os futuros positivos que você está criando ao manifestar cada um desses comportamentos. Assegure-se de que o seu futuro eu deseja e aprecia também esses futuros. Determine agora de que modo _não_ ter esses comportamentos poderia levá-lo a futuros indesejáveis. Imagine os futuros que o aguardam caso você não consiga ter os cinco comportamentos. Não deixe de terminar esta etapa antes de passar à próxima.

16 Identifique agora quatro comportamentos que você _não_ tem e que, se tivesse, resultariam em terríveis conseqüências para você. Podem ser comportamentos tais como roubar, mentir, abusar dos outros, não pagar impostos ou ignorar as necessidades de quem o ama. Talvez você não beba álcool, não coma carne vermelha ou não engane seu cônjuge. Estes são exemplos de comportamentos que poderiam fazer com que você se sentisse mal consigo mesmo, ou provocassem outras terríveis conseqüências. Assim, nesta etapa, você precisa especificar quatro comportamentos que você _não_ tem — comportamentos que o fazem _feliz_ por conseguir evitá-los.

Coisas que não faço (e estou feliz por não fazer)

_____

_____

_____

_____

17 Agora acrescente um quinto comportamento a esta lista: fumar, ou fumar *tanto* quanto você fuma atualmente.

18 Imagine o futuro positivo ao qual você está destinado se *não* participar desses cinco comportamentos indesejáveis. Imagine-se adentrando este futuro positivo um dia de cada vez, uma semana de cada vez, um mês de cada vez. Procure tornar real cada uma dessas etapas. Assim você poderá apreciar o fato de que a cada dia que você não adota esses comportamentos dá mais um passo rumo à realização do seu futuro desejável e se distancia mais de um futuro indesejável e desagradável. Antes de continuar a ler, dedique alguns minutos a fazer cada uma dessas etapas do seu futuro real e propulsora.

19 Depois de explorar os estágios do seu progresso, identifique os atributos que você está manifestando ao *não* adotar aqueles cinco comportamentos. De que modo você está demonstrando atributos tais como fidelidade, honra, cuidado, responsabilidade, competência, sabedoria (e quaisquer outros atributos que se adaptem a você), ao não ter os comportamentos identificados como potencialmente prejudiciais ou autodestrutivos?

Estes comportamentos que você tem (e não tem) regularmente podem lhe fornecer a demonstração de estar sendo o tipo de pessoa que você quer ser. Não deixe de complementar ocasionalmente a lista das coisas que você faz e não faz. Acrescente uma coisa de cada vez. Acrescentando-as uma a uma, você estará estabelecendo objetivos que podem ser planejados e alcançados. Cada comportamento acrescentado à lista lhe dará uma maneira de controlar seu progresso, além de lhe propiciar uma base verificável para sentimentos de auto-estima. Hoje à noite, antes de dormir, reveja sua lista das coisas que você faz e das coisas que não faz e sinta uma satisfação pessoal pelo modo como você está agindo no presente, e também por estar se dirigindo a um futuro que vale a pena.

Não esperamos que você se torne um não-fumante depois de ter lido esta seção apenas uma vez (embora talvez você nos surpreenda). Para tornar-se um não-fumante é preciso uma forte motivação e um compromisso com a ação. Se você estiver pronto para perseguir o objetivo de tornar-se um não-fumante, você precisa repetir a seqüência inteira. Deveria também reforçar seus efeitos com os procedimentos EMPRINT dos capítulos 3 ao 6. Você então terá adquirido a técnica completa daquelas pessoas que nunca se sentiram atraídas pelo fumo, bem como a dos ex-fumantes satisfeitos e bem-sucedidos.

Álcool

Como sempre, Gus estava um pouco nervoso e bastante sem graça. Sempre que saía com uma mulher pela primeira vez era assim, e esta não era uma exceção. Ele realmente gostava da moça com quem estava, Sophie, e já tinha muitas expectativas para a noite. Não queria que ela notasse seu nervosismo, por isso tomou alguns coquetéis e quase uma garrafa de vinho no jantar. No final, estava tão à vontade que esquecera o nervosismo. Melhor ainda, Gus achou que estava muito agradável. Mas aí Sophie quisera dançar e arrastara-o para uma boate. Gus não era muito bom de dança. Sempre se sentia intimidado pela exuberante desinibição dos outros dançarinos. Para piorar as coisas, o relaxamento provocado pelos drinques do jantar já desaparecera quando ele e Sophie chegaram à boate. Ela queria dançar imediatamente, mas Gus a segurou um pouco enquanto entornava alguns drinques. Aos poucos seus medos foram substituídos por aquela sensação de bem-estar familiar, e Gus conduziu Sophie pela pista. Gus estava gostando do seu desempenho. Manteve o *barman* ocupado, encomendando coquetéis regularmente e a cada drinque adicional sentia-se mais e mais à vontade. Quando Sophie quis ir para casa, Gus cambaleava. Ela sugeriu que ele não estava em condições de dirigir, mas ele garantiu que estava "bem... ótimo!" Gus achou o caminho pelas ruas (felizmente) quase vazias e deixou sua companheira em casa. Às sete da manhã seguinte, o despertador arrebentou-lhe a cabeça, lembrando-o de que tinha de estar no trabalho em uma hora. "Vai ser um longo dia", resmungou para si mesmo enquanto, lentamente, punha as pernas para fora da cama. "Mas valeu a pena", pensou. Enquanto isso, Sophie estava deitada em sua cama, pensando: "Deve haver um jeito de evitar esse tipo de pessoas *antes* de sair com elas".

O álcool, obviamente, é usado por milhões de pessoas como um modo de alterar os estados emocionais.[2] O álcool faz com que Gus, assim como muitas outras pessoas, se sinta à vontade e desinibido. Indivíduos diferentes caracterizarão de modo diferente sua experiência sob a influência do álcool. Podem citar sua capacidade de fazê-los sentir-se à vontade, audaciosos, gregários, poderosos, amorosos, nostálgicos, etc. Mas beber tem sempre o mesmo objetivo — mudar o estado emocional.

Por si só, não há nada de errado em usar o álcool para obter esses estados emocionais. Entretanto, se o álcool for a única maneira de obter o estado desejado, torna-se uma *limitação*. Neste caso, a sensação de desinibição, por exemplo, será determinada por fatores externos, como no caso de Gus. Gus *precisa* beber para se sentir desinibido. Assim, ele vai continuar a beber sempre que estiver numa situação em que queira estar desinibido. O problema de beber sem parar é que quando a situação muda (para dirigir, por exemplo) e não é mais apropriado estar desinibido, Gus está sob a influência de uma droga da qual não pode simplesmente se desligar. Além disso, há os efeitos da manhã seguinte, que Gus não leva em conta.

O que faz Gus abusar do álcool é que (1) ele bebe para alcançar os estados emocionais altamente valorizados de calma e relaxamento (mais do que pelo gosto do vinho, ou para matar a sede, ou para ser sociável, etc.); (2) quer ele obtenha ou não esses estados emocionais, trata-se de uma reação de omissão, pois ele não tem outros modos de induzi-los; e (3) ele não faz avaliações futuras quanto à necessidade de limitar a bebida para evitar riscos em situações futuras (por exemplo, dirigir, trabalhar, ser saudável). Dados estes parâmetros, quando Gus está numa situação na qual quer estar relaxado e desinibido, beberá se puder, continuará bebendo enquanto quiser sentir-se desinibido e provavelmente não conseguirá limitar a bebida devido às futuras conseqüências da intoxicação.

Sophie aceitou o convite de Gus para jantar porque ele parecia ser uma pessoa que ela gostaria de conhecer melhor. Ela gostou do jantar e da sua companhia. O vinho que ele pedira estava delicioso, e ela adorou o calor que tomou conta de seus braços e pernas. Ela queria dançar e então sugeriu que fossem a uma boate nas proximidades. Gus não quis dançar imediatamente, fazendo-a esperar enquanto bebia alguns drinques. Como ela queria relaxar sem perder o autocontrole, bebeu água mineral depois de um drinque. Não queria ficar bêbada porque tinha que trabalhar na manhã seguinte e também porque devia estar sóbria quando saíssem, pois Gus obviamente estaria bêbado demais para dirigir. Quando finalmente dançaram, ela se divertiu muito. Às onze horas o efeito do álcool se dissipara, mas Sophie ainda queria ficar perto de Gus. Quando se sentavam um pouco durante algumas músicas, começou a fazer perguntas a Gus sobre sua vida pessoal e seu passado. Entre um gole e outro, Gus contou-lhe pequenas coisas de sua vida, e logo Sophie estava se sentindo um pouco mais próxima dele. Mais tarde, Gus foi inflexível quanto à sua capacidade de dirigir, e o caminho de volta para casa foi tenso para ela. Em casa, ela aceitou um beijo no rosto e agradeceu-lhe a noite agradável. Dentro de casa, entretanto, perguntou-se se havia algum modo de evitar aquele tipo de homem *antes* de sair com ele.

Sophie gosta do efeito provocado pelo álcool. Ao contrário de Gus, entretanto, ela não depende do álcool para sentir-se à vontade com alguém. Ela dispõe de pelo menos uma outra maneira de criar para si mesma a experiência de intimidade e tem controle comportamental sobre esta maneira (por exemplo, fazer perguntas pessoais). Além disso, sabendo que o álcool obscurecerá temporariamente sua percepção e sua capacidade de reação, e que exceder certos limites a deixará de ressaca no dia seguinte, Sophie avalia sua possível experiência futura quanto às necessidades do seu estado emocional tanto na hora de ir para casa quanto na hora de acordar de manhã. Ela então regula a bebida de acordo com suas avaliações do futuro.

Assim, para ser capaz de beber adequadamente, você precisa fazer avaliações de possíveis experiências futuras que sejam reais e suficientemente propulsoras para motivar seu comportamento, tendo em vista situações futuras nas quais estar intoxicado (ou de ressaca) será inadequado (por exemplo, em algumas horas você terá que dirigir, trabalhar, fazer amor e não quererá estar com os sentidos embotados; ou no dia seguinte precisará estar bem para alguma tarefa). Também é preciso que você disponha de outros recursos além do álcool para induzir esses estados emocionais desejados no presente. Isto lhe permitirá reagir a preocupações quanto ao seu futuro bem-estar sem a concorrência de desejos importantes e não satisfeitos no presente.

Um Brinde à Moderação

O procedimento EMPRINT que se segue foi elaborado para lhe dar o *know-how* para um talento importante: a moderação. Embora haja semelhanças entre as etapas desta seção e as das seções sobre comida, drogas e fumo, oferecemos aqui um método para adquirir novos comportamentos, bem como a técnica específica para transformar a bebida em uma reação de escolha. Leia todas as instruções e explicações para cada passo antes de fazer os exercícios e investigações. Ao fazer isto, você aprenderá a tomar conta de si mesmo de maneiras prazerosas e satisfatórias.

1 Conforme afirmamos na seção acima (na nota 2), este formato não é adequado para se lidar com as complexidades fisiológicas e de interação do alcoolismo. Entretanto, há inúmeros casos de pessoas que bebem demais de vez em quando. Se para você beber é, realmente, um problema em potencial, o primeiro passo é gerar um futuro propulsor em que você se veja como um alcoólatra. Ao fazer isto, é importante que você crie um futuro eu que reflita as reais conseqüências a longo prazo da bebida em excesso. O futuro alcoólatra que você precisa imaginar está realmente no fundo do poço, desesperado (escondendo garrafas de bebida), nojento e patético para todos os que o cercam. Se você ainda não tem lembranças (suas ou de outros) que forneçam os elementos necessários para construir uma representação deste tipo, use as experiências oferecidas pelos bêbados que perambulam pelas ruas da cidade, ou pelas figuras autodepreciativas dos bares. Ou talvez na sua própria família haja alguém cujas pegadas alcoólicas você preferiria não seguir.

Uma razão para criar este futuro propulsor do alcoolismo é providenciar uma base que o motive a *afastar-se* do vício do álcool *agora*, antes que seja necessário curar-se do alcoolismo. Uma outra razão para criar esta representação futura do alcoolismo é ter a oportunidade de identificar os comportamentos que provavelmente conduzirão ao futuro indesejado. Será bom guardar essas informações para usá-las posteriormente, quando for avaliar a coerência entre seu comportamento e seu desejo de livrar-se da dependência do álcool. Crie agora este futuro propulsor de si mesmo como alcoólatra.

2 Se gerar um futuro eu alcoólatra for irreal demais para você (isto é, você não acredita que tal realidade seja uma possibilidade real para você), faça o seguinte: imagine situações problemáticas em que um único excesso de bebida traga conseqüências muito desagradáveis (como ser preso por dirigir embriagado ou, pior, causar um acidente e ferir outras pessoas; ou comportar-se de maneira vexatória por causa da bebida). Essas situações devem ser específicas e prováveis, situações que possam ocorrer com você. Embora saibamos que o estamos conduzindo a experiências muito desagradáveis, sabemos também que é melhor imaginá-las e usá-las para evitar os comportamentos que as causam do que vivenciá-las diretamente, com os inevitáveis sentimentos de tristeza, remorso, culpa e vergonha que eles provocam.

Para criar essas experiências futuras a serem evitadas, siga a mesma seqüência das seções anteriores, com uma exceção: não deixe de ver a si mesmo nessas experiências. A razão para isto é que, se você penetrar integralmente nessas experiências imaginadas, estará penetrando nas percepções entorpecidas e enevoadas dos bêbados. Ao lidar com a bebida em excesso, é melhor ver-se de um ponto de vista externo que o motive definitivamente a evitar tais experiências.

3 Se beber em excesso é atualmente um problema para você, é preciso fazer uma pergunta: "O que faz com que isto aconteça?" Uma possibilidade é que seus critérios estejam defasados: talvez eles sejam do passado e precisem ser atualizados. Ao beber socialmente, você volta às competições da adolescência? Ser homem é conseguir manter-se sóbrio, não importa quanto beba? Ficar bêbado ainda é uma afirmação de ousadia, maturidade ou independência? Se for assim, avalie se seus critérios atuais são adequados à pessoa que você é agora e ao mundo em que vive. Esta reordenação exige não apenas que você elimine critérios que não são mais relevantes, mas também que inclua outros que considere mais apropriados. Por exemplo, você quer que uma pessoa por quem se sente atraído conheça *você*, ou conheça-o bêbado? Talvez você queira, em situações em que se bebe socialmente, continuar a tratar a si mesmo e aos outros com respeito e integridade. Como antes, prepare uma lista de critérios possíveis e então imagine o que, como e quando você beberia em uma situação social, utilizando cada vez um dos critérios. Por exemplo:

embriaguez
diversão
fuga
gosto
saúde
o bem-estar de amanhã
o controle do comportamento
o respeito pelos outros
orgulho

Ao aplicar estes diversos critérios, escolha uma situação: por exemplo, uma noite no meio da semana, depois de um dia particularmente cansativo. É noite e você está voltando para casa. Agora pense como você passará a noite no que diz respeito à bebida. Tente aplicar o critério da *fuga*, deixando que ele se transforme na experiência desejada. Como você planeja e antecipa essa experiência? Depois de fazer isto em relação à fuga, volte ao começo e reoriente-se no caminho de volta para casa após aquele dia cansativo, pensando em como vai passar a noite, aplicando desta vez o critério do bem-estar *do dia seguinte*. O contraste entre a experiência e os efeitos de cada um desses critérios, o da *fuga* e o do *bem-estar do dia seguinte*, o fará ver nitidamente as diferenças de comportamento em cada um deles. Experimente agora fazer isto com os critérios da fuga e do bem-estar do dia seguinte, imaginando tão vividamente quanto possível estar realmente naquela situação e usando esses diferentes critérios.

4 Passe repetidamente pela situação acima (ou outra que você escolha), mudando a cada vez o critério utilizado (tirado da lista acima ou da sua própria lista). De que modo sua experiência e seu comportamento mudam quando você aplica cada um dos critérios? Que critérios o conduzem naturalmente às experiências e aos comportamentos que reforçam sua determinação de livrar-se da dependência do álcool? Este passo é importante; por isso, use todo o tempo necessário para fazer estas avaliações. Não deixe de completar esta etapa antes de prosseguir.

5 Do mesmo modo que as drogas, o uso do álcool precisa tornar-se uma reação de escolha ao invés de uma reação de omissão. Isto requer a interação de duas coisas. A primeira é adquirir experiências pessoais às quais recorrer para ter outras opções numa situação de beber. Para isso, é preciso arranjar os elementos de uma situação, de modo a poder reagir de maneira diferente da usual. Por exemplo, se uma das coisas que o atraem na bebida é que ela o deixa desinibido, procure fazer com que a interação se dê num ambiente que lhe permita sentir-se desinibido sem o uso do álcool. Você pode variar os elementos: com quem e com quantas pessoas está, onde, quando, com que propósito, etc. Controle quantos elementos destas situações forem necessários para que você se sinta à vontade. A cada tentativa, você estará criando confiança em sua capacidade de ter as experiências que deseja sem usar o álcool.

6 A segunda coisa necessária para fazer do uso do álcool uma reação de escolha é uma flexibilidade de comportamento que lhe garanta várias maneiras de criar para si mesmo as experiências que quer ter. Agora que você sabe que é capaz de ter as experiências que deseja sem o álcool, evite-o em situações nas quais você costuma beber e então experimente outras maneiras de gerar para si mesmo as experiências que quer ter. Experimente esses comportamentos quando estiver na companhia de diferentes indivíduos (tanto conhecidos quanto estranhos), variando seu comportamento até não haver qualquer dúvida quanto à sua capacidade de estar equilibrado, à vontade e amistoso sem o uso do álcool.

Para adquirir estes novos comportamentos, você pode utilizar o comportamento conhecido como *gerador de novos comportamentos*, apresentado nas etapas 7 a 11:

7 Para começar, identifique alguém que tenha o comportamento (ou aspectos importantes do comportamento) que você pretende adquirir e que o manifeste nas situações apropriadas.

8 Agora, passe internamente na sua cabeça um pequeno filme no qual você veja e ouça o seu modelo. Preste atenção à maneira como ele utiliza o corpo (o modo como se move, como se posiciona em relação aos outros, os gestos que faz, sua expressão facial, etc.), bem como ao que diz e *como* diz (a cadência da sua fala, a tonalidade e o timbre de sua voz, etc.). Avalie cuidadosamente se você está ou não satisfeito com o que ele faz e como faz. Se não estiver, escolha outra pessoa e repita estes passos iniciais. (Se nenhum conhecido lhe vier à mente, pode usar personalidades do cinema ou da literatura no seu filme.)

9 Depois de observar atentamente essa outra pessoa fazendo o que você quer ser capaz de fazer, substitua mentalmente esta pessoa por você e passe o filme novamente. Não deixe de ajustar quaisquer aspectos indesejáveis do seu comportamento até estar satisfeito com o que vê e ouve. (Enquanto estiver se vendo neste filme, se houver algum diálogo interno lhe dizendo "Não sou eu", "Não posso fazer isso", "Nunca vou conseguir fazer isso", comece outra vez, fazendo ajustes até que seu filme seja ao menos tão satisfatório quanto o filme do seu modelo e então substitua o diálogo por "Parece bom", "Posso fazer isso", "Se ele pode fazer isso, eu também posso", "Vou realmente fazer isso".)

10 Agora, imagine-se comportando-se realmente desse modo, penetrando no filme, estando lá e vendo o que estaria vendo, ouvindo-se falar, observando como os outros reagem a você e, acima de tudo, sentindo o que você estaria sentindo enquanto desempenha esse comportamento natural e congruentemente.

11 Finalmente, identifique uma situação futura onde você queira ter certeza de manifestar esse comportamento. Imagine-se lá, naquela situação, com uma pessoa que você acha que vai estar lá. Veja-se primeiro tendo o novo comportamento, então penetre no seu filme e imagine-se desempenhando o comportamento diretamente. Use esta oportunidade para burilar ainda mais suas ações.

12 Tendo atualizado seus critérios e feito do álcool uma variável opcional graças à sua flexibilidade de comportamento, você talvez queira limitar a bebida a determinadas situações, tais como uma festa. Para fazer isto de modo a preservar seu futuro desejado, é preciso estabelecer algumas pontes-para-o-futuro. Para chegar na hora ao trabalho ou a um compromisso, planeje suas ações com antecedência, reservando o tempo necessário para a viagem, o banho, o café da manhã, etc. Faça o mesmo tipo de planejamento para a bebida. Antes de ir à festa, avalie quanto tempo decorre entre o primeiro drinque e seus efeitos, entre o segundo drinque e seus efeitos, o terceiro drinque, etc., mantendo em mente a hora em que planeja ir embora e o tempo necessário para ficar sóbrio antes de ir. Assim você pode estabelecer antecipadamente quantos drinques pode tomar, com que intervalo e quando deve parar para ir embora sóbrio. A eficácia destas pontes-para-o-futuro foi demonstrada por uma conhecida nossa, que ia a uma festa vespertina e estabeleceu que pararia de beber champanha às seis horas. Ela esqueceu sua decisão. Em um dado momento, ela estava de pé na cozinha quando, inexplicavelmente, deixou seu copo cheio de champanha cair. Quando se abaixou para limpar os cacos, lembrou-se de repente da sua resolução e, olhando para o relógio, viu que eram precisamente seis horas.

Assim, pegue um acontecimento social noturno e programe-o quanto ao tempo em relação à ingestão de álcool. E não deixe de levar em conta que os efeitos da bebida se estendem além da noite. Qualquer plano de se embebedar deve levar em consideração o dia/noite inteiro (por exemplo, até o momento de dirigir de volta para casa), bem como o dia seguinte inteiro (isto é, a possibilidade de ter uma ressaca no trabalho).

Agora que você sabe que pode ser e será diferente no futuro, pode começar a aproveitar o orgulho e a satisfação que advêm do controle sobre um aspecto anteriormente frustrante e talvez autodestrutivo da sua vida. Fazer este tipo de mudança é uma conquista pessoal importante e como tal merece ser aproveitada e apreciada a cada oportunidade.

8 Sexo

O sexo é uma experiência inerentemente sensual, uma festa para os sentidos. O comportamento sexual pode expressar paixão, intimidade, amor, ternura e muito mais. Embora possam ser acentuadas pelas palavras, a vitalidade e a profundidade de sentimento proporcionadas pelo contato sexual são expressas através da experiência sensorial imediata. Os toques, aromas, sabores, sons e imagens do ato de amor são comunicações belas e profundas. Fazer amor é uma experiência humana natural e pungente, e todos deveriam ter a oportunidade de vivenciar o prazer e a gratificação emocional a ela inerentes.

Apesar disto, poucas pessoas sabem criar as experiências sexuais satisfatórias e gratificantes que desejam. O procedimento EMPRINT que apresentamos na seção "Como despertar o seu interesse", incluída neste capítulo, pretende lhe dar alguns dos elementos fundamentais dessa educação. Mas, primeiro, nas três vinhetas que se seguirão, três indivíduos exemplificam três maneiras pelas quais algumas pessoas organizam suas experiências internas de maneira a terem experiências sexuais bem *pouco* satisfatórias. A descrição dos processos internos que caracterizam experiências sexuais satisfatórias serão apresentadas depois que os três exemplos forem discutidos. Como você notará, os padrões de cada um dos exemplos são diferentes. No entanto, o remédio é o mesmo para os três casos.

A primeira experiência sexual de Tim foi arranjada para ele por seu irmão mais velho e pelos amigos deste. Numa noite quente, eles levaram Tim até um bordel em Nogales, onde pagaram uma prostituta para iniciá-lo no sexo. Tim estava inseguro e embaraçado, mas o irmão empurrou-o para a frente, a mulher pegou sua mão e, antes que ele soubesse o que estava acontecendo, viu-se no quarto dela. Do lado de fora, o irmão e seus amigos riam e batiam nas costas um do outro, como forma de cumprimento por sua boa ação. Tim estava em pânico e sentia repulsa pela sordidez do ambiente. Naturalmente, teve dificuldades de conseguir uma ereção. A prostituta passou a meia hora seguinte humilhando-o por sua incapacidade. A boa ação foi constrangedora. Agora, dez anos depois, Tim fica ruborizado diante da simples possibilidade de ter uma relação sexual com uma mulher. E quando *está* com uma mulher, fica temeroso de não conseguir uma ereção e é muitas vezes incapaz de consegui-la. De fato, o sexo é uma perspectiva tão embaraçosa e temível para Tim, que ele considera com freqüência a possibilidade de simplesmente desistir para sempre da idéia de ter um relacionamento satisfatório com uma mulher.

Quando Norma tinha doze anos, sua mãe sentou-se com ela para falar sobre homens e sexo. Revelou a Norma que, embora o sexo fosse sujo, desagradável e nojento, era uma obrigação que uma mulher devia ao marido. Finalmente, chegou o dia do casamento de Norma e, assim, ela submeteu-se àquela obrigação. Levando em consideração o medo, a dor e o embaraço que ela experimentou ao fazer amor na sua noite de núpcias, Norma percebeu que a mãe tinha razão. Daí por diante, entregava-se ao marido quando era preciso e tentava ignorar o desprazer tanto quanto possível.

Trudy faz muitos cálculos quando faz amor. Enquanto abraça e é abraçada pelo marido, ela pensa: "Quando é que ele vai ejacular?", "Será que desta vez vou ter um orgasmo?", "Será que vou ficar grávida?", "Quando é que vamos acabar?", "Como deveríamos fazer amor da próxima vez?", "O que deveríamos fazer quando terminarmos de fazer amor?". A despeito de todos os seus planos, Trudy quase nunca tem uma experiência sexual satisfatória.

Sempre que Tim está num contexto sexual, revive a experiência daquela humilhante primeira vez em Nogales, quando uma prostituta lhe ensinou que sexo era somente conseguir uma ereção, e ele não conseguiu. Mesmo que não recorde conscientemente aquela iniciação desastrosa, Tim revive mais uma vez os sentimentos e percepções que o atormentaram há dez anos. Quando chega o momento do sexo, Tim não está com sua parceira, mas no *passado*. De forma semelhante, Trudy não está com o seu parceiro, mas no *futuro*. Ao ocupar-se durante o tempo em que faz amor com considerações sobre o que *vai* acontecer dali a um minuto, uma hora, ou uma semana, Trudy perde muito da experiência sensual disponível no *presente*. Nem Tim nem Trudy estão mental ou emocionalmente dentro dos seus corpos enquanto fazem amor, mas imersos nos critérios (e suas associações pessoais importantes), memórias e possibilidades do passado e do futuro. Norma, por outro lado, *está* no presente, mas deseja não estar. Em função de suas crenças, fazer amor é o cumprimento de uma obrigação, uma humilhação e algo sujo. Assim, ela pode tirar pouco prazer dele.

Para Mark e Maggie, fazer amor é um momento especial em que, através do prazer que dão e recebem, revelam o amor e a importância que um dá ao outro. Fazer amor é uma oportunidade de sentir prazer, e tudo o que Mark e Maggie fazem quando se amam tem a finalidade de criar, explorar e satisfazer as possibilidades sensuais do momento. Às vezes essa satisfação pode até mesmo incluir imaginar as sensações e prazeres que a outra pessoa está sentindo. Como todo mundo, Mark e Maggie tiveram sua quota de experiências sexuais infelizes ou insatisfatórias, mas esses incidentes os ensinaram a satisfazer suas próprias necessidades sexuais e as de seus parceiros. Após tantos anos juntos, Mark e Maggie conhecem uma grande quantidade de coisas que o outro acha sensual e excitante. Mesmo assim, há momentos em que mudanças passageiras de humor bloqueiam em um deles a capacidade de tirar prazer do tipo de relação que normalmente acha (ou achava) sensual. A reação deles em tais momentos é explorar por si mesmos e com o outro novas possibilidades sensuais, até que eles mais uma vez compartilhem o prazer.

Sexo é inerentemente (e com certeza é mais prazeroso e satisfatório se for assim) uma experiência para os sentidos. Como tal, é mais apropriadamente uma experiência do presente. O ato de amor deveria ser dedicado a dar e vivenciar o prazer *agora*, em vez de se ocupar com o prazer que foi ou poderia ser dado ou vivenciado. Se a pessoa dedicar mais atenção ao passado ou ao futuro, estará muito menos disponível para desfrutar das sensações prazerosas do presente. Em suma, caso ela se perca no passado ou no futuro, estará (como Tim) operando a partir de uma série de crenças e critérios que podem ser irrelevantes para o prazer do sexo e até mesmo podem destruí-lo.

As experiências apropriadas às quais se deve recorrer no tocante ao sexo são experiências passadas que o informam daquilo que você e seu parceiro acham prazeroso na experiência que estão tendo (no presente). Essas referências formam a base de uma interação que torna possível satisfazer suas próprias necessidades presentes de prazer, estimulação, afeto e estima e também as do seu parceiro. Além do mais, há momentos em que imaginar a experiência sensual e emocional do amante é apropriado e prazeroso (por exemplo, enquanto o estimula oralmente).

Além de aplicar o critério do prazer enquanto usa a experiência presente como fonte de informação, motivação e *feedback*, três outros elementos são importantes para lhe proporcionar experiências sexuais satisfatórias. O primeiro é que, ao contrário das associações que Norma faz, o preenchimento de seus critérios sexuais (suas equivalências de critério) deve ser congruente com o prazer do sexo. Equivalências de critério tais como sexo = expressão de amor, sexo = natural e sexo = prazer são associações que impregnam o sexo de qualidades importantes para você, seu amante e seu relacionamento.

O segundo elemento importante é uma pressuposição operacional de escolha. Assim, se seu critério e de seu amante não estão sendo satisfeitos, você tentará mudar sua experiência e seu comportamento a fim de satisfazer esses desejos.

E o terceiro elemento é que suas atenções deverão estar ao nível da sensação. É o detalhamento específico das sensações que lhe dará a flexibilidade necessária para satisfazer seus critérios e desejos sensuais. É a partir das sensações que os estados emocionais, a auto-imagem, e assim por diante, são construídos. Enquanto a satisfação de um critério globalmente representado, tal como a auto-imagem, envolve provavelmente muitos grupos de comportamentos e experiências que expressam para você que tipo de pessoa você é (objetivo difícil de alcançar sempre que se faz amor), uma simples mudança de posição, um certo beijo, um toque, um som ou um odor bastam para atingir uma sensação prazerosa.

Como Despertar o Seu Interesse

O procedimento EMPRINT que se segue lhe dará um *know-how* para a realização sexual, que muitas vezes é negligenciado ou desconhecido. Leia cada etapa até o fim e então aproveite sua experiência. As etapas o conduzirão à sua experiência sensual no presente. Você focalizará sua consciência em sensações prazerosas, bem como reconhecerá e apreciará sua sexualidade inerente. Finalmente, aprenderá a distinguir várias emoções desejáveis e a escolher meios satisfatórios para expressar essas emoções. Como resultado, adquirirá a habilidade de extrair reações desejáveis dos outros e o *know-how* necessário para vivenciar sua própria realização sexual.

Como foi descrito acima, o sexo é essencialmente uma experiência sensorial do presente. Se você ocupar sua mente com o passado ou o futuro durante o que pretende ser uma experiência sensual, é certo que esta experiência diminuirá e se dissipará (como vimos acima). Já que o sexo é inerentemente uma experiência sensual, a mudança mais importante nos processos internos envolve prestar atenção às sensações.

1 Comece com os estímulos externos. Ao fim deste parágrafo, feche os olhos e sinta vários objetos que são semelhantes mas diferentes. Por exemplo, você pode usar um abacate, uma laranja e um limão. Primeiro, usando as mãos, sinta a diferença de textura, umidade, solidez, peso, tepidez, e assim por diante, de cada um. Em segundo lugar, cheire cada um deles, compare seu odor. Então sinta e prove cada um deles; use seus lábios e sua língua para sentir a textura, a temperatura e a solidez que você sentiu com os dedos. Faça isto agora, antes de passar à próxima etapa.

2 Conscientize-se de suas mãos. Endureça o braço e mexa-o para trás e para a frente até sentir o ar passando em volta dele. Bata com um lápis numa mesa, depois dê uma batida na mesa com o dedo. Que diferença sentiu? Quanta informação sensorial você conseguiu usando o lápis em comparação à que conseguiu usando o dedo? Depois de responder a esta pergunta, repita o exercício (batendo primeiro com o lápis, depois com o dedo), prestando atenção desta vez à *variação* de informações que recebe. (Muitas vezes, as pessoas usam seus corpos como se fossem lápis, objetos passivos a serem manipulados, ao invés de senti-los como eles são, criaturas reativas e interativas.) Se você pensar nas pessoas que conhece ou conheceu, provavelmente conseguirá encontrar alguém que tem plena consciência de seu corpo. Talvez você tenha sido tocado por alguém que tem as mãos maravilhosas de um curandeiro, um massagista hábil, ou um amante sensível. Dedique um momento a recordar como essa pessoa usou as mãos para extrair gentilmente informações sobre você enquanto o tocava. Outra referência para o tipo de sensibilidade e reatividade que estamos descrevendo aqui é pensar em conhecidos que abraçam bem e outros que não o fazem e compará-los. Agora gaste um minuto ou dois para fazer esta investigação. Termine esta etapa antes de seguir para a próxima.

3 Afague um gato ou um cachorro com uma espátula de madeira, depois com a mão, e *lembre as diferenças* das sensações que você experimentou de cada vez. Observe também as diferenças na reação dos animais à sua carícia. Com uma das mãos, explore a outra, sentindo as áreas ásperas, lisas, endurecidas, macias, quentes, frias, e assim por diante. Depois, use as mãos para explorar o resto do seu corpo, descobrindo diferenças na sensibilidade, textura e temperatura em diferentes partes de sua pele.

4 A seguir, com um parceiro ou um amigo, escolha uma mensagem que deseja lhe transmitir, mas não lhe diga o que é. Qualquer mensagem é apropriada: afeição, paixão, interesse, cuidado ou confiança. Segure a mão de seu parceiro e use *apenas* a sua mão para lhe comunicar a mensagem que você escolheu. Pergunte-lhe o que ele entendeu de sua mensagem. Continue usando a mão para transmitir sua mensagem até que ele entenda o significado que você planejou transmitir. Depois, expanda o alcance do toque para incluir um abraço, carinhos, e assim por diante, usando-os para experimentar a transmissão de outras mensagens para seu parceiro.

5 Agora vamos considerar a experiência interna. Isto implica alinhar as associações entre experiências específicas e seus significados com o fato de que a sexualidade é uma experiência sensorial. Faça sua consciência mergulhar dentro de seu corpo. Enquanto o percorre, sinta a

143

massa, a substância do seu ser físico. No interior desse cilindro vivo, sinta seu braço esquerdo, seu braço direito, suas coxas direita e esquerda, seu coração batendo e seus pulmões expandindo-se e contraindo-se. Uma vez consciente dessas sensações, identifique seus pontos de contato com o mundo inanimado — isto é, suas roupas, sapatos, a cadeira, o chão, e assim por diante. Ao fazer isto, você estará identificando a evidência de estar *vivo*. Continue a concentrar-se nessas sensações que lhe possibilitam *saber* que está vivo. Leve o tempo que for preciso nesta etapa.

6 A seguir, sem se olhar ou tocar, conscientize-se das sensações internas que lhe permitem saber que é um homem ou uma mulher. Se você é um homem, terá a sensação dos pêlos no rosto, dos testículos, do pênis, a consciência da mudança de pressão no pênis e nos músculos pélvicos que se ligam a ele. Se é mulher, sentirá a presença e o peso dos seios, os lábios e orifício vaginais, e os músculos próximos desta abertura rica em sensualidade, o útero e os ovários. Sinta completamente seu corpo. A seguir, dirija sua consciência para sentir seus lábios, dentes e língua. Encoste a língua nos lábios, sinta o calor, a umidade, a suavidade e a textura da superfície deles. Então leve essa percepção ao resto do corpo — a prova da sua sexualidade está no mesmo nível de todas as sensações que jazem dentro do seu corpo e que são provas de que você é um ser vivo. Neste nível mais básico da experiência sensorial, sua sexualidade, da mesma forma que a sua respiração ou o bater do seu coração, não pode ser mais separada de você. Você talvez não esteja sempre consciente dessas sensações que são a prova da sua sexualidade, mas elas estão sempre lá, como parte que são do seu ser, do seu bem-estar.

Uma das mais importantes conseqüências desse nível sensorial da experiência é que ele separa a sexualidade dos critérios: não há certo, errado, bonito, feio, grande, pequeno, mau, bom, orgulho ou vergonha. Há apenas experiência. Cada um recebeu critérios (e as equivalências de critério para estes critérios) relacionados à sexualidade. Seus pais, companheiros, as instituições e a mídia, todos influenciaram amplamente suas noções do que constitui atratividade e também sexualidade e sexo adequados. A seqüência de experiências descritas no parágrafo anterior poderá levá-lo de volta a uma consciência inocente de sua própria sexualidade e deste modo dar-lhe a oportunidade de experimentar sensações sexuais sem a limitação de critérios impostos. Também lhe dará a oportunidade de gerar seus próprios critérios baseados nessas experiências. Este é um passo significativo em qualquer ajustamento em direção de experiências sexuais satisfatórias e faz parte do processo de alinhar reações fisiológicas prazerosas, emoções e processos mentais inerentes a experiências sexuais satisfatórias.

7 Como já fez antes, dirija a atenção para sua experiência sensorial e perceba a natureza prazerosa daquilo que está sentindo neste momento, incluindo as emoções e posições confortáveis, o calor e os estímulos que existem dentro e na superfície do seu corpo. Por exemplo, a emoção que você sente exatamente agora, enquanto lê esta frase, pode ser de curiosidade: a parte inferior do rosto relaxada, os músculos ao redor dos olhos e os músculos do tronco agradavelmente tensos, calor na boca e nas mãos. Antes de continuar a leitura, explore sua experiência sensorial para descobrir essas emoções e sensações agradáveis.

8 Ao observar as sensações, você pode aprender a distinguir seus estados emocionais, o que torna possível escolher comportamentos mais apropriados à expressão desses estados emocionais. Como vimos nas seções sobre saúde, é preciso fazer distinções sensoriais entre as várias emoções que você tem e aquelas que são possíveis dentro do contexto do sexo. Tais estados emocionais incluem sentir-se:

solitário
entediado
excitado
amoroso
estimulado
poderoso
afetuoso
romântico
terno

Reflita sobre as emoções que está vivenciando ou quer vivenciar e enumere-as a seguir.

Emoções que quero vivenciar durante momentos sexuais

_____

_____

_____

_____

9 Agora, como você diferencia, em termos de experiência sensorial, um estado emocional de outro? Quando chegar ao fim deste parágrafo, selecione um dos estados emocionais de sua lista e identifique as sensações que se combinam para criar sua vivência desse estado emocional. Por exemplo, quando está se sentindo afetuoso, você pode sorrir com a boca e os olhos, ter o rosto e o tronco relaxados, o corpo aquecido, sentir nos braços e nas mãos o desejo de aproximar-se e tocar seu amante, e assim por diante. Identifique agora essas sensações.

10 Feito isto, identifique pelo menos três comportamentos que sejam apropriados, úteis e satisfatórios para expressão dessa emoção. Usando o *afetuoso* como exemplo, esses comportamentos podem incluir afagar ou dar tapinhas gentilmente na pessoa que ama, surpreendê-la com um abraço forte e um beijo estalado, cumprimentá-la de maneira especial e dizer-lhe que a ama. Antes de continuar, identifique e relacione pelo menos três comportamentos que expressam a emoção que você escolheu.

Comportamentos adequadamente expressivos

---

11 A seguir, faça uma ponte-para-o-futuro para esses comportamentos. Isso lhe possibilitará descobrir uma situação apropriada e imaginar que você está tendo cada um dos comportamentos com seu amante. Torne esta experiência imaginária tão real quanto possível, prestando atenção aos olhares, sons, odores, sabores e sensações que são parte da sua maneira de estar verdadeiramente com o seu parceiro amoroso. Se você se sente desconfortável ou temeroso enquanto se imagina empenhado nesses novos comportamentos, reajuste o comportamento (ou o que conduz ao comportamento) em sua imagem para sentir-se à vontade com ele. Faça todos os ajustamentos necessários até estar capacitado a comportar-se da maneira que escolheu, enquanto mantém o estado emocional desejado. Imagine-se agora, antes de seguir adiante, empenhado em seus novos comportamentos enquanto tem o estado emocional desejado.

12 Após ter feito isto com um dos estados emocionais relacionados à sexualidade, examine o resto da sua lista e identifique as sensações pessoais subjetivas que caracterizam cada emoção e pelo menos três comportamentos que a expressam. Então estabeleça uma ponte-para-o-futuro para cada um desses comportamentos, como você fez antes, e imagine-se, do modo mais rico possível, praticando realmente os comportamentos escolhidos. Fazer isto agora o ajudará a atingir e manter seus estados emocionais desejados e a utilizar apropriadamente os comportamentos expressivos no futuro.

O propósito das experiências que apresentamos é orientá-lo em direção a uma real consciência sensual durante os momentos de expressão sexual e adequar seus comportamentos aos critérios e equivalências de critério apropriados à sexualidade. Os processos que apresentamos aqui pretendem servir como um alicerce para a experiência pessoal ao qual você possa sempre recorrer. Quando indicamos exercícios que pretendiam orientá-lo a uma experiência sensorial presente, nosso objetivo (no que concerne à sexualidade) era levá-lo a estar *automaticamente* atento à sua experiência no momento em que você a está tendo, de modo a obter informações sexuais imediatas. Essas informações sensuais imediatas devem ser usadas como um *feedback* para ajustes também imediatos, capazes de levá-lo a um prazer maior. Isto virá com a prática. Enquanto isso, as seqüências expostas acima lhe permitiram adquirir novas experiências, compreensões e escolhas perceptivas e comportamentais. Portanto, até que você se oriente automaticamente para o momento presente em situações sexuais, use o que você aprendeu com as seqüências acima para direcionar sua consciência para as partes de suas experiências atuais que são sensualmente prazerosas. À medida que aumentar o âmbito e a intensidade do seu prazer sensual, você estará caminhando na direção das experiências sexuais satisfatórias e plenas que deseja.

9 Amor

Mesmo que uma pessoa tenha tudo o que quer em termos de carreira, fortuna, saúde e posses, a vida pode parecer vazia se ela não tiver nenhum relacionamento amoroso importante, significativo. Um rápido olhar pela literatura, pelo cinema, pela televisão e por suas próprias experiências bastará para revelar que a luta pelo amor e por relacionamentos satisfatórios é uma das forças mais propulsoras de nossas vidas. De fato, a necessidade de amor e ligações com freqüência está por trás da luta por uma carreira, fortuna, saúde e posses.

Cada um de nós tem anseios pessoais não satisfeitos, muitos dos quais giram em torno de nossas relações com os outros. Algumas dessas relações são direito nosso por nascimento — somos filhos e filhas, irmãos e irmãs, netos e netas. Outras relações se desenvolveram quando saímos de casa, explorando a vida. Com o tempo, tornamo-nos vizinhos, colegas de classe, sócios de negócios, amigos, namorados, amantes, cônjuges e pais. Entretanto, apesar das muitas relações possíveis, os relacionamentos que envolvem amor e casamento talvez se destaquem como os mais importantes.

Ao contrário do que ocorria em séculos anteriores, hoje em dia incluímos o amor romântico como um pré-requisito essencial para o casamento. O amor romântico tornou-se, de fato, um objetivo importante para quase todos os grupos etários em nossa sociedade. Além disso, a presença ou ausência de amor tornou-se o teste para avaliar se duas pessoas devem ou não se casar. Um dos subprodutos mais óbvios desse teste é a alta taxa de divórcios nos Estados Unidos. Como a maioria das pessoas acima de dezoito anos provavelmente sabe, manter um relacionamento é muito mais complicado e exige muito mais do que a vibração e a vivência do amor. A falta de ensinamento sobre as relações amorosas e maritais parece evidenciar uma idéia amplamente aceita em nossa cultura — a de que, de algum modo, todos sabemos como fazer bem estas coisas. Bem, não sabemos.

Quando se casou com Joe Dimaggio, Marilyn Monroe disse aos repórteres que nada no mundo a deixaria mais feliz do que levar cerveja e sanduíches para Joe enquanto ele assistia aos programas esportivos na televisão. Ela pediu o divórcio dez meses depois e a razão que alegou publicamente foi que tudo o que Dimaggio queria fazer era ver TV e beber cerveja. Ela decidiu que tinha mais o que fazer na vida do que agüentar aquilo. O que aconteceu naqueles dez meses?

Como as pessoas se apaixonam? Como elas se desapaixonam? Como *permanecem* apaixonadas? O que faz um casamento satisfatório? O que faz com que um casamento possa durar? As respostas para estas perguntas encontram-se nas exigências de mudanças das fases pelas quais os relacionamentos passam.

■ Primeiro, há a *atração*, aquela fase durante a qual se descobre que a outra pessoa suscita e satisfaz alguns dos nossos anseios.

■ Segue-se então um período de *apreciação*, durante o qual a pessoa torna-se o foco da nossa atenção e afeto e, aparentemente, é perfeita.

■ Se, com o tempo, a experiência com essa pessoa continuar satisfatória, começamos a querer um compromisso a longo prazo, para que a existência cotidiana se prolongue de modo a incluir não apenas o passado e o presente, mas também um futuro gratificante. Esta é a fase da *segurança*.

■ Agora que as pessoas estão juntas, começa a fase de *expectativa*, durante a qual os defeitos e as transgressões que antes eram tolerados ou ignorados tornam-se irritantes e inaceitáveis. É hora de rever as expectativas que cada um gerou quanto à vida em comum.

■ Se ambos são capazes de corresponder a essas expectativas, então talvez tudo esteja bem. Mas se não for possível (e geralmente não é) corresponder às esperanças e promessas que os atraíram para o relacionamento, então os desapontamentos começam a se *amontoar*.

■ Se esses desapontamentos alcançarem um nível crítico, então é possível que se inicie a fase final do relacionamento: o *limiar*. Uma vez ultrapassado o limiar, subitamente não parece haver qualquer possibilidade de voltar ao relacionamento e aos intensos sentimentos de amor de outrora. O parceiro passa a ser visto como irremediavelmente insatisfatório, e a história que ambos compartilharam torna-se igualmente estragada, preenchida agora apenas por lembranças amargas, arrependimento e vergonha pelo tempo e pela afeição desperdiçados.

As fases de relacionamento que acabamos de delinear geralmente terminam em desapontamento, raiva, arrependimento, etc. É claro que os relacionamentos não têm que terminar desse modo, mas (conforme observamos acima) a taxa de divórcios extremamente alta evidencia o fato desagradável de que muitos relacionamentos realmente acabam se revelando insatisfatórios e intoleráveis. O que pode ser feito a nível pessoal?

Atração

Como Jill e Sam contariam mais tarde aos amigos, eles se apaixonaram à primeira vista. Os cabelos ruivos ondulados de Jill, seus olhos verdes, sua figura esbelta e aquela maneira brincalhona de flertar com ele eram tudo o que Sam sempre desejara de uma mulher. A idéia de estar com ela, de beijá-la, de fazer amor com ela, o fazia vibrar. De sua parte Jill achou Sam não apenas bonito, mas desembaraçado, e sua posição como executivo prometia prosperidade e segurança econômica. Antes que terminassem de tomar seu primeiro drinque juntos, Jill já imaginava como seria maravilhoso estar casada com Sam: as festas, as viagens, o lar encantador, as crianças.

Para a maioria das pessoas, a atração começa quando a outra pessoa preenche alguns padrões de atratividade visualmente definidos. Sam olhou para Jill e pronto! Não apenas ela era a perfeita garota dos seus sonhos, como ele começou imediatamente a imaginar como seria maravilhoso estar com ela. Ela correspondia aos seus critérios da mulher ideal. Quando ele terminou de fantasiar e voltou a observar o que de fato estava ocorrendo à sua volta, já estava tendo sentimentos que identificou como amor. E ainda nem tinha falado com ela.

Em nosso trabalho com casais e indivíduos sobre a questão dos relacionamentos e do anseio por relacionamentos, descobrimos que as estratégias que as pessoas usam para se sentirem atraídas tornam fácil demais elas *serem* atraídas. Em geral, suas estratégias envolvem a atração por determinadas manifestações externas, visuais. Uma atração baseada em tais avaliações costuma acarretar duas conseqüências inúteis. A primeira é que as pessoas subitamente se deparam com uma delimitação dos objetivos do seu relacionamento totalmente infundada e inadequada à situação do momento. Como no caso de Sam, ele e Jill ainda são estranhos e ele já está com o seu bem-estar emocional preso e dependente das reações de uma pessoa desconhecida.

A segunda coisa que acontece com freqüência é que, mesmo quando do duas pessoas se sentem atraídas e se dão bem no início (provavelmente porque correspondem aos seus mútuos critérios externos e superficiais), ainda assim não há qualquer base para um relacionamento duradouro. Elas pouco mais têm a fazer além de se olharem e de serem vistas juntas. Para manequins da moda, tudo bem, mas, afinal de contas, isso não é tão bom para pessoas que têm esperança de estabelecer relacionamentos que lhes tragam amor, amizade, respeito, incentivo, etc.

No exemplo acima, Sam se aproxima desses dois problemas quando fica encantado com Jill apenas devido à sua aparência. O fato de Jill corresponder aos seus padrões visuais de uma mulher atraente e adorável é suficiente para que ele entre no estado emocional do amor. Num passe de mágica, Jill deixa de ser uma bela estranha e passa a ser alguém capaz de, apenas com uma palavra, inflamar ou tocar o coração de Sam.

Jill comete um outro erro comum. Embora observe se Sam se encaixa ou não nas suas noções de beleza masculina, a atração que sente por ele baseia-se essencialmente na sua avaliação, relativamente vaga, de possíveis futuros com ele. Isto é, ela imagina como seria estar casada com ele, a casa que teriam, os filhos, etc. (Conhecemos uma mulher que tenta descobrir, no primeiro encontro, se seu par é o tipo de homem que cumpriria os compromissos de pensão alimentícia das crianças!) Decidir nos primeiros vinte minutos de encontro se ele dará um bom pai e marido, ou se ela será uma boa mãe e esposa, não é adequado. Tais avaliações quanto ao futuro são humilhantes e desrespeitosas para com as pessoas que estão sendo avaliadas, limitam as possibilidades daqueles que fazem a avaliação e transformam a busca de relacionamentos num mercado.

Ao sentir-se atraída por Sam, Jill não está reagindo tanto ao que Sam é, mas ao que ela acha que ele poderia ser e será e ao que eles poderiam ser juntos. O futuro que Jill imagina com Sam pode, é claro, ter muito pouco a ver com o que é realmente possível. Isto prepara o terreno para o desapontamento. Além disso, Sam merece ser amado ou rejeitado pelo que ele *é*.

Se a atração que você sente por alguém está baseada em avaliações do futuro que carecem de experiências atuais e contínuas adequadas, então é possível que você não esteja reagindo ao que a outra pessoa é, mas ao que ela *poderia* ser. Isto pode parecer um elogio, e com freqüência é essa a intenção ("Mas ele/ela tem potencial para ser tão legal, inteligente, produtivo/a, atraente", etc.). Entretanto, apesar da boa intenção, a mensagem clara e mortal é que a pessoa não é legal, inteligente e produtiva hoje. Em outras palavras, atualmente ela não é boa o suficiente. Assim, todos os envolvidos perdem a oportunidade de ter a experiência de amar o que existe agora.

A primeira coisa que realmente chamou a atenção de Frances em Ian foi que ele apertou sua mão quando foram apresentados, ao contrário dos outros homens, que simplesmente acenavam com a cabeça e a olhavam um pouco de soslaio. Ela gostava de ser tratada como uma pessoa, e não como um objeto — mesmo que fosse um objeto de admiração. Mais tarde, naquela mesma noite, quando estava planejando uma mudança de conversa, ela se lembrou daquele aperto de mãos e começou a procurar Ian. Durante a conversa que se seguiu, ela percebeu que ele era bem-humorado e parecia estar genuinamente interessado nela e em seu trabalho. Era modesto no que se relacionava a si mesmo, e ela teve que puxar por ele com ameaças delicadas a fim de fazê-lo falar sobre si. Entretanto, o momento agradável que Frances estava vivendo começou a transformar-se qualitativamente, tornando-se algo mais precioso, mais afetuoso, quando começou a notar que Ian tratava a todos com o mesmo respeito, contentamento e interesse sincero que tinha demonstrado por ela.

Ao contrário de Sam, Frances escolhe com quem quer estar com base em qualidades de personalidade, em vez de características físicas. A não ser que tudo o que uma pessoa queira fazer seja olhar para o parceiro, a qualidade de um relacionamento será determinada pela qualidade das interações que ocorrem entre os parceiros. Além disso, ao contrário de Jill, Frances não faz avaliações de possíveis futuros com Ian, mas avaliações da sua experiência com ele *naquele* momento. Esta avaliação do presente é importante para abrir futuras possibilidades. Se uma pessoa revela no presente traços de personalidade conflitantes com os nossos, não há razão para esperar que futuras experiências com ela sejam boas.

A força da abordagem de Frances é dupla. Primeiro, ela examina e avalia as qualidades das quais depende afinal o sucesso de um relacionamento — o entrosamento de personalidades. Em segundo lugar, ela procura indivíduos que já têm essas qualidades de personalidade que ela admira, já que é com essas pessoas que um futuro gratificante (em termos de relacionamento) é mais provável.

Apreciação

Logo Jill e Sam ficaram magnetizados um pelo outro. Eles mal conseguiam esperar a chegada da noite, quando poderiam estar mais uma vez juntos. Em casa, consolavam-se dos sofrimentos passados e deleitavam-se ao comentar as bobagens antigas. Sam algumas vezes sentia que Jill era crítica demais quanto ao seu modo de agir e se vestir, mas raciocinou que provavelmente *podia* fazer alguma reavaliação pessoal. E, além disso, Jill sempre parecia tão linda e impetuosa quando começava a corrigi-lo. Jill ficava louca com a extensa lista de amantes ocasionais que Sam parecia ter tido, mas isto era passado. Ela o amava, ele a amava, e a partir de agora seriam apenas os dois. Sam também chegava sempre atrasado, era um tanto exigente e algo reservado, mas Jill olhava para o futuro e sabia que tudo poderia ser diferente quando tivessem se ajustado um ao outro.

Uma vez alcançada a atração mútua (isto é, que os critérios quanto ao que torna alguém atraente sejam obedecidos), o adorável, amoroso e mágico estágio de apreciação começa.[1] Durante este período, cada pequeno comportamento é percebido como mais um exemplo do charme, do espírito, da inteligência, da consideração, etc. do amante. Vista através de lentes coloridas, a experiência cotidiana torna-se algo especial e prezado. É como se a pessoa tivesse acabado de voltar de uma semana de trabalho pesado, entrado num banho quente e se enfiado sob os lençóis frescos e limpos da própria cama. Provavelmente, aquele banho e aquela cama oferecem um prazer que não ofereciam antes da árdua viagem.

Nas primeiras etapas de um relacionamento, pouca coisa pode ser dada como certa. Como nada é garantido, as pessoas tendem a permanecer a maior parte do tempo no *presente*, atentas ao que é bom. Com freqüência, a mera existência de atração mútua basta para convencer alguém de que um relacionamento vale a pena. Ao persegui-lo, estarão continuamente procurando exemplos de como seus critérios são preenchidos pelo outro e de como atendem aos desejos e necessidades do outro. Como fizeram Sam e Jill, as divergências entre critérios e equivalências de critério tendem a ser menosprezadas ou de algum modo justificadas. Assim, o excesso de crítica torna-se bonitinho e útil, e a licenciosidade, a indolência e a mania de esconder tudo pertencem ao passado (ou em breve pertencerão). A ênfase está em manter a perspectiva de que o parceiro é maravilhoso.

O estágio da apreciação é também uma época em que a pessoa faz o máximo, dá e revela o melhor de si. É fácil e natural para ela sentir-se valorizada e apreciada e ser generosa, atenciosa e respeitosa.

O erro de Jill está em continuar apreciando Sam da mesma maneira pela qual se sentiu originalmente atraída por ele: através da neblina das avaliações do futuro, e não do presente. O que Jill aprecia em Sam não é o que ele é agora, mas o que ela acha que ele e ambos serão no futuro. Ela reage a Sam em relação a um futuro *imaginado*, em vez de reagir à sua experiência atual com ele.

Embora também transforme os perturbadores comportamentos de Jill em exemplos de como ela é importante para ele, Sam o faz em relação à sua experiência *presente*, e não em relação a considerações futuras. A importância da diferença entre esses dois modos de pensar está na probabilidade de que Jill ignore problemas e diferenças numa medida muito maior e por muito mais tempo. Embora ambos estejam distorcendo sua experiência, Sam ao menos o faz no presente, o que lhe dá maiores oportunidades de obter retorno quanto ao que *está* acontecendo.

A apreciação momento a momento pode durar uma hora, uma semana, alguns anos, ou mesmo a vida toda.[2] E talvez possa durar a vida toda, desde que, ao apreciar seu parceiro, você esteja atento ao presente e desde que tenha uma noção clara do que você valoriza e quer para si mesmo, de modo a poder avaliar se o que está apreciando recomenda ou não passar às próximas etapas do relacionamento.

Segurança e Expectativa

Não foi difícil para Jill decidir que queria se casar com Sam. Eles se amavam, adoravam estar juntos, e ela desejava viver para sempre como viveram aqueles últimos meses. Para Sam, esta passagem não seria facilmente transposta. A primeira vez que Sam se preocupou realmente com seu relacionamento foi quando Jill levantou a possibilidade do casamento. Contentava-se com a maneira como as coisas estavam, mas, depois de conversar com Jill, começou a perceber que, se não se comprometesse, iria perdê-la. Perder aquela mulher linda?

Ficar sozinho de novo? Sam decidiu que não suportaria nem uma coisa nem outra; assim, comprou a aliança e fez a ela aquela pergunta especial. A resposta de Jill foi sim.

Quando o presente é bom, as pessoas começam a pensar no futuro, especulando sobre como será e querendo o que imaginam. Não é preciso que esse processo de decisão seja consciente, deliberado. Ao contrário, pode começar simplesmente com sutilezas, como saber que estarão juntos no sábado à noite mesmo sem saber ainda o que farão juntos. A experiência de entrega mútua se enraíza e começa a crescer.[3] Em breve, você se vê fazendo projetos para o futuro e pensando em como será a vida a dois. É geralmente neste momento que as pessoas assumem um compromisso, separam-se ou de algum modo definem os limites de seu relacionamento. Isto é, decidem em que bases seu relacionamento se desenvolverá ao longo do tempo.

É neste momento do relacionamento que as considerações a curto prazo e a longo prazo interagem. Em termos do relacionamento, é hora de aplicar seus critérios de longo prazo (o que você quer que aconteça no futuro) e de curto prazo (o que aconteceu com você nas interações do presente). Além disso, é hora de considerar o que não existe no relacionamento e o que é *provável* que não venha a existir. No exemplo acima, o erro de Jill está em atirar-se a uma relação de compromisso sem prestar atenção ao que havia e ao que há agora no relacionamento. Embora um compromisso possa basear-se numa avaliação do futuro, para que essa avaliação seja correta é preciso fazê-la à luz de relações de causa e efeito entre presente e futuro. A pergunta fundamental a ser feita é: "A partir do que sei agora sobre mim e esta pessoa, posso predizer...?". Jill não prestou muita atenção ao que *é* e assim tem pouco embasamento para fazer julgamentos sobre as relações de causa e efeito entre presente e futuro, se é que ela os faz.

Sam comete um erro semelhante. A diferença é que, ao tomar uma decisão, em vez de ignorar critérios de curto prazo, ele ignora os de longo prazo. Ele continua a achá-la atraente e não quer ter a experiência de perdê-la. Entretanto, o que ele não leva em consideração é se ela continuará ou não a ser a pessoa com quem ele quer estar durante dez, vinte ou quarenta anos.

Este é um período durante o qual buscamos segurança através do preenchimento de expectativas. Por isso, para evitar decepções, é importante que essas expectativas sejam adequadas (através de uma consideração do passado, do presente e do futuro).

Obviamente, é nesse período que as relações em geral terminam. Os indivíduos que neste momento invariavelmente decidem terminar a relação ao invés de assumir um compromisso estão geralmente pensando na sua experiência de um modo que exclui a possibilidade de mudanças futuras. As interpretações globais que caracterizam este tipo de representação interna podem tornar eterno mesmo um pequeno compromisso, fazendo com que as pessoas se sintam oprimidas e enganadas. Além disso, tais reações podem estar baseadas em equivalências de critério que identificam *compromisso* com estar aprisionado, ou "ser" do outro com a perda de uma parte de si mesmo ou uma subordinação aos desejos pessoais, ou *relacionamentos* com oportunidades de se machucar ou se desiludir. Ao invés de partir de recordações da época em que o relacionamento ia bem e levá-las para o futuro, esses indivíduos partem de recordações de relacionamentos infelizes, incluem-nas em suas próprias avaliações do futuro e, assim, sentem-se compelidos a fugir. Dirão a si mesmos: "Fracassei em relacionamentos anteriores, por isso fracassarei de novo", "Fui abandonado e machucado, a mesma coisa vai acontecer de novo".

> Em pouco tempo, Frances e Ian se encontravam com freqüência. Estavam apaixonados, sabiam disso, e estavam contentes. Parecia muito natural que as ligações telefônicas para combinar seus encontros cedessem lugar ao compromisso tácito de que estariam juntos sempre que pudessem. Isto fez com que Frances começasse a pensar em um arranjo mais permanente. Ian fora maravilhoso como amante e como amigo. E como companheiro e marido? Ela desejava que fosse constante, confiável e responsável. Bem, Ian certamente era assim. Frances também queria ter filhos, e Ian parecia amar verdadeiramente crianças. Frances já tinha muitas lembranças de Ian brincando com crianças. Frances era muito ativa fisicamente e queria continuar assim. Com certeza, Ian não se ajustava neste ponto. Frances não tinha ilusões — as poucas vezes em que conseguira que Ian se juntasse a ela na prática de um esporte tinham exigido semanas de persuasão e resmungos. Entretanto, apesar disso, Frances decidiu que queria estar com Ian o tempo todo, construir um lar e uma vida com ele. E quanto aos esportes? Bem, talvez ela conseguisse incutir em Ian o gosto por caminhadas, mas, fosse bem-sucedida ou não, ela com certeza teria amigos com quem poderia fazer exercícios quando tivesse vontade.

Satisfeita com sua relação com Ian, Frances começa a examinar as possibilidades a longo prazo. Seus critérios de curto prazo estão satisfeitos, mas isto não é suficiente para assegurá-la de que uma relação a longo prazo (para a vida toda) com Ian será satisfatória. De acordo com isso, Frances examina seus critérios de longo prazo, tentando decidir, com base em suas experiências com Ian (lembranças e experiências atuais), se teriam ou não uma vida satisfatória juntos. Isto é, ela faz avaliações futuras baseadas em relações de causa e efeito entre presente e futuro.

Até onde Frances pôde determinar, ela e Ian são compatíveis, com uma exceção importante: ela valoriza a atividade física e ele não. Se Frances não tivesse a capacidade de gerar opções, esta evidente diferença poderia levá-la, embora a contragosto, a decidir que eram incompatíveis e que teriam de seguir caminhos diferentes. Mas Frances foi capaz de conseguir uma maneira satisfatória de preencher suas necessidades de exercícios físicos (esportes com amigos). Queremos enfatizar que ela não está entrando nesta relação a longo prazo *ignorando* as diferenças significativas entre ela e Ian (como fizeram Sam e Jill). Ao contrário, na avaliação de Frances há muita congruência entre o que ela e Ian valorizam, e ela dispõe de formas de satisfazer aqueles critérios em que reconhece *não* haver comunhão de interesses.

Acúmulo

Assim, agora que já existe um compromisso explícito ou implícito, talvez vocês estejam morando juntos, casados, planejando uma aventura de barco no Pacífico, comprando uma casa ou (o maior de todos) esperando um filho. Compromisso assumido, as pessoas se acomodam na gratificante e agradável experiência da segurança. Mas segurança de quê? É nesta etapa do relacionamento que as expectativas quanto ao futuro são geradas: que estarão dormindo juntas esta noite, amanhã à noite e todas as noites durante anos; que discussões não significarão o fim da relação; que, para que a relação seja boa, não é preciso que cada momento seja de êxtase. Nas semanas, meses e anos que se seguem, as pessoas observam atentamente se suas expectativas estão sendo ou não atendidas. Se estiverem, podem se sentir gratificadas e seguras. Mas se não estiverem...

Agora que estavam casados, Sam e Jill acomodaram-se no conforto e na segurança de saberem exatamente quando, onde e o que poderiam fazer em relação ao outro, todos os dias. As ligações que Sam fazia durante a tarde para saber como Jill estava não a encantavam mais, porém tornaram-se parte de sua rotina. E os elogios que ele costumava prodigalizar a ela por suas lasanhas e seu cabelo ruivo diminuíram e então desapareceram. Ele ainda gostava da lasanha que ela fazia e dos seus cabelos ruivos, e ela ainda gostava das ligações vespertinas, mas agora eles estavam de certa forma *acostumados* a tudo isso; portanto, era fácil esquecer o quanto tudo isso era realmente bom. Com o passar do tempo, Sam começou a esquecer de ligar. E a cada vez que ele esquecia, ela sentia-se um pouco mais receosa quanto ao carinho que ele tinha por ela. Jill começou a imaginar que talvez ele não estivesse mais interessado nela, ou talvez estivesse interessado em outra pessoa. O que Sam notou foi que Jill não se vestia tão bem quanto antes, nem arrumava o cabelo do jeito que ela *sabia* que ele gostava. Sam começou a imaginar se a recente negligência dela não seria uma prévia do futuro. Tinha se casado com uma mulher maravilhosa, e a idéia de voltar para casa e encontrar uma dona-de-casa despenteada e envelhecida, vestida com um roupão, enchia-o de raiva e receio. Agora havia também mais uma coisa. Sam estava descobrindo que a aparente paixão de Jill pelo futuro estava lhe dando nos nervos. Ele gostava de reminiscências, de voltar aos velhos tempos. Mas Jill detestava isto e saía da sala quando ele começava a falar sobre os velhos tempos com os amigos. Ele não podia evitar, mas percebia (e isso o ofendia) que ela nunca esquecia de renovar suas assinaturas da *Omni*, mas invariavelmente deixava vencer a assinatura que ele fazia do *The Smithsonian*.

Um dos perigos da fase de segurança é o hábito. Do mesmo modo como é possível acostumar-se a um cheiro em particular (mesmo ruim) a ponto de não notá-lo, as pessoas podem habituar-se a experiências que antes as excitavam ou agradavam. Uma refeição preparada com carinho, um telefonema à tarde, as brincadeiras carinhosas, o esforço para se vestir bem — em resumo, todas as coisas que achamos gratificantes e especiais na fase de apreciação — podem tornar-se tão esperadas que acabamos por dá-las como certas. E assim, mesmo que ainda as notemos, reagimos agora convencionalmente, ou mesmo com indiferença, às refeições especiais, aos telefonemas, às brincadeiras, às roupas novas, etc.

Isto aconteceu com Jill e Sam. Seguros de seu relacionamento, as coisas que costumavam apreciar no outro, que lhes agradavam, começaram a ser esperadas e logo dadas como certas. É fácil entender por que, ao deixar de receber o mesmo tipo de reação apreciativa que recebia na fase de sedução, Sam começou a se esquecer de telefonar à tarde e Jill começou a perder o desejo e a motivação de parecer atraente para Sam. Com o hábito, os telefonemas e os cosméticos se tornam *esperados*, e Jill e Sam começam a notar quando essas coisas não vêm. Começam a se perguntar se suas expectativas são justificadas, o que os faz especular sobre o que poderia acontecer se o parceiro não for como esperavam que ele fosse. Assim, começam a *acumular* exemplos dessas discrepâncias, o que os leva a construir inocentemente (e, na maioria dos casos, inconscientemente) uma nova opinião ou entendimento sobre o outro.

Outra coisa que acontece com freqüência à medida que as pessoas se acomodam no berço das expectativas dos seus relacionamentos é que outros critérios, e coisas importantes antes relegadas à sombra pela luz brilhante da apreciação, começam a ocupar o proscênio. No exemplo acima, uma vez que Sam não está mais escravizado à beleza de Jill e intoxicado pelo novo relacionamento, ele volta a reparar no prazer e na importância que dá à experiência de lembrar acontecimentos passados. Infelizmente para ambos, só então Sam descobre que o prazer desses passeios ao passado não é compartilhado por Jill. Além do receio e da raiva que sente diante do aparente desinteresse de Jill por sua aparência, Sam tem agora que lidar também com o fato de que ele espera da relação algo que não está, nunca esteve e (tanto quanto ele pode ver) nunca estará presente no seu relacionamento com Jill.

Sam e Jill fazem avaliações do passado, do presente e do futuro baseadas em expectativas que tiveram, em suas próprias necessidades emergentes e em suas fantasias sobre aonde isto tudo poderia levar (estas são possibilidades futuras imaginadas que são tratadas como informações reais). Ao fazer isto, começam a acumular inúmeros exemplos de discrepâncias entre o que querem e esperam da relação e o que de fato conseguiram, estão conseguindo e poderão conseguir. Outra coisa importante aqui é que qualquer consideração sobre como influenciar positivamente o curso dos acontecimentos através do próprio comportamento está ausente dos seus processos internos. O resultado é que os comportamentos discrepantes não são encarados como produto das suas interações (do casal), mas como um problema do *outro*.

À medida que os exemplos se acumulam, aumenta a pressão para mudar de opinião sobre esses exemplos.

Limiar

Sam e Jill entraram num período de discussões sobre a diminuição do interesse dele por ela (o que ele negava) e sobre o fato de ela não querer mais ser atraente para ele (o que ela negava). Após cada discussão, conseguiam ajustar a situação — mas nunca esqueciam. Numa noite, Sam e Jill atingiram o ponto de explosão. Ele chegou tarde do trabalho com duas coisas na cabeça. A primeira era que fazia muito tempo que ele e Jill não tinham uma noite romântica, e era isto o que ele pretendia para aquela noite. A segunda era que ele tinha se esquecido de ligar para avisar que chegaria atrasado e então tinha que pensar logo num jeito de se explicar. Quando chegou em casa, Sam encontrou-a assistindo à TV, vestida num roupão, sem maquiagem, com o cabelo despenteado, sem o jantar no fogão, e completamente esquecida dele. Foi a gota d'água. Ele explodiu e começou a agredi-la pelo seu desmazelo e negligência em relação a si própria e ao casamento deles. Agora ele podia ver a superficialidade que ela realmente tinha, apenas uma máscara de cosméticos que ela usara para enredá-lo. "Você não é a mulher com quem eu me casei!", percebeu finalmente. Ela ficou perturbada, mas não tinha mais lágrimas para chorar — derramara todas durante o dia, quando percebera que Sam não iria ligar. Era o seu aniversário, e Sam se esquecera. A enormidade da negligência dele a atingira subitamente, e ela percebeu que sempre fora para ele apenas uma boa transa. Ela devia ter percebido, disse a si mesma, tristemente, quando vira o modo como ele se lançava a todas as mulheres que estavam na festa em que se conheceram.

Em geral, o resultado de acumular exemplos e mais exemplos das falhas do parceiro é que a pessoa ultrapassa o limiar da tolerância. Uma vez ultrapassado o limiar, torna-se impossível manter as velhas crenças positivas. De repente a pessoa começa a gerar novas equivalências de critério, geralmente depreciativas (quer dizer, a aplicar novos sentidos), para os comportamentos do amante. O que antes era percebido como desinibição é agora visto como *exibicionismo*; sua atenção para com as mulheres transforma-se em *luxúria* ou *lascívia*; o fato de ela querer estar próxima de seus amigos torna-se evidência da sua *insegurança*; seu desejo por ela torna-se *exigência*; sua jovialidade transforma-se em *irresponsabilidade*.

Entretanto, esta mudança de perspectiva não se limita ao presente, mas se estende igualmente ao passado. Depois que se ultrapassa o limiar, o passado parece diferente. Na cabeça dela, não é de hoje que o marido gosta de mulheres, ele *sempre foi* um devasso. E subitamente surgem inúmeros exemplos da história pessoal que comprovam esta nova perspectiva. Do mesmo modo, para ele, a esposa sempre foi insegura, e diversos exemplos sustentam esta nova visão. As lentes coloridas foram retiradas de vez, substituídas por lentes de matizes menos agradáveis.

Uma vez ultrapassado o limiar, parece haver poucas possibilidades de fazer as coisas retornarem ao que eram. O comportamento do amante é encarado como insatisfatório não apenas no passado e no presente; o futuro também é visto da mesma forma. Quando a pessoa olha agora para o passado e um presente que inequivocamente (ao menos na sua percepção) revelam defeitos inerentes do parceiro, a tendência predominante é presumir que o futuro não será diferente. Algumas pessoas chegam mesmo ao ponto de ver o parceiro como uma pessoa basicamente má ou inútil. Na melhor das hipóteses, na falta de expectativas de mudança e diante da completa expectativa de mais insatisfação, o futuro se torna desanimador. Alguns aceitam o desalento, outros se separam e procuram alguém que possa satisfazer suas necessidades.

Geralmente, é a freqüência ou a magnitude dos exemplos de comportamento discrepante que precipitam esse limiar. No exemplo acima, Sam se sentira desapontado com o aspecto desgrenhado de Jill muitas e muitas vezes. Finalmente, o *limiar da freqüência* dessas experiências foi alcançado, e ele o ultrapassou. A beleza de Jill tornou-se para ele uma prova da sua superficialidade e uma artimanha para seduzi-lo. O que fez Jill ultrapassar o limiar não foi o fato de Sam não ter ligado (o que ele já fizera muitas vezes), mas a enorme *magnitude* do desinteresse que ele revelou ao se esquecer de seu aniversário. De repente, Jill descobriu que tudo o que Sam queria — ou que *sempre* quisera — dela era usá-la como objeto sexual. Entretanto, não era preciso que as coisas acontecessem desse modo.

160

Frances estava bastante preocupada nos últimos dias. Há um ano ela vinha tentando interessar Ian em constituir uma família, mas todas as vezes que levantava o assunto ele encontrava um motivo para ignorá-lo, adiá-lo ou simplesmente, quase de forma rude, desviar o rumo da conversa. Frances, pensativa, observava as reações dele e tentava novas abordagens, mas o resultado era sempre o mesmo. Finalmente, ela começou a se preocupar com a possibilidade de talvez estar errada quanto ao amor de Ian por crianças. Tinha medo de perguntar diretamente, mas percebeu que era preciso fazê-lo. A resposta não foi a que ela esperava. Ian não queria ter filhos — nunca quisera. Gostava dos filhos de *outras* pessoas, mas o pensamento de ter seus próprios filhos enchia-o de medo, era uma responsabilidade que ele simplesmente não queria assumir. Frances ficou desapontada, mas não queria desistir de sua intenção de ter filhos. Durante os meses seguintes, tentou fazer Ian mudar de opinião e numa ocasião chegou a ameaçar ter um filho com outra pessoa. Ian saiu e passou a noite fora. Desde então, fazer amor tornou-se menos prazeroso; eles começaram a evitar conversas importantes e quando falavam freqüentemente terminavam brigando por causa de coisas triviais. Uma manhã, Frances pensou: "É isto o que nos espera pelo resto de nossa vida em comum?". E a resposta, para ela, era não. Para Frances, ter filhos não era o mesmo que praticar esportes. Não estava disposta a desistir de ter filhos, e (para ela) não havia outra maneira de ter esta experiência a não ser tendo os seus próprios. Percebeu que suas diferenças com Ian era irreconciliáveis e que precisavam encontrar outros companheiros. Não queria magoá-lo — ela o amava —, mas eles tinham que se separar. Mais tarde, depois que já estavam divorciados, continuaram amigos. Ela não queria abandonar tudo o que tinham vivido juntos e manteve contato com Ian, aquele homem maravilhoso que por acaso não queria ter filhos.

Está claro que a diferença entre a experiência de Frances e a de Sam e Jill é que Frances não ultrapassou o limiar. De fato, ela nem mesmo passou pela fase de acúmulo. Diante da relutância ou da recusa de Ian em conversar com ela sobre filhos, sua reação era encarar a situação como uma questão que necessitava de uma perspectiva e de uma abordagem ainda não experimentadas. Isto é, seus processos internos incluíam variar a quantidade e o tipo de detalhes a que prestava atenção, bem como uma avaliação das relações de causa e efeito entre presente e futuro. Isto lhe forneceu uma base para gerar novas maneira de reagir. Assim, ela conseguiu se orientar para descobrir o modo mais adequado de abordar Ian sobre a questão de constituir família. Entretanto, suas tentativas afinal se revelaram totalmente frustradas, e ela procurou mais informações sobre Ian. Descobriu que avaliara mal a situação e que tinham posições irreconciliáveis quanto a filhos. Acabaram por se separar devido às diferenças, mas numa situação muito diferente da de Sam e Jill. Frances estava triste e desapontada, mas não amarga. E como não acumulara experiências que a fizessem ultrapassar o limiar, guardou boas lembranças e sentimentos intactos com relação a Ian. E, esperançosamente, saiu da relação, tendo aprendido uma lição sobre a importância de verificar explicitamente, com antecedência, coisas tão importantes quanto ter filhos, com o próximo parceiro em potencial.

Felizmente, há uma outra alternativa quando se ultrapassa o limiar. Envolve utilizar sua experiência sensorial e sua flexibilidade de comportamento para ajustar as interações com o parceiro às necessidades do relacionamento. A essência das relações conjugais e de amor é a *acomodação*. Como Frances descobriu, talvez haja desejos, necessidades e expectativas que não possam ser ajustados aos do parceiro, ou vice-versa. Mas o fato é que a maioria esmagadora das diferenças que fazem com que os casais se atormentem, briguem e mesmo se separem *não* são inconciliáveis. Pelo contrário, muitas vezes baseiam-se em desinformações e concepções erradas quanto às respectivas vontades e necessidades. Por exemplo:

Para Steve, era importante ter algo de novo pela frente. Detestava ir aos mesmos velhos restaurantes, passar as férias nos mesmos lugares, fazer amor da mesma maneira. Sua esposa, Michele, valorizava a tradição e procurava os velhos hotéis, decorava a árvore de Natal exatamente da mesma forma todos os anos e gostava de fazer amor da maneira como sempre haviam feito. Quando Steve sugeria alguma coisa nova, Michele temia perder algo do seu passado. E quando Michele sugeria algo tradicional, Steve sentia-se desapontado e chateado. Cada um lutou contra essas reações do outro até que finalmente descobriram o que estava acontecendo. Depois que descobriram, decidiram acomodar-se às necessidades do outro, já que se amavam e prezavam muito o seu relacionamento. Steve passou a oferecer a Michele novos restaurantes ou lugares de férias como oportunidades de iniciar *novas tradições*. Também começou a admirar a habilidade dela para preservar tradições. Da sua parte, Michele começou a concordar de bom grado com algumas das novas idéias de Steve, ou pelo menos reconheceu essas idéias como boas, mesmo quando *também* sentia que era importante para ela seguir uma de suas tradições.

Quando Fred juntou-se a Sylvia na cozinha aquela manhã, tudo o que recebeu dela em resposta ao seu "bom dia!" foi um grunhido mal-humorado e indiferente. Eles estavam casados há trinta e cinco anos, e apenas nos últimos meses ela começara a tratá-lo dessa maneira. Fred decidiu descobrir qual era o problema. Sylvia respondeu raivosamente: "Eu achei que você não se importaria — aliás, você não se importa nem em me dizer 'boa noite!' ". Aconteceu que há pouco tempo Fred tinha adquirido o hábito de simplesmente cair na cama quando se sentia cansado à noite. Sylvia procurava por ele, na expectativa de que pudessem fazer alguma coisa juntos, e encontrava-o roncando na cama. Ela ficou magoada, sentiu que ele não se importava mais com *eles*. Contudo, não era este o caso, e Fred não apenas tranqüilizou-a quanto ao fato, como dali por diante assegurou-se de informar Sylvia de que estava indo para a cama.

Laurie sentia-se horrível. Tinha dor na cabeça e nos ombros, a fronte latejava, e o estômago também não estava bem. Quando Greg chegou em casa, encontrou-a deitada no sofá, tentando não mover-se muito ou rápido. Ele perguntou o que havia de errado, e Laurie respondeu: "Acho que peguei outro maldito resfriado". Greg beliscoulhe a bochecha e disse: "Oh, lamento ouvir isto. Vou lá fora, no jardim". Quando Greg voltou uma hora depois, Laurie não apenas estava doente, mas com raiva e em lágrimas. Disse-lhe que ele não se importava que ela estivesse doente, porque nunca procurava saber nada a esse respeito, ou tomar conta dela — ele apenas ignorava o fato! Na verdade, ignorar a doença dela era a maneira de Greg mostrar que se importava, pois quando ele está doente prefere ficar sozinho. Só agora ele percebia que essa não era a idéia que *Laurie* fazia de ser cuidada e, como se importava com ela, a partir daí sentiu-se feliz em dar ao seu amor a atenção e os cuidados que ela queria e merecia.

Estes três casos demonstram que diferenças desagradáveis, desapontadoras ou dolorosas entre parceiros não precisam acumular-se até o limiar. A grande maioria dessas diferenças podem ser ajustadas, desde que a pessoa se importe o suficiente com sua própria experiência, com a do parceiro e com a qualidade da relação para ajustar o próprio comportamento. Se houver este compromisso com a qualidade da relação, basta que ambos estejam cientes das próprias reações e das do parceiro e que tenham flexibilidade para ajustar seu comportamento quando as reações do parceiro, ou as suas próprias, não forem exatamente as desejadas.

Levando em Consideração o Amor

Nesta seção apresentamos o formato EMPRINT para cada uma das etapas discutidas na seção anterior: atração, apreciação, segurança-expectativa, acúmulo e limiar. As descobertas e aprendizados proporcionados por cada formato serão proveitosos para encontrar o parceiro certo, manter um estado de satisfação e apreciação com o parceiro atual, ou recuperar o amor numa relação ameaçada.

Atração

Ao falar sobre como era fazer o papel de uma mulher no filme *Tootsie*, Dustin Hoffman descreveu a sensação de rejeição e exclusão provocada pela reação dos outros a uma mulher não atraente. Os homens em geral não se aproximavam de Tootsie, e Hoffman sentia que eles estavam perdendo a chance de conhecer uma pessoa maravilhosa. A experiência de Hoffman de cruzar a fronteira entre os sexos exemplifica o problema que descrevemos na seção anterior sobre atração: sentir-se atraído com base em aparência visual externa, dinheiro, posição social, nível educacional, poder político ou futuras possibilidades de romance. Escolher um companheiro com base nesses critérios superficiais desvaloriza e humilha os outros, impede que se venha a conhecer muitas pessoas interessantes e, mais cedo ou mais tarde, causará desapontamento.

Se sua estratégia de atração se basear em comparar a aparência de uma pessoa a padrões visuais externos (como faz Sam), ou em futuras possibilidades imaginadas com aquela pessoa (como faz Jill), você não está demonstrando interesse nem baseando seus julgamentos em *quem* essa pessoa *é*. O que é preciso é uma estratégia baseada em *padrões de experiências atuais* mais elaborados, a serem atendidos *antes* que se alcance o estágio da atração.

Obviamente, para isto é necessário conhecer os próprios critérios. Ao selecionar os critérios, é preciso fazer uma distinção entre os de curto e longo prazo. Normalmente, as pessoas não compreendem que seus critérios de curto prazo podem ser muito diferentes dos seus critérios de longo prazo. Cometem então o erro de testar os critérios de longo prazo no contexto de curto prazo da atração (como fez Jill), ou testar os critérios de curto prazo no contexto de longo prazo da segurança (como fez Sam). Em qualquer dos casos, a desilusão é quase garantida.

Para encontrar relacionamentos satisfatórios e duradouros a pessoa deve se assegurar de que os critérios de longo prazo de algum modo *incluam* ou *acomodem* critérios de curto prazo. Isto não acontecerá se os dois tipos de critérios forem conflitantes. Por exemplo, se os critérios de curto prazo forem espontâneo, selvagem, temerário, desafiador, obstinado e indulgente, e os de longo prazo forem estabilidade, segurança, companheirismo, gentileza, carinho, cuidados e sensibilidade, então os critérios de curto prazo não se encaixam nos de longo prazo. Qualquer pessoa que satisfaça os critérios de curto prazo será certamente uma decepção se e quando o relacionamento entrar na fase da segurança e do compromisso. Por outro lado, um relacionamento satisfatório e duradouro é mais provável se os critérios de curto prazo forem divertido, atencioso, inteligente, amigo, apaixonado e sensual e os de longo prazo forem voltado para a família, responsável emocionalmente, fonte de apoio e estímulo e atento às necessidades e preocupações dos outros. Porque, nesse caso, há maiores chances de que os critérios de curto prazo levem à satisfação dos de longo prazo. Além disso, é provável que os critérios de curto prazo continuem a ser satisfeitos quando os de longo prazo se tornarem predominantes, como acontece numa relação de compromisso.

Queremos enfatizar que, embora não seja adequado testar critérios de longo prazo quando se está decidindo quem é atraente para um encontro ocasional, é adequado testá-los quando se está considerando a possibilidade de um compromisso. A importância de se distinguir entre critérios de curto e de longo prazo, e de tentar ajustar os critérios de modo que os de curto prazo conduzam aos de longo prazo, está em que isto ajuda a garantir que, quando houver de fato um compromisso numa relação de longo prazo, os desejos e necessidades da pessoa continuarão satisfeitos.

1 É preciso, então, relacionar os próprios critérios de curto e de longo prazo. Examine quais dos seus critérios de curto prazo estão incluídos nos seus critérios de longo prazo, ou conduzem naturalmente a eles. Você aceitaria não ver mais satifeitos seus critérios de curto prazo que fossem incompatíveis com os de longo prazo na hora em que estivesse num relacionamento a longo prazo? Se a resposta for negativa, como é possível ajustar estes critérios de curto prazo para que conduzam a seus critérios de longo prazo? Ou, então, como ajustar seus critérios de longo prazo de modo a levar em consideração os critérios incompatíveis de curto prazo? (Exemplos de acomodação de critérios de curto e longo prazos são dados ao fim da seção "Limiar".) Na medida do possível, torne compatíveis seus critérios de curto e longo prazos. Faça sua lista e examine possíveis ajustes antes de prosseguir.

Critérios para relacionamentos

Curto prazo
Longo prazo

_____   _____

_____   _____

_____   _____

_____   _____

_____   _____

_____   _____

Agora você dispõe de uma lista de critérios de curto e longo prazos que são importantes para você no que diz respeito a relacionamentos amorosos. Entretanto, além de conhecer esses critérios, é preciso saber se e quando as qualidades que esses critérios representam estão presentes ou ausentes nos seus amantes e parceiros em potencial. Suponha que um dos seus critérios seja ter consideração para com os outros. Que comportamento evidenciaria a presença desta qualidade? Talvez, ao ver uma senhora idosa subindo com dificuldade uma escada, carregando uma sacola de supermercado, seu parceiro a cumprimente e se ofereça para ajudá-la com a sacola, dizendo: "Sei que a senhora pode subir sozinha, mas deixe-me facilitar um pouco o seu dia". A *falta* desta qualidade, consideração para com os outros, poderia ficar evidente em: ultrapassagens no trânsito, furar filas ou empurrar os outros para alcançar o elevador. (Obviamente, os mesmos comportamentos poderiam ser encarados como evidência da capacidade de sobreviver, se a pessoa estiver em Nova York.) Se você trabalha voluntariamente para a Sociedade Protetora dos Animais, uma mulher que queira um casaco de pele, que ache caçadas um jogo *sexy* e que compre marfim no mercado negro provavelmente não estará revelando um comportamento adequado ao critério que você valoriza.

2 Examine sua lista de critérios e reflita sobre os comportamentos e reações que demonstrariam que outra pessoa compartilha esses critérios e sobre os comportamentos e reações que demonstrariam que eles não são compartilhados pela outra pessoa. Isto lhe dará uma base para entender as reações dos outros, tornando assim a escolha de um parceiro e a gratificação de seus desejos e necessidades muito menos dependentes do acaso. Dê-se este presente agora, identificando esses comportamentos e reações.

Uma outra consideração importante refere-se a erros passados. Qualquer erro que você tenha cometido ao sentir-se atraído e ao estabelecer relações com outras pessoas deve ser usado como informação para o futuro, e não como um exemplo da sua estupidez, inutilidade, falta de atrativos, etc. Se, por exemplo, o seu erro passado foi um parceiro beberrão, e a bebida estragou o relacionamento, então será sábio não se apaixonar por aquele campeão de tequila lá no fundo do bar, mesmo que ele tenha profundos olhos azuis.

3 Partindo do que acabamos de dizer, faça ao fim deste parágrafo um inventário dos seus erros passados em relacionamentos e identifique a causa específica de essas experiências terem sido negativas. Você deve tentar descobrir o que possibilitou aqueles erros, para que no futuro saiba o que procurar e o que evitar num amante e num parceiro (em vez de usar esses erros como demonstração de suas falhas como pessoa). Faça este inventário agora; assim estará desenvolvendo um conjunto útil de diretrizes para sucessos futuros.

Você agora tem uma base adequada e promissora para sentir atração por outras pessoas. Os critérios de curto e longo prazo foram diferenciados e compatibilizados, tanto quanto possível, e agora você tem uma idéia de quais comportamentos demonstram as qualidades que você valoriza nos outros.

O próximo passo para sentir atração por outra pessoa é mudar seus critérios visuais, deixando de adotar critérios culturais (geralmente determinados pela mídia), como bonito, feio, desejável, indesejável, etc. e passando a ter um julgamento qualitativo do caráter da pessoa. É adequado formular neste momento questões tais como: "Como essa pessoa parece ser? Amigável? Carinhosa? Inteligente? Hostil? Arrogante? Solitária? Entediada? A gente se sente bem olhando para ela?"

4 Quando chegar ao fim deste parágrafo, relacione sete ou oito qualidades ou características que você valorize em qualquer pessoa. Depois de fazer a lista, identifique alguém do sexo oposto com quem você tenha estado recentemente (possivelmente numa reunião social) e por quem não se sentiu atraído, alguém com quem você poderia ter se encontrado mas não quis. Depois identifique uma pessoa por quem você também tenha se sentido atraído recentemente, mas que não tenha encontrado. Fazendo uma imagem interna tão clara quanto possível da primeira pessoa, olhe para ele ou ela e faça a si mesmo as perguntas descritas acima, usando a sua lista de traços de caráter valorizados como conteúdo (isto é, "Ele parece carinhoso com os outros?")

Qualidades valorizadas nos outros

_____

_____

_____

_____

_____

_____

5 Depois de esgotar sua lista, pergunte-se: "Que tipo de pessoa ele(a) parece ser, além destas características que valorizo?" Quando identificar duas ou três destas características, considere se são traços de caráter que você também pode valorizar, ou ao menos achar interessantes, ou se são traços que você aprecia. Faça isto agora.

6 Em seguida, considere como você se sente ao olhar para essa pessoa. Você se sente bem, mal, triste, curioso, chateado, cuidadoso, esperançoso? Depois de fazer isto, mude para a imagem da pessoa por quem você se sentiu atraído mas a quem não encontrou e faça-a passar pela mesma seqüência de avaliações com base em sua lista de traços de caráter valorizados, nos traços existentes mas não considerados e em como você se sente olhando-a. Faça estas avaliações antes de passar à próxima etapa.

167

7 A próxima qualidade a considerar é o som da voz da pessoa. O tom da voz — agudo, ressonante, nasal, suave, alto, monótono, profundo — influencia muito nosso estado emocional, mas infelizmente as mudanças na tonalidade da voz são geralmente inconscientes para a maioria das pessoas na nossa cultura. Muitas vezes passamos a vida toda junto de alguém que gera em nós um estado emocional desagradável sem que o relacionemos à tonalidade da sua voz. Assim, a próxima pergunta a fazer é: "Como a voz desta pessoa soa para mim?" Obviamente, isto requer uma proximidade muito maior (talvez mesmo uma conversa). Voltando às duas pessoas selecionadas acima (a não atraente e a atraente com quem você não se encontrou), recorde agora o som da voz de cada uma e preste atenção às mudanças no seu estado emocional enquanto ouve essas tonalidades.

8 Reconsidere agora como se sente quando está com esta pessoa. Sua experiência foi mais rica? Você está feliz de ver essa pessoa? Você se sente valorizado e apreciado na companhia dela? Sente-se à vontade com ela? Sensualmente estimulado? Intelectualmente estimulado? Se você se der um momento agora para procurar, entre seus conhecidos, uma pessoa por quem não se sinta visualmente atraído mas com quem se sinta valorizado, e uma pessoa por quem se sinta visualmente atraído mas com quem não se sinta valorizado, reconhecerá imediatamente que uma estratégia de atração baseada em critérios visuais externos não garante de modo algum que a pessoa seja um parceiro satisfatório. Experimente fazer isso agora.

Revendo as etapas pelas quais acabamos de conduzi-lo, você notará que todas o orientam para sua experiência atual. Também notará que elas requerem o estabelecimento de critérios que possam ser satisfeitos em cada um dos três sistemas sensoriais primários: visual, sinestésico (sensações) e auditivo. Como dissemos anteriormente, a atração se dá mais apropriadamente no presente e com uma avaliação atual, já que só assim você terá a oportunidade de descobrir o que *existe* numa pessoa que você possa apreciar e possivelmente amar. Uma estratégia orientada para o presente (incluindo uma ampla gama de critérios e flexibilidade no modo de satisfazê-los) produz comportamentos e reações que o levam a querer *conhecer* pessoas, a ter curiosidade e interesse por elas, antes de sentir atração. Assim, uma relação entre você e a outra pessoa será de fato criada antes mesmo que o estado de atração possa estar presente.

Apreciação

Conforme observamos antes, a fase de apreciação é aquele período maravilhoso em que se vê o mundo com lentes cor-de-rosa. Se você passou pela fase de atração, quase certamente entrará no mundo da apreciação. Agora seu novo amante brilha a seus olhos. Entretanto, durante este estágio algumas pessoas apreciarão o outro mais pelo que ele poderia ser, e não pelo que é. Embora nesta fase isto geralmente não seja um problema, torna-se fonte de muitos desapontamentos mais tarde, quando a relação ruma para o compromisso, para a segurança e gratificação contínuas a longo prazo. É só então (e depois) que você descobre que as coisas que presumira existirem não existem, e possivelmente nunca existiram. Entretanto, se a atração baseava-se no tipo de referencial e teste do momento presente descrito na seção anterior sobre a atração, tendo-se desenvolvido a partir deles, você obviamente estará apreciando o que existe, em vez daquilo que poderia existir.

1 Comece a fazer os testes do momento presente com um inventário dos comportamentos que merecem ser apreciados. Identifique ao menos cinco coisas que ele(a) faça regularmente e que você de fato aprecie. Pode ser, por exemplo, que seu parceiro lhe diga a verdade, mantenha compromissos, não deixe o tanque de gasolina ficar abaixo da metade, deixe que você vá para a cama enquanto tranca a casa e apaga as luzes, jogue suas roupas sujas na cesta, lembre-se de comprar-lhe um presente no seu aniversário, recolha as roupas do varal ou trate bem seus pais. A importância pode variar, mas todos estes comportamentos deveriam garantir apreciação. Utilize o espaço abaixo para listar cinco coisas que o seu parceiro faz que você aprecia.

Coisas que meu parceiro faz que eu aprecio

_____

_____

_____

_____

_____

2 Em seguida, liste cinco coisas que seu parceiro *não* faça e que você aprecie. Por exemplo, talvez o seu parceiro não minta, não grite, não esbanje dinheiro, não beba demais e não seja grosseiro com seus amigos.

Coisas que meu parceiro *não* faz que eu aprecio

_____

_____

_____

_____

_____

3 Agora que você já pensou sobre o comportamento do seu parceiro, considere as suas qualidades positivas. Por qualidades nos referimos a traços ou atributos tais como ser curioso, ambicioso, responsável, honesto, amoroso, *sexy*, etc. Escolha cinco qualidades do seu parceiro que você valorize e então pense em cinco acontecimentos recentes em que seu parceiro demonstrou essas qualidades. Liste as cinco qualidades e os episódios recentes no espaço abaixo.

As qualidades que aprecio no meu parceiro

_____

_____

_____

_____

_____

Este inventário de comportamentos e qualidades garante que sua apreciação seja justificada, e não apenas um subproduto de lentes cor-de-rosa. Passar por este processo também enriquece a sua apreciação do seu parceiro. Sabendo disto, a qualquer hora que você queira ser apreciado, pode convencer seu parceiro a fazer também um inventário de seus comportamentos e qualidades.

Além da importância de concentrar a atenção no momento presente e fazer suas avaliações no presente, também é preciso apreciar seu parceiro de um modo que ele perceba. Ao deixar que ele saiba o que você aprecia nele, você lhe permite saber o que fazer no futuro para que você o aprecie. Do mesmo modo, ao descobrir os comportamentos que fazem com que seu parceiro saiba que é apreciado, você aprende o que fazer no futuro para lhe dar essa experiência.

4 Tudo o que você tem que fazer para conseguir estas informações do seu parceiro é perguntar. Perguntas do tipo: "Como você sabe quando eu o aprecio?", "O que eu digo ou faço que faz você saber que eu o aprecio?" e "O que é que prova a você que eu o aprecio?" Você então saberá o que precisa fazer para satisfazer as equivalências de critério do seu parceiro para ser apreciado. Aplique este processo de obtenção de informações a alguns critérios importantes e diferentes. É importante que você saiba de que modo seu parceiro percebe que é amado, respeitado, que você tem confiança nele, etc., e que você seja capaz de corresponder a isso. Depois que tiver obtido estas informações, é preciso fazer com que seu parceiro saiba como *você* precisa e quer ser apreciado, amado, respeitado, etc. Deste modo, você lhe dará a oportunidade de apreciá-lo (e de amá-lo, respeitá-lo e de confiar em você, etc.) de modo significativo.

A experiência mágica da apreciação mútua não precisa ser apenas uma fase, desvanecendo-se ao final devido à falta de informações e à negligência. Ser apreciado por aqueles com quem nos importamos é uma experiência que todos nós valorizamos e que provavelmente buscaremos, desde que saibamos o que fazer para consegui-la.

Segurança-Expectativa

A fase de segurança é a época durante a qual a pessoa começa a considerar a possibilidade de assumir um compromisso formal ou informal com o amante, para tornar a relação de algum modo permanente. Os perigos mais comuns desta fase relacionam-se ou com o medo de assumir um compromisso ou com a decisão de assumi-lo baseada em avaliações inadequadas, não realistas. A fase de segurança é também a época em que as expectativas começam a se desenvolver, preparando a pessoa para a dor do desapontamento.

O formato EMPRINT que se segue está voltado em primeiro lugar para as causas típicas subjacentes aos medos e preocupações relativos a assumir um compromisso a longo prazo. Em seguida, fornece uma técnica útil para assumir compromissos duradouros e satisfatórios, bem como estratégias para saber como conseguir o que se quer do parceiro de modo enriquecedor para ambos.

O padrão subjacente ao medo de se comprometer num relacionamento é em geral semelhante àquele de ater-se demais ao passado. Isto é, com base em experiências passadas desagradáveis, a pessoa forma equivalências de critério para relacionamentos, compromissos, casamento e para si mesma do seguinte tipo: os relacionamentos servem apenas para satisfazer. as próprias necessidades; um compromisso significa subordinar-se a outra pessoa; o casamento é apenas mais uma oportunidade de machucar-se; eu não sou uma pessoa de quem se possa gostar ou depender.

1 Ao mudar tais equivalências de critério, a primeira coisa a fazer é identificar contra-exemplos. Isto é, buscar na sua história pessoal (ou no próprio mundo) exemplos que sejam incompatíveis com as suas equivalências de critério indesejadas. A importância de encontrar e reconhecer os contra-exemplos é que eles permitem transformar a reação de omissão de uma equivalência de critério (''É assim que as coisas são'') na possibilidade de uma reação de escolha. Por exemplo, se você acredita que compromissos significam subordinar-se a outra pessoa, examine suas memórias e encontre ao menos um exemplo de uma época em que uma relação de compromisso lhe proporcionou total liberdade de expressão e satisfação. Se você é incapaz de encontrar um contra-exemplo nas suas próprias experiências, procure-o nas experiências de amigos e conhecidos, para que você possa saber ao menos que é *possível* ter uma relação compromissada sem sacrificar-se. Se você tem medo de comprometer-se em uma relação, dedique agora alguns minutos a identificar suas equivalências de critério indesejáveis. Uma vez identificadas, encontre contra-exemplos para cada uma delas.

2 Tendo-se afastado da reação de omissão da equivalência de critérios, você está agora em posição de examinar o que ocasionou esses fracassos da sua história pessoal. Pergunte a si mesmo: "De que modo o exemplo de uma experiência positiva (o contra-exemplo) é *diferente* da experiência ruim que eu tive?" Responder a esta pergunta o ajudará a descobrir as causas daquela experiência ruim. Uma vez descobertas, você pode utilizar essas informações para definir critérios e padrões de comportamento para o futuro que lhe garantirão não repetir o erro. As perguntas agora são: "Em que sou diferente agora?" e "O que estou fazendo ou o que farei para que o resultado desagradável de que me lembrei não ocorra outra vez?" Responda a estas perguntas antes de prosseguir.

3 O outro problema comum desta fase é assumir compromissos baseados em avaliações inadequadas. Um compromisso exige que os parceiros passem algum tempo juntos, por isso é neste momento que seus critérios de longo prazo tornam-se importantes. Agora é apropriado aplicar seus critérios de longo prazo (bem como os de curto prazo) às experiências acumuladas com seu amante, para determinar se é ou não provável que você consiga satisfazer esses critérios com esta pessoa em particular. Em outras palavras, é preciso determinar realisticamente o que existe e o que não existe, bem como o que é provável que exista e o que não é provável que exista. Antes de passar à próxima etapa, faça esta avaliação realista.

4 Ao fazer a avaliação, você provavelmente descobriu que há coincidências ou descompassos entre o que é importante para você e o que é importante para seu amante. As pessoas são diferentes demais para que fosse de outro modo. As pessoas geralmente prestam atenção somente às coincidências e ignoram os descompassos, mas, no final, estes irão quase sempre superar aqueles. É importante, então, que qualquer descompasso seja abordado ao menos de uma das três maneiras relacionadas no fim deste parágrafo. Além disso, se neste momento você está pensando em assumir um compromisso, ou se tem uma relação atualmente, seria útil identificar primeiro para si mesmo uma ou mais discrepâncias e então aplicar uma das seguintes maneiras de abordar tais descompassos:

■ Suponha que a discrepância *nunca* possa ser resolvida, isto é, que você jamais venha a ter condições de atender a um desejo ou necessidade nessa relação. Você ainda assim estaria contente e realizado? (Como no caso de Frances, a relação não deixa de ser gratificante pela impossibilidade de praticar esportes com o parceiro.)

■ É possível ajustar seu desejo/necessidade ao que está e com o que estava disponível na relação, e ao mesmo tempo satisfazer ao menos parte da sua intenção original? (O desejo de ter filhos pode transformar-se no desejo de cuidar de outras pessoas.)

■ Há maneiras de satisfazer seu desejo/necessidade fora da relação, sem arriscar a integridade do relacionamento? (Frances pratica esportes com outras pessoas fora do seu relacionamento com Ian.)

Qualquer discrepância que não possa ser resolvida ao menos de uma dessas três maneiras será inconciliável. Este desejo/satisfação não será satisfeito dentro nem fora da relação.

O fato de haver uma diferença inconciliável entre duas pessoas não significa necessariamente que a relação esteja condenada. Isto depende da importância do assunto que gera a discordância. Recordando Frances e Ian, a discrepância com que ela se deparou não tinha solução de nenhuma das maneiras enumeradas: (1) ela não seria feliz sem um filho; (2) cuidar de Ian como cuidaria da criança não era uma solução aceitável; e (3) trabalhar numa creche também não era uma solução aceitável. A enorme importância que Frances dava ao fato de ter um filho não lhe permitia ignorar a situação. Se as diferenças entre eles tivessem se concentrado em algo que fosse (para Frances) consideravelmente mais trivial, tal como a insistência de Ian em elaborados sistemas de segurança para a casa, o fato de Frances detestar esses sistemas e não conseguir controlar a raiva não acarretaria, provavelmente, o fim da relação. Poderia gerar tensão ou mau humor, mas seria algo que Frances poderia aceitar e suportar em nome do prazer de estar com Ian.

Ao assumir um compromisso, também é importante considerar a flexibilidade das suas equivalências de critério. É especialmente importante considerá-la depois que o compromisso foi assumido e vocês estão morando juntos, na fase de segurança. Jill sabia que Sam se importava com ela quando ele lhe telefonava durante o dia para saber como ela estava. Assim, quando ele não ligava, ela se sentia abandonada. Se você dispuser de apenas uma maneira de satisfazer um critério, *somente* será capaz de vivenciar a realização desse critério se os requisitos circunstanciais necessários forem atendidos. Contudo, o mundo é suficientemente complexo e caprichoso, e haverá ocasiões em que estes requisitos circunstanciais não serão atendidos. E aí?

É muito mais útil (bem como gratificante) ter muitos modos de satisfazer seus critérios. Obviamente, quanto mais maneiras você tiver de sentir-se amado, mais freqüentemente você terá essa experiência. Por exemplo, se você for mulher, poderia sentir-se amada quando ele liga para avisar que vai se atrasar; quando ele tranca a casa e apaga as luzes à noite; quando ele pergunta qual filme você gostaria de assistir; quando ele faz amor bem; quando ele diz não quando não quer realmente fazer amor; quando ele recusa oportunidades de trabalho que o afastariam de você por longos períodos; quando ele não flerta com outras mulheres; quando ele a desafia se for preciso; quando ele lhe conta a verdade mesmo quando ela não é o que você quer ouvir. Tudo isto (e muito mais) poderia servir como indicador de que você é amada. (Será melhor ainda se, em seu parceiro, esses comportamentos ocorrerem naturalmente, como subprodutos da sua personalidade.)

Neste sentido, é importante compreender que é muito provável que seu parceiro lhe comunique seu amor (respeito, preocupação, apreciação) de muitos modos que você não reconhece como exemplos desse amor. Para você, o fato de ele lhe perguntar que filme quer ver pode ser apenas uma cortesia, mas para seu amante pode ser uma expressão de amor.

5 Ao fim deste parágrafo, identifique alguma experiência (como divertir-se, ou sentir que o outro confia ou acredita em você) que você gosta muito de ter em relacionamentos íntimos, mas que não tem com tanta freqüência quanto gostaria. Então examine suas interações com seu parceiro e tente identificar modos pelos quais ele está realmente tentando lhe dar essa experiência, modos que você até agora não reconheceu. Uma vez que os tenha identificado, você pode, se quiser, perguntar-lhe diretamente qual é sua intenção ao fazer determinada coisa numa dada situação. (Alguns bons exemplos disto foram dados ao final da seção "Limiar".) Complete esta etapa antes de passar à próxima.

6 Feito isso, considere os critérios (padrões, assuntos importantes) que você com certeza quer ver satisfeitos na sua relação. Escolha três ou quatro desses critérios e, para cada um deles, pense ao menos em quatro maneiras (diferentes daquelas às quais está acostumado) que demonstrariam que seu parceiro atende a seus critérios. Faça o possível para escolher comportamentos existentes no seu parceiro. Lembre-se: quanto mais maneiras você tiver de atender a seus critérios, melhor será sua experiência contínua, e mais rico e seguro será o seu relacionamento. Antes de prosseguir, faça esta importante avaliação.

O que é importante para mim   **Como posso saber que o estou obtendo**

Um dos perigos potenciais da fase de segurança é a tendência a se habituar às coisas que se costumava apreciar no outro. Quando se passa simplesmente a esperar por aqueles comportamentos e reações que antes eram especiais, eles são dados como certos. Como dissemos, este é com freqüência o começo do fim da relação. Quando um comportamento é dado como certo, o que chama a atenção é sua *ausência*, e não sua presença. Isto o leva a acumular exemplos de ocasiões em que você não obtém o que esperava e queria, e, se este acúmulo alcança proporções críticas, ao limiar. Tanto para preservar sua relação quanto para manter aquela qualidade especial de apreciação, é importante evitar ser ninado pela expectativa e pelo hábito.

É possível que a melhor maneira de evitar a expectativa e o hábito numa relação seja estar consciente das relações de causa e efeito que possibilitam os estados de espírito e comportamentos seus e do seu amante, bem como a satisfação dos critérios de ambos. Por exemplo, suponha que você aprecie e valorize o fato de seu marido ajudá-la nas tarefas domésticas. Você talvez determine que a causa da sua ajuda é a experiência de fazer algo junto com você. Assim que você reconhece esta relação de causa e efeito, duas coisas acontecem. A primeira é que se torna muito mais difícil para você dar a ajuda dele como certa. Sua ajuda nas tarefas domésticas, como você agora reconhece, não é uma reação inerente a ele, mas é causada por certas condições, a saber, a percepção de que é um esforço conjunto.

A segunda coisa decorrente do reconhecimento da relação de causa e efeito é que se evita o acúmulo de frustrações e se passa a viver uma interação. Ao invés de observar passivamente se as coisas esperadas vêm ou (o que é mais comum) não vêm, o que caracteriza o acúmulo, você se torna um membro ativo de uma interação. É capaz de trazer para a experiência aqueles estados de espírito ou comportamentos que você e seu parceiro querem e valorizam. Por exemplo, quando você não leva em consideração a relação de causa e efeito, se pede a seu marido que tire as cortinas para serem lavadas e ele recusa, a reação comum é notar que ele parece não querer ajudar no serviço de casa como costumava, e o incidente é empilhado sobre exemplos anteriores e semelhantes que você está acumulando. Com a percepção de causa e efeito, entretanto, você indaga o que há no seu pedido e nesta situação em particular que o levou a não atender prontamente ao seu pedido. Se você sabe que a reação dele é determinada pela importância que ele dá ao trabalho de equipe, pode então abordar a situação de acordo com isso. Você poderia sugerir que tirassem as cortinas juntos, pedir-lhe para tirá-las como parte de uma faxina geral da qual você também participa, ou indicar que ao fazê-lo ele a liberaria para outras coisas que ambos reconhecem serem necessárias.

7 Agora é hora de você aplicar o que aprendeu sobre relações de causa e efeito à sua situação. Identifique algumas áreas da sua relação atual que sejam fontes de desapontamento, exemplos de comportamentos e reações, antes característicos do seu parceiro, que você apreciava, mas que ele parece não querer ou não poder mais ter. Por exemplo, durante o namoro, talvez seu amante fosse atencioso, generoso, preocupado ou prestativo, mas agora, meses ou anos depois, não apresenta mais essas qualidades e reações, e você sente falta delas. Você relacionará estas informações na próxima etapa, por isso identifique estas fontes de desapontamento antes de prosseguir.

8 Agora determine a causa dessa reação desejada, quando ela ocorria e o que fazia com que ela não ocorresse. Se você tiver dificuldade em descobrir a relação de causa e efeito, tente o seguinte: pegue a primeira dessas situações e recorde uma ocasião em que o seu parceiro teve de fato a reação que você aprecia e uma ocasião em que ele não teve essa reação. Comparando os dois incidentes, faça-se a pergunta: "O que permanece e o que é diferente entre esses dois exemplos?" Para verificar e aprimorar a relação de causa e efeito que você descobriu, cheque as diferenças que encontrar com outros exemplos. Você pode então usar estas informações para criar uma atmosfera apropriada para suscitar naturalmente os tipos de interações que você e seu parceiro querem e apreciam (como no exemplo das cortinas). Pegando um dos seus exemplos, descubra as causas envolvidas e então crie idéias de como interagir no futuro para suscitar as reações desejadas.

Há ainda um outro modo importante (embora geralmente subestimado) de descobrir a relação de causa e efeito subjacente aos tipos de interação que você aprecia: perguntar. Se uma relação ainda não ultrapassou o limiar, em geral os envolvidos têm a melhor das intenções. Entretanto, essas boas intenções nem sempre se concretizam no comportamento, e quando isto não ocorre, a maioria das pessoas ficaria muito feliz de ter uma oportunidade de consertar a situação. Assim, diga simplesmente a seu parceiro que você sempre gostou de uma determinada reação dele ou de um certo tipo de interação entre vocês e então pergunte-lhe o que o fazia ter aquela reação ou interação. Isto lhe dará a informação necessária para incluir essas reações e interações na sua experiência contínua.

Estando consciente da relação de causa e efeito entre as circunstâncias (que incluem em larga medida o seu comportamento) e a qualidade das suas interações com seu companheiro, você nunca dará como certo que estas interações simplesmente ocorrerão. E, quando não ocorrerem, você terá um modo de restabelecê-las, criando e recriando o ambiente no qual essas interações podem florescer. Há uma outra conseqüência adicional desta abordagem para a criação e manutenção dos relacionamentos — você nunca entrará na fase de acúmulo de desapontamentos que desemboca no limiar.

Limiar

Quando suas decepções se acumulam além de um certo nível crítico, ou quando uma decepção é tão dolorosa a ponto de arrasá-lo, você ultrapassa o limiar. Como já dissemos, ultrapassar o limiar o leva a acreditar que o outro intrinsecamente não lhe convém e a reavaliar o passado e o futuro à luz desta nova crença. Embora ultrapassar o limiar possa ter conseqüências úteis, como fazer com que uma mulher deixe o marido que a espanca, em geral não é bom para ninguém. Tudo o que esta ultrapassagem faz é lançar sobre outra pessoa uma luz infamante, geralmente ignorando as relações de causa e efeito que originalmente possibilitaram os episódios de incompreensão e desilusão. Sem estas informações, não há como garantir que você não repita os mesmos erros na próxima relação.

Não é difícil persuadir alguém a dar outra chance ao relacionamento, mas é algo inteiramente diferente intervir de modo a fazê-lo ver o parceiro sem opiniões preconcebidas. Leslie Cameron-Bandler e Michael Lebeau desenvolveram dois procedimentos para lidar com o fenômeno da ultrapassagem de limiar. O neutralizador de limiar é apropriado no caso de sua relação atual com seu parceiro (ou com qualquer pessoa com quem você tenha ultrapassado o limiar) acarretar muita desilusão, raiva, ódio, insatisfação, etc. A intenção do neutralizador de limiar é possibilitar-lhe permanecer separado de modo saudável (se você já estiver separado), ou começar a reavaliar realisticamente sua relação, se for esta a sua vontade. Uma reavaliação integral é o propósito do avaliador de relacionamento, cujo objetivo é motivá-lo a reengajar-se plenamente para fazer o relacionamento funcionar (embora em bases mais apropriadas), ou dar-lhe certeza de que sua decisão de separar-se está correta. O resto desta seção é dedicado a uma apresentação das etapas de ambos os procedimentos. Para uma apresentação mais detalhada, leia o livro de Leslie Cameron-Bandler, *Soluções: antídotos práticos para problemas sexuais e de relacionamento*[5].

Quando você está além do limiar, está associado às dolorosas lembranças relativas ao seu parceiro e dissociado dos prazeres passados. Você se lembra de ambos, mas as recordações dolorosas são muito mais reais e compelidoras. Além disso, sua dor e insatisfação estão associadas ao seu parceiro. A proposta do neutralizador de limiar é dupla: primeiro, separar a dor e a insatisfação do parceiro (sem negar que ocorreram); segundo, recuperar o acesso às lembranças agradáveis. Os passos para usar o neutralizador de limiar são os seguintes (vá com calma em cada um, passando ao próximo somente depois de tê-lo completado):

1 Estabeleça um ponto de partida para a sua experiência, imaginando um encontro inesperado com a pessoa com quem você ultrapassou o limiar. Preste muita atenção à sua reação, pois você usará esse mesmo encontro imaginário mais tarde como um teste. O sucesso será medido pelo grau mais positivo da reação.

2 Pense nas qualidades e características, grandes e pequenas, que fazem de você um ser único. Olhe para si mesmo através dos olhos de alguém que o ama (se você o ama, ou não, é irrelevante agora) e admire os atributos positivos que podem ser apreciados de um modo novo através dos olhos e da percepção de alguém que o ama. Utilize esta nova perspectiva das suas maravilhosas qualidades para facilitar o contato com sentimentos fortes de auto-estima. Agarre-se a estes sentimentos durante todo o processo que se segue. (A capacidade de se sentir bem consigo mesmo quando está com a outra pessoa faz com que você separe as sensações ruins dos demais aspectos da outra pessoa. Além disso, lhe dá uma maior opção de escolha quanto às suas reações quando está junto dela.)

3 Imagine a outra pessoa num quadro imóvel (isto é, como numa fotografia), do modo como a viu quando se conheceram. Enquanto olha para o quadro, não deixe de manter seus sentimentos de auto-estima. Quando puder olhar para a imagem da pessoa e manter seus sentimentos de auto-estima, veja-a separada de você, um indivíduo que viveu uma vida que não o incluía até aquele momento. Reconheça que ele ou ela é uma pessoa completa, separada e diferente de você, com suas próprias qualidades e características. Imagine-o(a) no futuro, vivendo num lugar diferente, com amigos e família estranhos a você. Então recorde as qualidades ou atributos que no início o atraíram para ele(a).

4 Depois disto, recorde um momento agradável vivido com essa pessoa. Recupere esta lembrança o mais integralmente possível, vendo o que você viu, ouvindo o que ouviu, com os cheiros e as sensações do momento, reconhecendo enquanto o faz que esta lembrança é sua, e que nada deve tirá-la de você.

5 Volte ao presente, trazendo consigo as sensações de auto-estima.

6 Imagine novamente um encontro com a outra pessoa. (Se você ainda estiver morando com ela, imagine um encontro-surpresa, para que sua reação ocorra numa situação diferente dos encontros rotineiros. Você poderia imaginar que um dos dois voltou cedo para casa, que se encontram numa loja ou qualquer outro encontro inesperado, não ritualizado.) De que maneira sua reação difere da primeira vez em que você se imaginou esbarrando nele(a) (na primeira etapa)? Você ainda está horrorizado, está encantado ou algo intermediário? (Se você ainda estiver horrorizado, volte à segunda etapa e refaça todo o processo, assegurando-se desta vez de manter o estado de auto-apreciação e aumentando seu senso de separação entre você e a outra pessoa (terceira etapa).)

A avaliação de relacionamento é um processo que ajuda um ou ambos os membros de um casal a identificar e avaliar seus critérios e comportamento num relacionamento. Propõe também que se avalie se cada um tem ou não seus desejos e necessidades preenchidos pelo outro. Dependendo do resultado da avaliação, você e seu parceiro chegarão à conclusão de que não servem mais um para o outro (o que lhes permitirá ter certeza de que a decisão de separar-se é adequada), ou se sentirão ambos motivados a reengajar-se positivamente, de modo que um satisfaça e seja satisfeito pelo outro.

É uma longa e variada seqüência de experiências delineada para ajudá-lo a avaliar necessidades e desejos e a estabelecer diretrizes específicas para alcançar e manter a realização num relacionamento. Você perceberá que o processo é extenso e que cada etapa levanta muito material para exame. Por isso, é recomendável diluir o processo por alguns dias, dando a si mesmo a oportunidade de explorar-se e ao seu relacionamento integralmente.

A avaliação de relacionamentos é apresentada como uma seqüência de perguntas/direções e pode ser usado conjuntamente por você e seu parceiro. (Se vocês não o usarem juntos, será preciso obter dele as respostas às três primeiras perguntas da seqüência.) Responda integralmente às perguntas e siga as direções; cada uma delas é importante para ajudar você e seu parceiro a avaliar seus desejos, necessidades e expectativas quanto a relações em geral e ao relacionamento de vocês em particular. Em seguida às seis primeiras perguntas, há exemplos de reações que poderão ajudá-lo a orientar cada questão.

1 O que você realmente quer de uma relação agora? Isto é, o que você quer agora, não necessariamente da relação existente, mas de uma relação ideal? (Por exemplo: companheirismo; um parceiro e um amigo; alguém em quem confie e que me apóie; alguém a quem eu não tenha sempre de entreter ou agradar, mas alguém que "vá à luta" comigo.)

2 De que modo isto difere daquilo que você queria no passado? Volte alguns anos no passado e, olhando com olhos mais jovens, veja o que você queria na época. O que o atraía, o que preenchia as necessidades que você tinha então? (Por exemplo: na época o que eu realmente queria era que cuidassem de mim — eu não acreditava em mim o suficiente para pensar que pudesse ser de outro modo. Além disso, queria que me entretivessem, estimulassem.)

3 Passando do passado para o presente e agora para o futuro, avance no tempo para descobrir quais os seus desejos e necessidades futuros que serão diferentes de agora. (Por exemplo: bem, é mais difícil saber ao certo, mas é muito parecido com o que quero agora, apenas mais profundo. Estou mais consciente de que quero afeto. Quero ter certeza de que haverá muito afeto. Engraçado, parece que isto será ainda mais importante no futuro do que agora.)

4 Quais os seus desejos e necessidades que seu parceiro satisfazia no passado e no presente? (Por exemplo: ele era divertido e tentava cuidar de mim.)

5 O que seu parceiro faz agora que o satisfaria no futuro? (Por exemplo: não tenho certeza. Bem, ele certamente adora as crianças.)

6 O que seu parceiro lhe deu no passado que não lhe ocorreria pedir? (Por exemplo: ele me desafiava, fazia-me acreditar mais em mim. Acho que quando ele me deixava muito só eu tinha que aprender mais sobre mim, sobre como tomar conta de mim.)

7 Faça uma avaliação completa de como estar com seu parceiro o fez crescer. A despeito de todas as suas experiências terem sido boas ou confortáveis, de que maneira você se sentiu compelido a ser mais do que queria ser (ou apreciava ser) devido às experiências que tiveram juntos? De que maneira seu passado juntos fará com que no futuro você seja mais como deseja ser, mesmo que vocês não fiquem juntos?

8 Agora que você fez um breve passeio ao futuro, gere alguns possíveis enredos futuros do seguinte modo: utilizando exemplos das qualidades e comportamentos existentes no seu parceiro — não suas possibilidades passadas ou futuras, avalie se ele(a) pode lhe dar o que você quer. Gere um possível enredo no futuro, verificando o que você está conseguindo para si mesmo dele(a). Compare esta situação a um enredo futuro baseado nos possíveis comportamentos e qualidades futuros do seu cônjuge. Você obtém mais do futuro baseado nas qualidades e comportamentos existentes do seu parceiro, ou daquele futuro baseado em possibilidades futuras?

9 Descreva alguns comportamentos do seu parceiro aos quais você se oponha vigorosamente. Examinando-os um de cada vez, determine o que teria que estar acontecendo dentro de você para que você gerasse o mesmo comportamento. (Assim, se você realmente odeia quando ele sai do quarto enquanto vocês estão discutindo, imagine você mesmo fazendo exatamente isso, saindo no meio de uma discussão. O que estaria acontecendo com você para que se sentisse compelido a fazer isso? É raiva, frustração ou ameaça que você sente? Quais são as possibilidades de que isso que está subjacente ao comportamento indesejável o torne compreensível — não necessariamente apreciável, ou mesmo aceitável, mas pelo menos compreensível?)

10 Enquanto revê cada uma das situações nas quais seu parceiro expressou tal comportamento, preste atenção aos fatores que o(a) levem a se expressar desta maneira, e imagine o que teria sido diferente se você tivesse reagido ou se comportado de outro modo. Experimente ter comportamentos diferentes para cada uma daquelas situações passadas e reconheça como poderia ter sido diferente se você tivesse reagido ao que seu parceiro sentia internamente, e não ao que ele(a) fazia externamente.

11 Olhando para estes exemplos de comportamento indesejável de uma outra perspectiva, perceba como cada um deles manifesta um atributo que, em outra situação, seria apreciado ou benéfico. Por exemplo: um marido ficava furioso com a mulher quando ela se atrasava, o que era freqüente. Entretanto, quando ele reconheceu que os atrasos dela eram uma conseqüência da atenção que ela dava às necessidades dos outros, recordou quantas vezes ela adiara, cancelara ou se atrasara para compromissos com outras pessoas para dar atenção a ele. Investigue se esses comportamentos indesejáveis de seu parceiro não são fruto de algum atributo apreciado e valorizado.

12 Enquanto você examina suas próprias qualidades que mais valoriza, e os modos como você manifesta essas qualidades em seu comportamento, volte a alguma horrível interação passada com seu cônjuge. Preste atenção a si mesmo e aos sentimentos existentes por trás do comportamento do seu parceiro. Perceba que você também não estava sendo tudo o que queria ou podia ser. Veja-se naquela situação. Escolha um dos seus atributos altamente valorizados que seriam úteis naquela situação e veja-se gerar formas diferentes de comportamento que reflitam esses atributos. Note como toda a interação se transforma quando você vivencia seus próprios atributos. Repita este processo com pelo menos outras duas péssimas interações passadas.

13 Agora, tendo acumulado alguns comportamentos novos e mais úteis para influenciar suas interações, leve-os para um dos futuros possíveis criados na etapa 8 e use-os. De que modo os acontecimentos mudam? Você consegue mais o que quer?

14 Sabendo que poderia ter feito o passado ser diferente e que pode mudar o presente e o futuro, você quer fazê-lo? Você quer realizar as mudanças necessárias para fazer com que estas interações ocorram de modo diferente? Vale a pena fazê-lo?

15 Se a resposta for sim, então veja-se tendo estes novos comportamentos e influenciando o curso dos acontecimentos no seu relacionamento. Enquanto o faz, sinta como é saber que sua atuação foi crucial para melhorar sua relação, tornando-a talvez até maravilhosa. Então, veja que seu parceiro reconhece seus atributos positivos e sinta esse apreço. Quando você terá uma próxima oportunidade de testar suas formas diferentes de comportamento para descobrir o quanto você pode influenciar a direção do seu relacionamento?

Se a resposta for não, então pergunte-se o que você tem a perder — quais os seus desejos e necessidades que ficarão insatisfeitos — se não tiver essa pessoa em sua vida. O que você poderia perder? Como você preencherá essas necessidades sem aquela pessoa?

Quando você ou seu parceiro ultrapassaram o limiar, a avaliação de relacionamento resolve problemas de duas maneiras. Uma possibilidade é que avaliando os seus critérios integralmente leve ambos à conclusão de que não são apropriados um para o outro (isto é, não há mais nenhuma possibilidade de satisfazer os desejos do outro porque ambos já não têm capacidade ou desejo de satisfazê-los). Neste caso, adquirem uma compreensão objetiva, que é a base para que cada um aprecie o que recebeu de bom um do outro, bem como para ter certeza da separação e confiança no futuro.

A segunda possibilidade é que o processo o faça recuperar sua flexibilidade de comportamento e sua atenção aos estados emocionais do seu parceiro. Além disso, agora tudo isso acontece à luz de uma compreensão mais explícita do que cada um quer e precisa, tanto no presente como no futuro. Nesse caso, cada um assume a responsabilidade por tornar a vida em comum a melhor possível, através da manifestação ativa dos seus melhores atributos e, ao mesmo tempo, reconhece e reage ativamente às qualidades valorizadas no outro. Assim, o mútuo conhecimento e a preocupação recíproca com a satisfação das necessidades e desejos do outro tornam-se um compromisso significativo para cada um e com o futuro comum.

Decidir continuar ou não um relacionamento é uma consideração importante. Se incluir os passos descritos acima em tal avaliação, você estará levando em consideração os critérios e as equivalências de critério apropriados para tomar essa decisão.

Seja qual for a sua decisão, ela aparecerá sob a forma de uma opinião, julgamento, objetivo, meta, desejo, etc. Você pode agora examinar esse desejo ou vontade com o formato relativo à passagem do desejar ao ter apresentado na seção "Como transformar o desejo em realidade", no capítulo 4. Ao fazer isto, você poderá avaliar, sob uma outra perspectiva, se vale a pena ou não empenhar-se nesse novo objetivo ou desejo. Se valer a pena, você desenvolverá os planos, as percepções e a flexibilidade de comportamento que lhe permitirão avançar confiantemente para o futuro, sabendo que dispõe do *know-how* necessário para fazer daquela possibilidade futura uma realidade presente.

10 Como Educar os Filhos

Provavelmente não existe um emprego mais importante, nem privilégio maior, do que ser pai e mãe. E tudo o que você precisa fazer para se capacitar é ter um filho. Repentinamente, a atemorizante responsabilidade de criar um ser humano está deitada em seus braços. A maneira como você cumprir esta responsabilidade pelos próximos dezoito anos determinará em parte (e, talvez, em grande parte) o caráter, as habilidades cognitivas e perceptivas e os valores que seu filho terá (ou não) ao longo de sua vida. E, é claro, à medida que os filhos crescem, também crescem nossa sociedade e nossa cultura. Apesar da importância do relacionamento entre pais e filhos durante a infância, poucas pessoas foram ensinadas a gerar os tipos de educação e relacionamentos mutuamente agradáveis que gostariam de ter com seus filhos. Vamos agora nos concentrar em algumas maneiras pelas quais esses relacionamentos podem ser fomentados, o que talvez faça deste capítulo o mais importante deste livro.

Crescendo com Seu Filho

Com certeza, uma das mais evidentes características da infância é a mudança. As crianças crescem, seus traços faciais e corporais mudam, sua habilidade de compreender e raciocinar se desenvolve, seu controle da linguagem e de inúmeras habilidades aumenta, e por aí afora. Em algumas pessoas, este desenvolvimento começa a se deter por volta dos vinte anos, mas pelo menos até essa idade as modificações ocorrem dia a dia. À medida que uma criança passa do berço aos primeiros passos, depois para a meninice ágil, para a puberdade, para a adolescência e então para o começo da vida adulta, seus desejos, necessidades e habilidades também crescem. Embora essas mudanças sejam conhecidas por todos na teoria, muitos de nós ainda negligenciam a reação adequada. Crescer com seu filho significa ajustar não apenas suas próprias expectativas, mas também suas interações com ele, de acordo com o mundo ainda em evolução dele, e não com outros padrões inadequados.

O décimo aniversário de Douglas estava se aproximando. Ele o aguardava com uma confusa mistura de esperança e desesperança. Pelo quinto ano seguido, ele ia pedir uma bicicleta à mãe, Tess. Naquela noite ele a encontrou sentada no sofá da sala, lendo. Douglas sentou-se na cadeira diante dela. "Mãe?" Ela olhou-o por sobre o livro, sorriu afetuosamente e estendeu os braços para ele. "Vem aqui, filhinho. Eu quase não vi você o dia inteiro." Douglas arrastou-se até a mãe e afundou ao lado dela no sofá. Tess envolveu-o num abraço carinhoso. "Mãe, sabe o que eu quero no meu aniversário?" "O quê?", ela perguntou. "Uma bicicleta." Ela puxou-o para mais perto de si. "Ah, benzinho, mas é tão perigoso. Eu não quero o meu filhinho pela rua." Douglas esperava por isto, mas mesmo assim seu coração ficou pequeno e pesado como chumbo. "Mas, mãe, eu vou tomar cuidado." "Cuidado? Como, se você é praticamente um bebê?" No dia seguinte, depois que a mãe o deixou na escola e saiu com o carro para longe de sua vista, Douglas, envergonhado, pediu emprestada mais uma vez a bicicleta de um amigo para dar uma volta em torno da escola.

Seja ou não seguro andar de bicicleta, aos dez anos de idade Douglas certamente não é "praticamente um bebê". O que também é verdade é que Tess persiste em reagir ao filho como ele era antigamente (um bebê, completamente desamparado, vulnerável e incompetente), e não como ele é (um menino de dez anos de idade, com olhos e ouvidos afiados, um invejável controle do corpo e dos sentidos, definitivamente concentrado em descobrir o que esse corpo e esses sentidos podem fazer). Neste caso, Tess não está atenta à experiência presente de seu filho de dez anos; ao contrário, usa as lembranças da época em que ele era bebê como a base sobre a qual avalia o fato de ele ter uma bicicleta. Além do mais, usa um critério (e as evidências para satisfazê-lo) que pertence ao tempo em que Douglas engatinhava, em vez de considerar a realidade atual.

Reagindo a partir de lembranças e critérios do passado (com suas associações obsoletas), Tess não observa o estágio presente de desenvolvimento de Douglas, sua competência e suas necessidades atuais. Isto é humilhante para ele e lhe rouba a percepção da evolução de sua competência. Possivelmente também é prejudicial para seu desenvolvimento futuro, já que, sendo visto como um bebê, são-lhe negadas oportunidades de ter experiências necessárias e úteis para sua evolução como um ser humano maduro.[1] O critério de segurança adotado por ela é do tipo que qualquer pai responsável prezaria, não importa que idade seu filho tenha. Mas a noção de segurança (isto é, a equivalência de critério para segurança) muda necessariamente à medida que a criança cresce. Para uma criança pequena, estar seguro com relação a facas implica não manuseá-las de jeito nenhum. Mas depois de algum tempo essa equiva-

186

lência de critério deve ser corrigida para incluir a utilização cautelosa de uma faca. Goste você disto ou não — reconheça isto ou não —, seu filho inevitavelmente mexerá em facas. Portanto, em benefício da sua segurança, é melhor que a criança seja ensinada a manuseá-las apropriadamente quando chegar o momento. E esta não é a única maneira através da qual tal reação não-apropriada pode ser gerada.

Harold gostava muito de ópera, um refinamento que queria que seu filho de sete anos, Joseph, compartilhasse. Harold pôs a cabeça para dentro do quarto de Joseph e disse: "Joseph, calce seus sapatos e vista o casaco. Vamos assistir a *A flauta mágica*!" Perdido na estranha forma que emergia da sua pilha de Legos, Joseph não percebeu a presença do pai e continuou montando as pequenas peças de plástico. Irritado, o tom de voz de Harold tornou-se ríspido: "Joseph!" O garoto olhou para o pai. "Você sabe muito bem como ignorar quando alguém fala com você. Agora calce seus sapatos e vista o casaco." O Lego teria que esperar.

No teatro, a poltrona quase o engolia. Ele não conseguia ver nada, a não ser ficando de joelhos, e então sentia cãibras nas pernas. Sempre que tentava se ajeitar, o pai murmurava: "Fique quieto e aproveite o espetáculo!" Joseph tentou. Os cenários eram bonitos, mas era difícil entender o que estava acontecendo, porque as pessoas no palco não falavam inglês. Ele queria ir ao banheiro, mas o pai disse: "Espere". Ele estava com fome, mas o pai disse: "Silêncio!" Ele estava com sede, mas o pai ameaçou-o com um sussurro irritado: "Se você não sossegar, nós vamos embora!". Joseph pensou naquilo por um momento e então perguntou se podia correr pelos corredores.

Embora aos sete anos de idade a criança não seja mais um bebê, também não é um adulto. Por isso, não é apropriado tratar uma criança como se ela tivesse a sofisticação, a biologia e os valores de um adulto. É maravilhoso que Harold queira mostrar ao filho as belezas e paixões da ópera, mas é desconsideração da parte dele ignorar a capacidade de Joseph de apreciar a beleza e a paixão, bem como as necessidades e predileções que ele tem aos sete anos de idade. Isto não quer dizer que Harold não devesse levar o filho à ópera. Significa que Harold deveria esperar que Joseph agisse como um menino de sete anos, o que em geral não inclui ficar sentado quieto durante três horas, interessar-se por uma forma artística que ele não compreende, passar longos períodos sem comer, beber, ir ao banheiro, e assim por diante. Ao invés de reagir a Joseph como ele é, Harold reagiu ao que ele será um dia (isto é, um adulto).

Não há nada de errado com os critérios de Harold. Seu erro é aplicá-los de acordo com equivalências de critério adequadas a um adulto, e não a uma criança de sete anos. Quando se tem sete anos, a atenção é manifestada em intervalos muito mais curtos do que acontece aos adultos. Para um menino de sete anos, sentar-se atentamente por meia hora sem o alívio de alguma distração é uma grande proeza. (De forma semelhante, conhecemos uma mãe que, quando a filha de seis anos lhe pediu que comprasse um vestido pelo qual havia se apaixonado, disse à menina que compraria o vestido se ela fosse boazinha o ano inteiro!) Com certeza você pode esperar que uma criança de sete anos ache os cenários da ópera bonitos e a música legal, mas é insensato esperar que ela se preocupe com a trama que se desenrola no palco, que ela ache a ária da Rainha da Noite especialmente comovente e bem-executada, e assim por diante. Em resumo, enquanto Tess não reage a Douglas no presente, mas sim ao que ele foi no passado, Harold não reage ao que Joseph é, mas ao que ele *será* (pelos menos na cabeça de Harold). Em suas interações com seus filhos, tanto Tess quanto Harold não possuem um *feedback* presente apropriado com relação às crianças, nem critérios que sejam atuais, práticos e justos.

Outro modo de expressar o desvio de Tess e Harold com relação a seus filhos é dizer que eles esperavam que as crianças correspondessem a certos padrões que normalmente são característicos de pessoas mais jovens ou mais velhas. Só porque o jovem Joseph não compartilha a idéia do pai do que significa demonstrar admiração, isto não quer dizer que ele não tenha idéia de que comportamentos ou experiências constituem a admiração. Assim como qualquer ser humano adulto, as crianças têm suas próprias equivalências de critério, características e pessoais, através das quais avaliam e reagem ao mundo.

Um exemplo é uma experiência de Leslie Cameron-Bandler com seu filho Mark. Quando ele tinha cerca de oito anos, Leslie não podia deixar de perceber que ele freqüentemente relutava (às vezes com temor manifesto) em encarar novas situações que envolvessem práticas físicas, apesar do vigoroso e firme encorajamento da mãe. Por exemplo, ele evitava as aulas de artes marciais, e aprender a nadar era uma perspectiva aterrorizante, apesar da garantia de Leslie: "Já o vi fazer coisas ótimas com seu corpo. Sei que você pode fazer e fará bem!" Numa dessas ocasiões, Leslie perguntou a Mark o que era, do seu ponto de vista, um sucesso e o que era um fracasso. A resposta de Mark foi que um sucesso era "fazer alguma coisa que você ou outra pessoa acha que você não pode fazer", e que um fracasso era "não fazer o que você ou outra pessoa acha que você pode fazer". Leslie percebeu que, dadas as equivalências de critério de Mark para sucesso ou fracasso, sua maneira de encorajá-lo estava inadvertidamente levando-o a fracassar. Dizer a Mark que sabia que ele poderia fazer algo criava imediatamente (na mente dele) a possibilidade gradual de fracassar, se por alguma razão ele não fosse capaz de fazê-lo. Isto é, ele não faria o que a mãe achava que ele podia fazer e, assim, fracassaria.

Portanto, Leslie ajustou seu comportamento de maneira a adequá-lo melhor à idéia de sucesso de Mark. Ao invés de reafirmar sua confiança de que ele poderia nadar toda a extensão da piscina, ela dizia: "Não sei até onde você pode nadar". Ou "É claro que não se pode esperar que você faça isto tão bem quanto antes; afinal, já faz algum tempo desde a última vez". Ou "Vamos tentar e descobrir quanto você lembra". Esses encorajamentos não transmitiam a Mark a idéia de que a mãe tinha expectativas quanto ao seu desempenho (e também sugeriam a ele que não devia ter nenhuma expectativa). Não sentindo mais o risco de um horrível fracasso, ele foi em frente e tentou, pois qualquer melhora era inesperada e, portanto, um sucesso. Uma vez que Leslie reajustou sua maneira de falar com Mark, de forma a levar em conta suas associações, a situação mudou radicalmente, e ele logo se descobriu mergulhando naquelas mesmas situações que anteriormente achava intimidantes. Leslie também interagiu com Mark de maneira a gerar cada vez mais formas flexíveis de satisfazer seu critério de sucesso (isto é, aprender, fazer o melhor que puder, divertir-se, e assim por diante). Pense nesta história:

> Uma noite, Maribeth estava na casa de uns amigos quando Kim, a filha deles, de três anos, surgiu do seu quarto agarrada ao cobertor. Quando os pais lhe perguntaram por que saíra da cama, ela confessou que estava amedrontada com os monstros no seu quarto. Os pais insistiram em que não havia tal coisa lá e ordenaram que ela voltasse para a cama. Kim voltou cinco minutos depois, ainda realmente aflita com os monstros. Os pais disseram que ela estava sendo boba e mandaram-na de volta para a cama. Então ela começou a chorar. Houve uma breve e barulhenta guerra de vontades, que só terminou quando o pai a pegou, colocou-a de volta na cama e deixou bem claro que era melhor que ela ficasse lá.
>
> Na manhã seguinte, Kim e Maribeth se encontraram longe dos outros. Kim perguntou humildemente a Maribeth se ela já tivera monstros no quarto. Maribeth respondeu que costumava ter, mas que tinha descoberto como livrar-se deles. Instantaneamente interessada, Kim perguntou o que ela tinha feito. Maribeth contou-lhe que descobrira que os monstros tinham medo de leite e cobertores. Assim, tão logo bebia seu leite eles se afastavam, e se um deles chegasse perto, tudo o que ela tinha que fazer era puxar o cobertor sobre a cabeça e eles iriam embora. Kim ficou encantada com esta informação e fez questão de beber um copo de leite antes de ir para a cama naquela noite. Posteriormente, Maribeth descobriu através de Kim que ela não tivera mais problemas com monstros em seu quarto.

Apesar de seus esforços bem-intencionados para desfazer a crença da filha em monstros, os pais de Kim reagiram como se ela fosse mais velha. Para muitas (talvez a maioria) das crianças de três anos, monstros noturnos são uma realidade. Mesmo que isto não fosse uma característica comum a crianças de sua idade, a realidade presente é que Kim acredita nesses monstros. Em vez de reagir a Kim como ela é, seus pais reagiram como se ela tivesse cinco anos (ou, talvez, como se fosse ainda mais velha). Seria igualmente inapropriado reagir ao medo que ela tinha de monstros como se ela ainda fosse um bebê, ninando-a e acalentando-a, murmurando e dizendo a ela que tudo ficaria bem. Kim precisava de mais do que isso e certamente era capaz de reagir em um nível mais alto.

Por outro lado, Maribeth reagiu a Kim respeitando o fato de que ela tinha três anos e estava enfrentando monstros em seu quarto durante a noite. Para começar, Maribeth aceitou que as experiências de Kim eram válidas. (A frase dos pais, "Não existem essas coisas", é, ainda que involuntariamente, equivalente a dizer "Você está doida".) Ao fazer isto, ela admitiu que Kim tem três anos, e não cinco, dez ou vinte. Maribeth então forneceu a Kim um modo de expulsar os monstros, o que é uma forma de admitir que Kim tem três anos, e não dois ou um, e que, como tal, é capaz de avaliar relações de causa e efeito.

O traço mais significativo do raciocínio de Maribeth é que ela faz avaliações no presente com respeito às experiências e capacidades atuais de Kim (talvez incluindo experiências geradas a partir de uma projeção vicária de como a experiência de Kim deve ser). O significado dessas avaliações e experiências, usadas como base de informações, é que elas orientaram Maribeth até Kim como ela é no presente. Obviamente, Maribeth pode escolher ignorar o presente de Kim e reagir levando em consideração o passado ou o futuro, mas pelo menos esta decisão será tomada levando-se em consideração e (espera-se) respeitando-se o presente.

Ao reagir a seus filhos como eles são, você garante que suas interações e reações estejam de acordo com as necessidades e capacidades deles.

Como assinalaremos na seção "Tenha prazer com seu filho", uma contínua percepção das necessidades, capacidades e atributos pessoais de seus filhos também lhe dará uma base para apreciá-los e divertir-se com eles.

Educando Seu Filho

Lucille conduzia seu carrinho de compras pelo corredor quando sua filha de cinco anos, Vivian, pulou logo atrás dela. Já que Vivian estava se sentindo mais velha hoje, ela queria tomar parte ativa nas compras. Ela cutucou a mãe e disse: "Posso pegar as coisas para você da prateleira, mãe?" Lucille estava ocupada examinando as prateleiras. "Posso?", ela perguntou mais uma vez, em tom queixoso. Passou-se bastante tempo até que Lucille resmungasse alguma coisa em resposta. Vivian tomou isto como um sim e começou a procurar as coisas de que precisavam. Deslizou pela seção de frutas e parou em frente a uma resplandecente pilha de maçãs arrumadas como se fossem bolas de canhão. "Nós precisamos de maçãs", ela decidiu e pegou a que estava mais próxima. Era uma das maçãs que estavam na base da pilha, e quando ela a puxou, uma barulhenta chuva de maçãs caiu sobre ela e o chão. Isto chamou a atenção de Lucille. Olhando para trás, Lucille encheu-se de desgosto e vergonha quando viu que os outros compradores riam e observavam Vivian, ou tentavam fingir que não a viam entre as maçãs. Lucille ficou carrancuda. Aproximou-se de Vivian e empurrou-a para longe das maçãs caídas. "Véja o que você fez!", ralhou. "Não posso levar você a parte alguma! Não posso confiar em você!" Quando Lucille começou a apanhar as frutas, Vivian começou a ajudá-la. "Não se mexa! Já fez muito estrago por hoje!" Quando começou a chorar, Vivian pensava como estava realmente sentida por ser uma encrenqueira.

Esta cena é comum num supermercado. (Fazer compras parece ser uma das situações em que os pais não vivenciam seus filhos como uma parte integrante daquilo que estão fazendo.) Não há dúvida de que Vivian criou confusão. Também não há dúvida de que Lucille tinha razão em aborrecer-se; afinal de contas, ela provavelmente teria que pôr a bagunça em ordem. Então, a reação de Lucille ao desmoronamento das maçãs foi apropriada?

A resposta depende de como você concebe o papel dos pais. Se você acha que é simplesmente controlar as crianças, então talvez a reação de Lucille seja correta. No entanto, se você considera que o papel dos pais é criar seus filhos, então a reação não foi apropriada. (Ao usar o termo "criar", estamos nos referindo ao apoio, ao treinamento e à educação dados a uma criança durante seus estágios de crescimento.) Recentemente uma mulher nos disse que seus filhos crescidos eram uma grande decepção para ela. Queixava-se de que seus lares e vidas eram completamente caóticos. Ela então recordou melancolicamente que crianças absolutamente comportadas eles tinham sido. "Sempre que íamos visitar amigos, eles ficavam sentados e não diziam uma palavra nem se mexiam até que eu lhes pedisse", ela disse, e suspirou com essa lembrança querida. (Depois que os filhos saíram de casa, ela passou a treinar cães.) Essa mulher educou seus filhos para se sentarem quietos, e o fato é que simplesmente não há muita demanda para essa habilidade no mundo externo. Esta é uma função que já está bem preenchida por móveis e pedras.

Nossa opinião é que o papel dos pais não é impedir que as crianças façam coisas, mas ensiná-las a fazer as coisas bem. Isto não quer dizer que as crianças podem fazer qualquer coisa. Abaixo de uma certa idade, as crianças devem ser mantidas fora da rua, de lugares altos, longe de facas afiadas e venenos, e assim por diante. Seu bem-estar físico deve ser protegido. Mas muitas vezes os pais deixam de perceber que até mesmo proteger o bem-estar físico de seus filhos implica ensiná-los a se comportar com segurança em situações perigosas. Ao invés disso, muitos pais simplesmente impedem que seus filhos enfrentem essas situações. No entanto, é inevitável que eles se envolvam em comportamentos e situações perigosas, e o modo como eles se sairão depende em larga medida da informação e do treinamento que receberam. Dizer aos filhos que não enfiem nada nas tomadas e que não toquem nelas ou em fios de eletricidade não os ensina a ligar ou desligar com segurança um aparelho elétrico. E, goste-se disto ou não, eles o farão. E porque são inerentemente curiosos e sabem que você não quer que eles façam essas coisas, provavelmente as farão quando você não estiver por perto para instruí-los (ou para chamar o médico).

É claro que isso não significa que você deva ensinar uma criança de um ano a atravessar a rua com segurança ou manusear tomadas elétricas. A criança tem que estar em um estágio de desenvolvimento (tanto físico quanto mental) que a torne capaz de entender e seguir suas instruções. Os problemas acontecem quando a criança já atingiu este estágio de desenvolvimento e você ainda não lhe proporcionou a oportunidade de aprender. Isto inclui não apenas situações perigosas, mas quase todas as situações. Por exemplo, no caso de Lucille e Vivian, a menina tinha alcançado um estágio de desenvolvimento no qual queria começar a ajudar a mãe nas compras e já era alta o bastante para realmente fazer algumas coisas. Qual foi o resultado de seu aprendizado naquele dia de compras? O fato de as maçãs terem caído significa que ela não aprendera que é preciso pegá-las a partir do topo da pilha. Freqüentemente os adultos se baseiam em sua própria lógica e sofisticação e não percebem que seus filhos podem não extrair de uma experiência o mesmo sentido que um adulto lhe daria. Talvez tudo o que Vivian tenha aprendido foi a não tocar em maçãs. Este é um aprendizado inútil. O que ela precisava aprender com a mãe era o que faz as maçãs caírem e como pegá-las corretamente. A outra coisa que Vivian aprendeu foi que ela era uma encrenqueira. E isto não lhe exigiu nenhuma imaginação — a mãe lhe disse isso claramente.

Se Lucille não está atenta a como educar a filha num supermercado, então ao que está atenta? Lucille (segundo descobrimos quando a entrevistamos) reagia à situação do presente levando em consideração critérios tais como decoro, eficiência e controle. Apropriados ou não, tais critérios com certeza estão destinados a serem violados durante um passeio na companhia de uma criança de cinco anos. Com tais critérios e uma ênfase opressiva no presente, Lucille olha à sua volta e vê que a filha (uma extensão dela mesma) está fazendo uma cena, comprometendo seu tempo e causando-lhe problemas, e está fora do seu controle. E assim descobre que a situação viola completamente seus critérios do presente. Se seu critério tivesse sido achar graça, obviamente ela teria reagido de maneira muito diferente ao incidente.

Além de avaliações e critérios impróprios (no que diz respeito a uma oportunidade de educar a criança), Lucille também demonstra falta de opção de reações (reação de omissão) e fica imaginando o que as outras pessoas pensam dela por causa da falta de decoro, eficiência e controle da filha. É nessa projeção vicária e imediata das opiniões e reações dos outros que se fundamenta o embaraço de Lucille diante da confusão causada pela filha. Sua reação subseqüente, de gritar com Vivian e castigá-la, equivale a infligir uma punição (isto é, uma punição sob forma de dor física ou emocional, perda ou confinamento) pelo mau comportamento.

Todavia, a reação de punir pode surgir não apenas do presente. Por exemplo, ao ver a filha jogar ao chão uma grande quantidade de maçãs, a mãe pode associar o erro a outras transgressões cometidas anteriormente pela criança. Então talvez reaja como se o incidente presente fosse mais um exemplo da desobediência, negligência, ou seja lá o que for, da criança.

O aspecto propulsor desse tipo de experiência vem do passado. Obviamente, derrubar as maçãs, deixar o pijama no chão ou usar a maquiagem da mãe são transgressões diferentes. Entretanto, se todos esses atos são agrupados em um só tipo, então esses maus comportamentos serão todos percebidos como exemplos da mesma coisa: desobediência ou negligência, e a reação será a mesma. Agir a partir de processos internos baseados num grupo de transgressões passadas torna muito fácil atingir rapidamente os limites da paciência, pois qualquer um ou todos os maus comportamentos e desastres vão se juntar ao mesmo grupo de experiências. E quando houver um número excessivo dessas experiências, o menor passo em falso por parte da criança trará à tona acessos repentinos de raiva punitiva e frustração.

Outra reação comum ao ver a queda das maçãs é, por exemplo, imaginar para a criança um futuro de delinqüente fora de controle em conseqüência da falta de disciplina agora. Freqüentemente, a reação a essa possibilidade futura é punir a criança a fim de ensiná-la a pensar nesse futuro terrível, e assim evitá-lo.

Neste caso, as avaliações que originam o comportamento são do futuro, mas têm uma natureza particular: são em larga medida descrições generalizadas (um delinqüente fora de controle). As avaliações são feitas como se o que se imaginou fosse acontecer caso esse comportamento continue. O efeito de tais avaliações do futuro (que tornam este futuro indesejado completamente real) é criar nos pais o estado emocional que eles teriam se o futuro tivesse acontecido, o que por sua vez cria uma forte necessidade de reagir pronta e decisivamente. Mais uma vez, o resultado é comumente alguma punição para impedir que a criança venha a repetir a transgressão.

Embora as três avaliações descritas acima contem com estruturas diferentes de tempo (passado, presente e futuro), todas têm o mesmo resultado no que concerne à criança. Isto é, ela (talvez) esteja informada sobre o que não fazer, mas não está informada, ou não foi orientada, sobre o comportamento que deve ter. Em outras palavras, esses raciocínios resultam em punição, e não em educação. Quando falamos em educação, estamos nos referindo a uma interação que auxilia a criança a adquirir competência numa área em particular, seja ela social, pessoal, acadêmica, física ou comportamental. Observem agora um exemplo de educação:

> Alex e seu pai, Paul, deixaram a loja. Enquanto atravessavam o estacionamento, Paul notou algo na mão de Alex, que tinha cinco anos. Quando perguntou a Alex o que era aquilo, o menino mostrou orgulhosamente o lápis colorido que estava segurando. Paul acocorou-se à frente de Alex e perguntou onde ele tinha pego aquilo. "Na loja", admitiu Alex. Paul explicou-lhe que o lápis pertencia aos donos da loja e que pegá-lo sem permissão ou sem pagamento era roubo. E perguntou ao filho o que ele achava que deviam fazer. Alex não soube responder; então Paul sugeriu que voltassem à loja e devolvessem o lápis. Paul explicou a situação enquanto Alex estendia o lápis para o caixa. Uma semana depois, Paul e Alex saíam de outra loja quando do Alex arrastou o pai até uma parada e acanhadamente abriu a mão. Estava segurando um objeto em forma de coração. Quando Paul lhe perguntou de onde aquilo viera, Alex respondeu: "Da loja". "Lembra de como isto é chamado?", perguntou Paul. Alex acenou com a cabeça: "Roubo. É melhor eu devolver". Paul esperou na porta, enquanto Alex voltava e recolocava o coração no lugar onde o encontrara.

O que chama a atenção neste exemplo é que, frente ao fato de que o filho roubou alguma coisa, em vez de ficar com raiva ou aborrecido, gritar, repreender, espancar ou punir Alex por causa de um óbvio mau comportamento, Paul reagiu dando ao filho a informação e a experiência que ele precisava a fim de fazer escolhas mais apropriadas no futuro. Que isto funcionou ficou evidente na ocasião seguinte, quando ele pôde testar o conhecimento recentemente adquirido por Alex. Quando perguntamos a Paul o que se passou dentro dele quando viu o que Alex tinha feito, ele respondeu: "Bom, eu sabia que não queria que ele roubasse, então comecei a pensar no que poderia fazer para ensiná-lo a não roubar. Fazê-lo devolver o objeto roubado me pareceu uma boa idéia". Tanto no que Paul fez quanto na sua descrição do que pensou naquele momento, é evidente que ele estava raciocinando com base em avaliações de futuros reais e propulsores sobre como ajudar Alex a aprender. Em outras palavras, em vez de tentar levar Alex a evitar o erro, Paul ensinou-o a fazer a coisa certa.

Assim como aquela mãe que entrevia um futuro horrível para a filha, o que a levou a puni-la a fim de evitá-lo, Paul faz avaliações baseado em relacionamentos de causa e efeito entre presente e futuro. A diferença é que Paul usa suas avaliações sobre o futuro para criar para Alex uma experiência que levará ao objetivo que ele (e talvez ambos) deseja. Esta diferença de orientação e flexibilidade nasce de sua percepção do futuro através da pressuposição de escolha; de sua habilidade em variar a extensão e o alcance do que está sendo considerado; e do critério de *aprender*, que dá o tom das possibilidades que ele considerará.

Não estamos querendo dizer com este único exemplo que educação equivale a interações indolores, ou que punição é o mesmo que interações dolorosas. O que é importante, em nossa opinião, não é se a criança sofre dor e aflição, mas se a dor e aflição pretendem lhe dar uma experiência do que não fazer (punição), ou do que fazer (educação). Preste atenção ao exemplo que se segue, extraído das experiências educacionais do dr. Milton H. Erickson, talvez o psicoterapeuta mais eficaz que a profissão já conheceu:

"Meu filho, Robert, anunciou uma noite que já estava bastante crescido e forte para levar o lixo para fora. Expressei minhas dúvidas, mas ele assegurou-me que era bastante grande e forte. Eu disse que ele podia esquecer, e ele assegurou-me que não esqueceria. Eu disse: 'Está bem, a partir de segunda-feira você pode fazer isto'. Então ele levou o lixo para fora na noite de segunda-feira,.na noite de terça-feira, e na noite de quarta-feira ele esqueceu. Então lembrei-o na quinta-feira. Ele pediu desculpas pela quarta-feira; levou o lixo para fora na quinta à noite, mas esqueceu na sexta e no sábado. Aconteceu que acordei às três horas da madrugada de sábado. Eu tinha sido muito bom com Robert: deixei-o ficar acordado até depois de uma hora da madrugada. Mas acordei às três horas. Despertei Robert, desculpei-me prodigamente por não tê-lo lembrado de levar o lixo para fora e perguntei se ele faria o favor de se vestir e levar o lixo. Não sei o que Robert pensou, mas ele suspirou profundamente, vestiu-se e levou o lixo para fora. Quando ele voltou, tirou as roupas, vestiu o pijama e voltou para a cama. Esperei que ele mergulhasse no sono e então despertei-o de novo. Desculpei-me com muita sinceridade, muito prodigamente, mas expliquei a ele que uma parte do lixo tinha sido esquecida. Robert fez uma busca mais extensa e minuciosa na cozinha, levou o resto do lixo para fora e então caminhou lentamente de volta. Eu observava através da janela com a cortina cerrada. Ele chegou ao alpendre, voltou-se, correu pela aléia e conferiu se a lata de lixo estava fechada. Entrou e despiu-se pensativamente, depois vestiu o pijama. Nunca mais tive que lembrá-lo."[2]

Em contraste com o exemplo de Paul e Alex, Erickson proporcionou ao filho uma experiência inegavelmente desagradável. No entanto, os exemplos são parecidos, pois ambos orientaram seus filhos sobre o que fazer, em vez de simplesmente puni-los pelo que foi feito. Liz, uma colega nossa, estava tendo problemas com a filha de dois anos e meio, que beliscava, mordia e batia no irmão de dez meses. A garotinha recebeu repetidas explicações de que não devia fazer aquilo, mas elas não tiveram efeito. Uma manhã, Liz estava sentada perto das duas crianças quando observou que a menininha inclinou-se sobre o irmão e mordeu-o. Antes que o menino tivesse até mesmo registrado a mordida a ponto de começar a chorar, Liz curvou-se e mordeu a filha. A princípio a menina ficou surpresa, depois juntou-se ao irmão num grande choro. O que Liz fez foi dar à filha uma experiência propulsora e quase simultânea da experiência do irmão. O resultado foi que a irmã parou de machucar indiscriminadamente o irmão.

Você pode não concordar com alguma ou com todas essas lições, ou com a maneira pelas quais os pais chegaram a esses objetivos em cada um dos três exemplos descritos acima. O que ensinar aos filhos, e como ensiná-los, é um problema particular. A decisão cabe a você e a seu companheiro. No entanto, o que se deve notar nesses exemplos é que os pais proporcionaram às crianças uma experiência de aprendizagem que lhes daria a oportunidade de aprender o que fazer, em vez de simplesmente puni-los por terem feito o que não deviam. A mordida que Liz deu na filha não foi ditada pelo rancor, nem foi uma espécie de revide. Ao contrário, aconteceu quase simultaneamente à mordida que a menina deu no irmão, proporcionando-lhe uma representação imediata em um *feedback* de suas ações do ponto de vista do menino — algo que ela não fora capaz de compreender antes. Neste caso, o tempo foi crucial. Se Liz tivesse esperado que o menino reagisse e caísse no choro, provavelmente teria feito com que a filha associasse a mordida a uma *punição* por ter criado aquela evidente aflição no irmão.

Observamos que a intervenção de Liz aconteceu sem rancor, e isto também é verdade nos outros dois exemplos. A esse respeito, devemos dizer que a forma que essa punição freqüentemente assume é a de um ataque à criança como pessoa e ao conceito que ela faz de si mesma. Levada pela raiva, Lucille dá a Vivian a imagem de uma pessoa indigna de confiança e encrenqueira e é um exemplo desse tipo de identificação entre o autoconceito e o comportamento. Há uma enorme diferença entre dizer a uma criança que ela cometeu um erro, ou mesmo que ela fez alguma coisa má, e dizer-lhe que ela é indigna de confiança, ou que ela é má. A abordagem anterior lhe mostra que ela tem coisas a aprender e talvez a mudar em si mesma, mas deixa intactos seu autoconceito e sua integridade. A abordagem posterior, por outro lado, transforma suas falhas e sua ignorância em censuras ou demonstrações de que ela é uma pessoa deficiente e inadequada.

A diferença entre as duas formas de comunicação pode surpreendê-lo pela sutileza, mas seus efeitos são profundamente diferentes. Como um exemplo, recorde, entre suas experiências passadas de educação, algum incidente no qual você reagiu a seus filhos de uma maneira que o envergonhe ou de que se tenha arrependido. Talvez você tenha gritado ou dado palmadas em seus filhos quando eles não mereciam realmente esse tratamento rude. Ou talvez você os tenha magoado profundamente e talvez até mesmo ameaçado seu relacionamento com eles. Encontre essa ocasião, seja ela qual for, em que seu comportamento como pai não foi o que deveria ter sido.

Recordando agora este incidente, considere:

> Como você pôde ser tão imprudente? Tão insensível? Tão inconsciente? Que tipo de pessoa é você? Com certeza esse não é o tipo de coisa que os bons pais fazem, e se você sabe o que é bom para você e para seu filho, é melhor nunca mais fazer isto de novo.

Esses pensamentos são semelhantes às observações rancorosas e punitivas freqüentemente usadas em reação aos maus comportamentos e erros das crianças. Compare os sentimentos agressivos com que você reagiu a essas observações com os sentimentos que o parágrafo seguinte lhe provoca:

> Sua reação ao seu filho nesse incidente provavelmente não foi a que você queria. Qual deveria ter sido a sua reação? Como pode mudar sua perspectiva sobre o que seu filho fez e sobre a situação, para que da próxima vez, numa situação semelhante, possa reagir da maneira que quer reagir (e ser a pessoa que você quer ser)?

Provavelmente você percebeu que esta segunda reação ao seu mau comportamento ou ao seu erro como pai é muito mais adequada aos seus sentimentos de autovalorização e autoconceito e muito mais útil como orientação de aprendizados úteis futuros. De modo semelhante, manter o comportamento separado da autovalorização ensina a criança a reagir aos erros como algo capaz de prevenir repetições futuras. Ela não se sente oprimida ou amedrontada diante de suas falhas, ou insegura quanto à sua competência naquela situação em particular. Condicionar o comportamento à autovalorização, por outro lado, gera sentimentos duradouros de inadequação, bem como o medo de comprometer-se em situações que lhe deram uma ampla demonstração de sua incapacidade inerente.

Queremos reiterar que uma educação adequada ao desenvolvimento de uma criança não impede nem despreza reações desagradáveis tais como raiva, mágoa e desapontamento, ou comportamentos tais como palmadas e castigos. Em nossa experiência, tais reações estão dentro das fronteiras da educação, *desde que* sejam expressas com a intenção de dar às crianças informações e experiências capazes de ajudá-las a adquirir competência numa situação em particular; e que tudo isto seja feito de maneira a respeitar, e até mesmo apoiar, a individualidade da criança ("Eu sou uma pessoa confiável", em oposição a "Eu não sou uma pessoa confiável") e sua autovalorização ("Eu sou bom", em oposição a "Eu sou mau").

O processo interno que consideramos adequado leva naturalmente a ambos os resultados que acabamos de descrever. Em primeiro lugar, você é naturalmente levado a considerar o que é necessário para capacitar seus filhos a atingir resultados que você e eles querem. Isto baseia-se em processos internos que levam em consideração o futuro bem-estar, o critério de aprendizagem, a escolha de reações, a flexibilidade de considerar uma ampla gama de objetivos (objetivos de diferentes níveis de especificidade) e as relações de causa e efeito entre presente e futuro (isto é, os comportamentos presentes que produzem todos os resultados futuros importantes). Em segundo lugar, esses processos internos informam o que fazer, em vez de detectar o que está errado (como no caso das três reações inadequadas que descrevemos). Isto coloca a situação no campo apropriado do comportamento e a tira do âmbito da fraqueza e do fracasso inerentes. Em outras palavras, a questão não é mais ser um bom ou mau garoto, ou uma garota confiável ou não confiável, mas determinar que tipos de experiências têm probabilidade de levar a criança a adquirir habilidades apropriadas no campo social, pessoal, acadêmico e físico.[3]

Tenha Prazer com Seus Filhos

Como observamos no começo deste capítulo, mudança e crescimento são duas das características mais específicas da infância. Proteger a criança do perigo, estimular o constante desenvolvimento de suas emoções, de seu corpo e seu intelecto, prover conveniente e constantemente suas necessidades de alimentação, roupas, livros e uniformes e ainda manter-se atento a essas mudanças é um trabalho de tempo integral para a maioria dos pais. Qual é a recompensa pelos nossos vinte e um anos (no mínimo) de esforços? Bem, há muitas. Embora alguns pais encarem o crescimento de seus filhos como mero desempenho de um dever, para outros existe a satisfação de ver os filhos se desligarem sem perigo em busca de sua independência. Para outros, os filhos dão um sentido à vida, ou um senso de imortalidade. Para muitos pais, a maneira como os filhos se destacam na escola, em namoros, no casamento e no trabalho reflete diretamente seus sentimentos de realização e autovalorização. Infelizmente, muitas das recompensas proporcionadas pela criação dos filhos que acabamos de listar só são desfrutadas depois de muito tempo (formatura, casamento, primeiro emprego, maioridade, e assim por diante). Pete Seeger, o cantor *folk*, tem uma visão diferente. Diz que os pais "fazem isso pela maior das recompensas — beijos!" A virtude dessa recompensa é que os beijos são algo que você pode aproveitar todos os dias desses vinte e um anos (e outros mais).

"Olha, papai! Escrevi meu nome!" Susan ergueu orgulhosamente o pedaço de papel. Mel, o pai, estava ansioso para que Susan aprendesse a escrever. Esperava que ela estivesse muito mais adiantada do que parecia estar; portanto, foi com a sensação de um grande acontecimento que ele pegou a folha de papel e examinou o que a filha de cinco anos tinha feito: ZUZAN. Mel não pôde evitar — ele estava decepcionado. Certamente ela podia ter feito melhor. "Quando é que você vai aprender a escrever as letras corretamente?", ele quis saber. Devolveu o papel para Susan e afastou-se.

Mel queria desfrutar do triunfo da filha. No entanto, em vez de reagir ao progresso que ela fez, reagiu ao progresso que queria que ela tivesse. Isto é, ele compara a habilidade de escrever que ela tem no presente com as noções de qual poderia ou deveria ser essa habilidade. Ele faz avaliações do presente, mas elas estão relacionadas às futuras possibilidades/probabilidades que Susan ainda não atingiu. Como ele sobrepõe essas possibilidades futuras ao presente, é lógico que fique desapontado. O resultado da expectativa dele de que o futuro aconteça no presente é para Susan uma desvalorização da sua realização e, para Mel, uma oportunidade perdida de juntar-se a ela no prazer dessa realização.

Além de se basear em possibilidades futuras que espera que aconteçam no presente, o tipo de reação de Mel também envolve avaliações baseadas num nível de especificidade e detalhamento relativamente alto. Esta é a diferença, por exemplo, entre pensar em progresso como escrever corretamente, ou melhorar a escrita. Ambos podem ser percebidos como indicações de progresso, mas escrever corretamente é muito mais específico do que melhorar a escrita e, portanto, não é tão facilmente satisfatório. O comportamento de Susan que satisfará essa representação detalhada e específica de progresso (isto é, correção) tem um alcance muito limitado, ao passo que a melhora, sendo mais genérica, *daria a ela maiores* possibilidades de demonstrar progressivamente sua competência e, a Mel, muitas outras oportunidades de desfrutar da realização da criança.

Se ele tivesse avaliado a realização presente de Susan à luz do *passado*, em lugar do futuro, a troca entre Mel e a filha poderia ter sido um desses momentos de satisfação e prazer. Escrever o próprio nome era algo que Susan nunca fizera antes. Comparar o que ela pode fazer agora ao que ela era capaz de fazer ontem revela um progresso que Mel pode desfrutar. Comparado aos rabiscos feitos no ano passado, as letras invertidas de hoje são emocionantes e surpreendentes.

Uma professora teve uma reação completamente diferente. Ela nos contou que uma mãe a procurou para uma consulta sobre sua filha de cinco anos. Depois de ouvir por dez minutos a queixa da mulher — na presença da menininha —, que dizia que a filha não estava alcançando o nível que a mãe pensava que ela deveria atingir, a professora se aborreceu. Interrompeu o discurso e disse: "Nos últimos cinco anos, sua filha aprendeu a andar, correr, pular, amarrar os sapatos, desenhar, pintar, colorir, construir coisas, conviver com outras pessoas, brigar e fazer as pazes, alimentar-se e vestir-se, usar o banheiro, andar de bicicleta, contar, pensar em termos abstratos, aprender rudimentos de lógica, reconhecer números e letras do alfabeto, ler muitas palavras e falar fluentemente uma língua. Agora, o que *você* aprendeu nos últimos cinco anos?''

O contraste óbvio entre esta professora e Mel é que, embora ambos façam avaliações do presente em relação ao progresso (avaliações sobre o que uma criança é capaz de fazer), a professora toma como referência o passado, enquanto as avaliações de Mel são feitas com referência ao futuro. A única diferença significativa é que a professora é capaz de variar a gama e o grau de especificidade das experiências usadas para satisfazer seus critérios (por exemplo, pensar em termos abstratos, reconhecer números), o que lhe possibilita reagir às variadas realizações de sua aluna como exemplos de progresso e é uma fonte de prazer para ambas.

No entanto, perceber o progresso dos filhos não é o único meio de ter prazer com eles.

Aos dezessete anos, David sentia-se confiante e responsável por si mesmo. Na verdade, ele se sentia assim há alguns anos, mas, com a formatura escolar e sua iminente ida para a universidade, esses sentimentos tornaram-se particularmente fortes. David estava começando a subir as escadas para seu quarto quando o pai, Ned, o interrompeu. Em seu íntimo, David gemeu. Já tinha passado por aquilo antes e sabia o que estava por vir. O pai voltou ao mesmo assunto, de que David estava cometendo um erro quanto à universidade que tinha escolhido. David transigiu por alguns minutos. Então, subitamente, chegou ao limite. Gritou furiosamente com o pai: ''Isso não é da sua conta!'' e correu escada acima. Antes que tivesse chegado ao quarto, a enormidade do que tinha acabado de fazer já pesava em seu estômago como uma bola de canhão. Ele nunca falara com o pai daquela maneira. Esperou pela batida na porta, mas ela não aconteceu. No dia seguinte, Ned cumprimentou-o alegremente. Cauteloso, David esperou que a lâmina caísse sobre sua cabeça, mas isto não aconteceu, e o pai nunca mais tocou no assunto.

Anos depois, David recordou o incidente e perguntou ao pai se ele não tinha ficado danado com aquela resposta. ''Danado?'', ele respondeu. ''Não, fiquei orgulhoso de você.'' David estranhou a resposta: ''Você disse 'orgulhoso'?'' ''Claro'', continuou Ned. ''Eu estava pensando quando é que você iria finalmente me enfrentar. No momento em que o fez, eu soube que você se responsabilizaria por suas decisões dali por diante''.

É provável que Ned não estivesse mais ansioso do que qualquer pessoa para ouvir um "Isto não é da sua conta!" Conseqüentemente, se ele tivesse reagido à imprecação levando em consideração apenas o presente, provavelmente teria se sentido ofendido e retaliaria de alguma maneira. Em vez disso, levou o presente ao futuro, onde pôde ver o desafio do filho como precursor de sua independência crescente — uma qualidade que Ned julga necessária para o filho futuramente. Por este motivo, ao invés de sentir-se magoado, Ned sente-se orgulhoso e esperançoso quanto à habilidade futura do filho de manter-se sobre seus próprios pés.

A reação de Ned demonstra um ponto a que nos referimos anteriormente: especificar com maiores ou menores detalhes a maneira como um critério pode ser satisfeito traz resultados muito diferentes. Ao especificar em rígidos detalhes como seus critérios deveriam ser satisfeitos, Mel restringiu seriamente o número de comportamentos capazes de satisfazer suas equivalências de critério. Por exemplo, partindo de uma especificação detalhada e inflexível, a equivalência de critério de Mel para *independência* poderia ser: possuir seu próprio carro, sua própria casa, casar-se e sustentar a família, ou ter um trabalho seguro e bem-remunerado. (De fato, temos encontrado indivíduos que estreitaram ainda mais esse detalhamento, especificando a marca do carro, o tipo de casa, de cônjuge e de trabalho.) Baseado em tais detalhes altamente especificados, Mel teria que esperar a satisfação de cada uma dessas condições para poder desfrutar da independência de seu filho ou filha.

Por outro lado, quando se opera num nível mais geral e flexível, como Ned, buscam-se evidências que estejam mais relacionadas com ser responsável por si mesmo. A gama de situações e comportamentos que podem servir de exemplos de independência é enorme e inclui até mesmo experiências que de outro modo seriam desagradáveis, tais como ouvir imprecações e ser ignorado pelo filho.

Há um outro beijo que está disponível diariamente para todos os pais, mas que ainda assim é geralmente ignorado. É a satisfação de compartilhar a realidade do filho. Obviamente, seu filho tem um mundo diferente do seu, um mundo que evolui a cada estágio do seu desenvolvimento. Essas realidades eram as suas muitos anos atrás, quando você estava crescendo. Talvez elas não lhe pareçam apropriadas agora, num mundo adulto, mas, pelo alívio e pela possibilidade de novas perspectivas que oferecem, essas realidades mais jovens (agora um tanto estranhas) merecem ser exploradas e apreciadas. Naquela casa de bonecas, naquele jogo de armar, no ato de escalar uma árvore, na luva de beisebol, nas roupas, no rock, nos namoros e nos carros barulhentos estão maneiras de perceber o mundo que podem ser agradáveis em si mesmas e que, em contraste com seu próprio mundo, podem revelar a você perspectivas novas, interessantes e revitalizadoras.

Como Trazer Tudo para Casa

Nesta seção, vamos guiá-lo através do procedimento EMPRINT para cada uma das três áreas da educação parental anteriormente discutidas: crescer com seu filho, educá-lo e ter prazer com ele. Estes procedimentos EMPRINT foram concebidos para dar aos pais mais eficiência, realização e satisfação. Enquanto participa de cada investigação ou exercício, você talvez descubra que gostaria que seus pais tivessem aprendido essas habilidades e capacidades. Leia cada etapa e não deixe de executar as instruções. Assim você estará aprendendo a perceber e a reagir de uma maneira que será benéfica tanto para você quanto para seu filho.

Crescer com Seu Filho

Ao reler as três seções anteriores sobre educação parental, você notará que todos aqueles processos internos úteis que descrevemos dependem de algum conhecimento sobre o atual estágio de desenvolvimento de seu filho. Para crescer com seu filho você precisa reconhecer a natureza do mundo no qual ele vive e que, atualmente, ele é capaz de apreciar. É este reconhecimento que lhe permite interagir com seu filho de um modo coerente com a pessoa que ele é atualmente. Além disso, compreender o modelo de mundo e as capacidades de seu filho lhe possibilitará deleitar-se com o seu progressivo domínio de várias habilidades e qualidades. Esta compreensão também o manterá alerta quanto a aspectos do desenvolvimento de seu filho que talvez precisem de alguma atenção educativa.

Os pais precisam portanto fazer um esforço para reconhecer as necessidades e capacidades fisiológicas, sociais, cognitivas e comportamentais que seu filho tem atualmente. A título de exemplo, recorde um acontecimento recente no qual alguém lhe tenha dado instruções/diretrizes que pressupunham uma sofisticação muito maior do que a que você realmente tinha, sem lhe deixar qualquer espaço para perguntas. Alguns exemplos de tais experiências: um mecânico condescendente que lhe descreve os defeitos do seu carro; um técnico antipático tentando lhe explicar o funcionamento de seu computador; ou você tentando preencher o longo formulário do imposto de renda. Além disso, recorde um acontecimento recente no qual alguém o tenha tratado com arrogância, pressupondo uma sofisticação inferior à que você possuía na realidade. Talvez, aos vinte e oito anos, você ainda receba telefonemas de sua mãe lembrando-o de vestir algo quente de manhã. Ou talvez haja um bibliotecário que, quando você lhe pede um dado livro, insiste em ensinar-lhe o procedimento para usar o catálogo e depois lhe mostra como procurar o livro nas estantes. Esses exemplos podem lhe mostrar como é receber uma reação num nível de competência que não é o seu. A inadequação e o ressentimento que você provavelmente sentiu nessas ocasiões são exatamente os mesmos que as crianças sentem quando lhes respondem num nível de compreensão e desenvolvimento que está aquém ou além do seu nível real.

Se você quer crescer junto com seu filho, no sentido de ser capaz de interagir com ele adequadamente e com satisfação mútua, é imperativo conhecê-lo de um modo congruente e representativo de quem ele realmente é. Conforme ilustramos acima, um erro que os pais muitas vezes cometem é perceber seus filhos como mais jovens ou como mais velhos do que eles realmente são.

1 Para uma avaliação coerente com o estágio atual do seu filho, a primeira coisa que você tem a fazer é identificar ao menos duas outras crianças que sejam dois ou três anos mais novas do que ele. Imagine essas duas crianças mais novas ao lado de seu filho. Enquanto olha para elas, compare seus corpos, a altura, as proporções do tronco, dos membros e da cabeça, o peso, a musculatura, o desenvolvimento das feições. Faça esta simples comparação antes de prosseguir.

2 Quando chegar ao fim deste parágrafo, compare estas crianças com seu filho no que se refere aos movimentos, às brincadeiras e à interação com os outros. Compare as tonalidades da voz; seus interesses e suas capacidades físicas e mentais; as coisas que estão aprendendo na escola. Compare também as diferentes maneiras como eles reagem a situações tais como ser punido, recompensado, solicitado a fazer algo, etc. O objetivo é diferenciar a fisiologia, o comportamento, o intelecto e as emoções de seu filho dos das crianças mais novas. (Se as comparações imaginadas não lhe parecerem convincentes, coloque seu filho ao lado de duas crianças mais novas e veja e ouça de fato as diferenças entre eles enquanto interagem.) Faça estas comparações agora.

3 O próximo passo é imaginar seu filho tal como ele era *há um ano* e como ele é agora. Compare estas duas imagens do mesmo modo como fez com as crianças mais jovens. (Se, ao olhar para as duas imagens, seu filho tiver a mesma aparência em ambas, pegue uma fotografia dele de cerca de um ano atrás e use-a para refrescar suas lembranças.) Como fez antes, observe como o corpo, o rosto, a voz, os movimentos, os interesses físicos e acadêmicos, os assuntos da escola, o raciocínio e as reações de seu filho a várias situações mudaram.

4 O próximo passo consiste em fazer as mesmas comparações descritas acima entre seu filho e crianças mais velhas. Para começar, selecione dois ou três adultos conhecidos. Imagine-os ao lado de seu filho e compare-os em termos de desenvolvimento físico, de comportamentos, capacidades e interesses intelectuais, tipos de reações emocionais, etc.

5 Depois de fazer isso e de notar os abismos que ainda separam seu filho do mundo adulto, escolha duas crianças cerca de dois anos mais velhas do que seu filho. Novamente, faça comparações entre essas duas crianças e a sua quanto a diferenças fisiológicas, comportamentais, intelectuais e emocionais. Como anteriormente, o único objetivo é torná-lo consciente de algumas diferenças entre seu filho e indivíduos mais velhos. Se essas comparações não forem suficientemente propulsoras, sugerimos que coloque seu filho ao lado de dois ou três adultos e em seguida de crianças um pouco mais velhas e faça suas comparações vendo e ouvindo *de fato* suas interações.

Ao fazer essas comparações, você começou a localizar apropriadamente seu filho na seqüência de seu desenvolvimento. Entretanto, embora isto seja melhor do que reagir ao seu filho como se ele fosse mais novo ou mais velho do que é realmente, ainda não é suficiente. Como qualquer adulto, uma criança tem qualidades, capacidades e interesses físicos, emocionais e cognitivos próprios. É incrível como é fácil nos esquecermos disso e acabarmos, sem querer, tratando nosso filho como "uma típica criança desta idade". Portanto, é importante nos mantermos conscientes de *quem* nosso filho é, para que a interação com ele seja apropriada e mutuamente satisfatória.

6 Para começar, faça um inventário de cada uma das seguintes características de seu filho (os exemplos entre parênteses são de um garoto de cinco anos, filho de um dos autores). Use o espaço dado para listar as informações sobre seu filho.

■ **Fisiologia** Como é o corpo dele(a) em termos de tamanho, força, agilidade, musculatura, pêlos, tamanho dos quadris, peito, largura dos ombros, tonalidade da voz, textura da pele, cheiros, etc.? (Por exemplo: pequeno, sem força especial; alto para sua idade; cansa-se facilmente.)

A fisiologia de meu filho _____

_____

■ **Habilidades físicas** Quais atividades motoras, leves ou pesadas, ele desempenha bem, e o que ele não faz bem? (Por exemplo: maneja bem ferramentas; tem muita habilidade motora; bom em escaladas.)

As habilidades físicas de meu filho _____

_____

■ **Interesses físicos** O que ele gosta ou não gosta de fazer com o corpo? (Por exemplo: quer saber o que seu corpo será capaz de fazer; gosta de correr e fazer ginástica.)

Os interesses físicos de meu filho _____

_____

■ **Capacidades cognitivas** Em que tipos de raciocínios mentais ele é competente? (Por exemplo: utiliza vocabulário e raciocínios acima da sua idade; faz cálculos matemáticos; escreve; tem excelente memória.)

As capacidades cognitivas de meu filho _____

_____

■ **Qualidades pessoais** Quais são os seus valores, traços de personalidade, desejos e necessidades emocionais? (Por exemplo: preocupa-se com o bem-estar alheio; tem forte senso de família; embaraça-se facilmente; tende a desistir de coisas que não domina facilmente; tem consideração pelos outros; protege a irmã; brinca à vontade com crianças muito mais velhas.)

As qualidades pessoais de meu filho _____

_____

■ **Interesses** O que ele gosta, busca ou aprecia e o que ele não gosta, evita ou ignora? (Por exemplo: gosta de arte, livros e revistas em quadrinhos; detesta remédios; gosta de fazer planos.)

Os interesses de meu filho _____

_____

Depois de passar por estas seis categorias de experiências e comportamentos, você terá especificado para si mesmo muito do que caracteriza seu filho nesta fase da sua vida. Se você quer crescer junto com seu filho (no sentido de interagir com ele de um modo que ele possa apreciar), então é preciso levar em conta as características que acabou de identificar.

Por exemplo, Mark, um amigo nosso, tem um filho de onze anos, Jordan, que possui uma excelente coordenação motora fina — uma habilidade que se traduziu em sucessivos recordes de jogos eletrônicos por toda a cidade. Entretanto, por alguma razão, a coordenação que ele tem entre mãos e olhos não se estende para o resto do corpo. Ele é um artista nestes jogos, mas na quadra de basquete é péssimo. Ciente dessas diferenças qualitativas nas habilidades físicas de Jordan, Mark ajusta a natureza de suas relações com seu filho a essa situação. Por exemplo, quando estão jogando jogos eletrônicos (uma situação que envolve coordenação motora fina), Mark desafia Jordan a melhorar, elogia os triunfos do filho e solidariza-se com ele nos seus fracassos. Entretanto, quando saem para jogar basquete, Mark constrói suas interações com o filho em torno da diversão (e não do bom desempenho).

Do mesmo modo, um traço da personalidade de Alex, de cinco anos, é a sua sensibilidade às reações dos outros. Sempre muito atento à tonalidade de voz, à expressão corporal e facial dos outros, Alex reconhece muito rapidamente uma mudança no estado emocional de qualquer pessoa e reage de acordo com isso. Por exemplo, ele tenta animar a irmãzinha quando ela está triste e coloca a música preferida da sua mãe quando nota que ela está irritada. Por mais maduras que sejam suas reações, Alex tem cinco anos e não entende ainda algumas nuances de comunicação, tais como sarcasmo, brincadeiras, discussões espirituosas, etc. Em conseqüência disso, Alex freqüentemente se equivoca quanto ao sentido de uma comunicação (em especial aquelas dirigidas a ele) e acaba magoado e em lágrimas. Por isso, seu pai, Paul, respeita os sentimentos do filho: não usa com Alex tais formas ambíguas de comunicação, ou deixa claro antes que a natureza da interação será brincar, discutir por diversão, etc.

Das comparações feitas acima, deve ter ficado evidente para você que seu filho muda de ano para ano (de fato, no mínimo de mês a mês, como você verá se fizer essas mesmas comparações a intervalos mais curtos). Assim, não é suficiente fazer o inventário acima apenas uma vez. Ao contrário, se for importante para você interagir com seu filho de modo mutuamente satisfatório, será sua tarefa manter-se ininterruptamente consciente das características e do desenvolvimento de seu filho. Ainda que de modo informal, tal inventário precisa ser feito constantemente.

7 Neste sentido, não conhecemos nenhum modo melhor de manter contato com o mundo do seu filho (e, assim, com as várias diferenças que descrevemos) do que interagir ocasionalmente com ele no ambiente dele e nos termos dele. Regule seu ritmo ao do seu filho; fale, mova-se e reaja no ritmo dele. Preste atenção às palavras e conceitos que ele usa. Converse com ele e faça as coisas que ele quer fazer, do jeito dele. O simples ato de ficar com seus filhos, seja no quarto deles ou num passeio, sem qualquer outra intenção além de obter informações sobre o que é importante, significativo e atraente para eles, o recompensará com as experiências pessoais e vicárias mais propulsoras que você pode obter quanto a quem seus filhos são.

8 É importante que, nesta coleta de informações, você leve em consideração os significados (equivalências de critério) através dos quais seu filho percebe o mundo. A experiência de Leslie com seu filho demonstrou que as crianças, assim como qualquer adulto, utilizam equivalências de critério para avaliar suas experiências e guiar suas reações. Como mostramos, compreender os comportamentos do seu filho e ser capaz de interagir de modo útil e apropriado com ele pode depender do conhecimento exato destas equivalências de critério. (No caso de Leslie e Mark, saber que fracasso = não fazer o que você ou os outros pensavam que você podia fazer, permitiu a Leslie apresentar a Mark desafios de modo a fazer com que ele quisesse vencê-los.) Muito embora as equi-

206

valências de critério possam ser um dos aspectos que mais profundamente afetam a experiência e o comportamento do seu filho, trata-se de uma informação bastante fácil de se obter. É só perguntar. Você quase sempre conseguirá uma declaração da equivalência de critério do seu filho quando fizer perguntas do tipo "Como você sabe quando foi bem sucedido... fracassou... está interessado... é amado... lhe dão atenção?"

9 Pontos de desentendimento e atrito entre pais e filhos (na verdade, entre duas pessoas quaisquer) geralmente surgem quando duas pessoas, sem o saber, operam na mesma situação a partir de equivalências de critério diferentes. Reveja suas interações recentes com seus filhos e identifique dois desses acontecimentos frustrantes, decepcionantes e/ou perturbadores nos quais seu filho não reagiu como você esperava ou gostaria. (Por exemplo, seu filho de oito anos freqüentemente interrompe suas conversas com seu cônjuge.) Para cada um desses acontecimentos, observe os critérios que eram importantes para você naquela ocasião e aos quais seu filho não correspondia (talvez, no nosso exemplo, ter consideração ou respeito.) Você usará estas informações na próxima etapa; por isso não deixe de identificar estes critérios antes de prosseguir.

Ocasiões em que meu filho não reagiu ou respondeu como eu queria	Os critérios aos quais meu filho não correspondeu nessa ocasião
1 _____	a. _____
	b. _____
2 _____	c. _____
	d. _____

10 Em seguida, especifique as suas equivalências para cada um dos critérios ou padrões (por exemplo, ter consideração = responder às necessidades e desejos de outras pessoas). Em seguida, vá a seu filho e pergunte-lhe as equivalências dele para os mesmos critérios. (Por exemplo, você poderia perguntar: "Como sabe quando você ou outra pessoa está sendo atenciosa?" ou "O que significa ser atencioso?") Você descobrirá o que a *criança* compreende daquele critério, ou talvez que seu filho não tem uma equivalência para aquele critério. (Neste caso você terá a oportunidade de dar-lhe uma.) Consiga estas informações agora e escreva-as nos espaços seguintes.

Minhas equivalências de critério para os padrões não alcançados nessas ocasiões	As equivalências de critério de meu filho para os mesmos padrões
a. _____	_____
_____	_____
b. _____	_____
_____	_____
c. _____	_____
_____	_____
d. _____	_____
_____	_____

11 De posse destas informações, compare as equivalências de critério do seu filho com as suas. De que modo elas diferem ou se assemelham? De que modo essas diferenças permitem explicar as reações de seu filho naquelas situações difíceis? Como você poderia usar a sua compreensão das equivalências de critério de seu filho para ajudá-lo a crescer e a aprender? Utilizando nosso exemplo, seu filho talvez respondesse que ter consideração significa não magoar as pessoas. Ao comparar a equivalência de critério dele com a sua (responder aos desejos e necessidades de outras pessoas), você descobre que elas são semelhantes, na medida em que ambas se referem aos outros, mas diferem no alcance ("responder aos desejos e necessidades" tem maior amplitude do que "magoar"). Dada a sua equivalência de critério, é óbvio que seu filho não verá suas interrupções como falta de consideração. Sabendo disto, você pode dar à equivalência de critério dele um alcance maior, ou usar sua equivalência de critério atual para ajudá-lo a mudar seu comportamento, explicando-lhe que as pessoas freqüentemente se sentem magoadas quando são interrompidas.

Compreender quem seu filho é, entretanto, não basta para impedir que você queira ou espere mais dele do que ele é capaz atualmente. Nem deveria, uma vez que faz parte do seu papel como pai dar a seu filho desafios e oportunidades de ir além dos seus limites atuais. Entretanto, a ansiedade dos pais para que o filho se desenvolva impede que eles percebam a incapacidade atual da criança de corresponder a essas expectativas. O que se pretendia que fosse encorajamento transforma-se assim em impaciência. E a impaciência quase sempre dá à criança uma sensação de *inadequação*. Se você se sente impaciente com o desenvolvimento de seu filho, faça a seqüência que se segue (etapas 12 a 17):

12 Primeiro, identifique alguma habilidade (por exemplo, contar até cem, não precisar de fraldas, fazer amigos) ou atributo importante (por exemplo, preocupar-se com os outros, compartilhar, experimentar coisas novas) que seu filho acabou de adquirir. Volte àquele acontecimento ou momento em que você percebeu que essa habilidade ou atributo estava agora no repertório de seu filho. Recupere as sensações de orgulho e alívio (e talvez de surpresa e satisfação) que teve quando compreendeu isto. Reviva este acontecimento ou momento: é importante que você entre em contato com estas sensações e volte a vivenciá-las antes de prosseguir.

13 Em seguida, viaje de volta ao passado até chegar à época em que seu filho não dominava ainda essa habilidade, mas você esperava ou queria que ele a adquirisse. (Por exemplo, você repara que seu filho, Bobby, já é capaz de compartilhar suas coisas com os outros. Voltando no tempo, você chega a seis meses atrás, quando, apesar das suas sugestões, incentivos e reprimendas, foi preciso mandar os amigos de Bobby para casa porque ele não os deixava tocar nos seus brinquedos.) Encontre agora essa ocasião.

14 Revivendo esse momento, se envolva na frustração, no desapontamento ou na ansiedade do passado, mas desta vez faça-o sabendo (agora) o que você não sabia na época: que seu filho acabará por obter essa capacidade ou atributo, mas que isto AINDA não é um traço do seu desenvolvimento. Observe como sua reação muda (provavelmente você se torna mais paciente, talvez mesmo curioso sobre o futuro) em relação àquela situação. Refaça esta mesma seqüência com outras habilidades ou atributos pelos quais você ansiava e se afligia, e que seu filho agora domina.

15 Depois de ter passado por essa seqüência, você agora pode usar a mudança de sua reação emocional em seu benefício. Selecione alguma habilidade ou atributo que você atualmente espera que seu filho demonstre, mas que (para sua frustração, desapontamento e/ou ansiedade) ele não apresenta. Lembrando e mantendo-se em contato com a paciência que você conseguiu na seqüência anterior, recorde agora um comportamento recente de seu filho que demonstre que ele ainda não tem a habilidade que você quer que ele tenha, compreendendo que ele a terá e manifestará no futuro. De que modo isto altera a sua reação à deficiência atual?

16 Pegue agora outros exemplos de habilidades e atributos que o seu filho não apresenta, mas que você está ansioso para que ele tenha, e passe essas expectativas pelos mesmos passos.

17 Tendo feito isto, é importante ter calma para garantir que suas novas reações ocorrerão no futuro. Identifique duas ou três situações nas quais você queira reagir a seu filho com estas respostas novas, mais pacientes e confiantes. Pegando-as uma de cada vez, imagine plenamente estar nestes futuros; vendo tudo à sua volta, ouvindo as vozes dos outros, sentindo as sensações presentes naquele futuro. Ensaie mentalmente responder a seu filho como você pretende, fazendo todos os ajustes necessários para que sua reação esteja alinhada com suas novas percepções e seu novo estado emocional. Não deixe de notar e apreciar como você aprendeu a transformar situações problemáticas em oportunidades de expressar amor e apoio. Complete este importante passo final.

O objetivo desta seqüência não é torná-lo complacente ou satisfeito com a maneira de ser dos seus filhos, mas fazê-lo perceber (com base nas suas próprias experiências) que seu filho pode e provavelmente conseguirá afinal as habilidades e atributos que você, como adulto, considera importantes. A paciência advinda desta certeza dará a seu filho a sensação de que você confia na capacidade dele de dominar finalmente esses atributos e habilidades importantes. Isto também lhe dará uma perspectiva mais adequada, capaz de fazê-lo gostar de seus filhos como eles *são*.

Educando Seu Filho

Como acabamos de observar, seu objetivo não é tornar-se complacente com a evolução de seu filho. Na verdade, é sua responsabilidade como pai guiar seus filhos para a obtenção das habilidades e atributos pessoais que lhes possibilitarão uma vida mais plena. De fato, a obtenção dessas habilidades e atributos que possibilitam uma maior realização na vida deve ser o objetivo dos pais: de outro modo, seu papel estará reduzido a pouco mais do que o de um guardião temporário.

O procedimento EMPRINT que se segue o ensinará a usar suas preocupações especiais e valores pessoais para criar experiências de aprendizado que influenciarão o futuro bem-estar de seu filho. Todos os pais influenciam seus filhos e, portanto, o futuro bem-estar deles. Este procedimento EMPRINT foi concebido para lhe dar o conhecimento técnico necessário para influenciá-lo com eficácia e conhecimento de causa. Ao orientá-lo na evolução de seu filho de criança a adulto, estamos enfatizando o critério da aprendizagem e o enquadramento desta aprendizagem na moldura de um futuro a longo prazo.

1 Considere por um momento o que você quer que seu filho aprenda a longo prazo: O que você quer que seu filho aprenda como criança, adolescente, jovem e adulto? Mais adiante, você terá que considerar estes objetivos de aprendizagem; por isso, escreva-os nos espaços seguintes.

O que eu quero que meu filho aprenda

Como criança _____

_____

Como adolescente _____

_____

Como jovem _____

_____

Como adulto _____

_____

Há duas razões pelas quais é importante especificar os objetivos que você tem para seus filhos. A primeira é que, ao explicitá-los, você fornece a si mesmo a oportunidade de avaliar se estes objetivos que *você* visa para seu filho são ou não congruentes (ou potencialmente congruentes) com quem seu filho é como pessoa (lembrando a seção anterior "Crescer com seu filho").

2 Por isso, ao fim deste parágrafo, pare por um momento para comparar esta lista de objetivos que você tem para seu filho com aquilo que você sabe sobre ele como indivíduo. Os objetivos são congruentes com seu filho? Se não forem necessariamente congruentes agora, poderiam tornar-se congruentes mais adiante na sua vida? Como você pode reajustar objetivos basicamente incongruentes de modo a adaptá-los à personalidade e às capacidades físicas, emocionais e cognitivas de seu filho? Avalie agora sua lista de objetivos, usando estas questões como guia.

A segunda razão por que é importante estar ciente dos objetivos visados para seus filhos é a seguinte: você terá metas explícitas às quais se referir e buscar nas suas interações com seus filhos. Um objetivo torna-se uma meta através de um *plano*. Entretanto, para ser útil no planejamento, a equivalência de critério para o objetivo precisa ser apropriadamente especificada em segmentos relativamente pequenos, baseados no comportamento. Por exemplo, se você quer que seu filho tenha consideração pelos outros, precisa então saber que para você (talvez) ter consideração significa não interrompê-los, fazer coisas sem que eles precisem pedir e ser prestativo. Se você quer que seu filho seja confiante, então precisa saber se isto significa (para você) fazer coisas sem pedir ajuda, ser capaz de ir sozinho e em segurança aos lugares e corrigir erros corrigíveis sem a ajuda dos outros.

Ter uma representação explícita do objetivo pode fazer uma diferença enorme. Limitar-se a dizer a seu filho que tenha consideração pelos outros não lhe dá qualquer informação específica sobre o que fazer para ser atencioso, não importa quantas vezes ou quão alto você lhe diga isso. Do mesmo modo, pensar apenas em termos do objetivo (ou reação) desejado também deixa você no escuro quanto ao que *fazer* para ajudar seu filho a tornar-se uma pessoa atenciosa. Entretanto, ao especificar sua equivalência de critério ao nível do comportamento, você fornece imediatamente a si mesmo e a seu filho um conhecimento do que é ter consideração. Agora você pode explicar, demonstrar ou propiciar experiências a seu filho, exemplificando exatamente o que fazer.

3 Para cada um dos objetivos relacionados especifique exatamente que tipos de comportamentos e reações são, para você, indicativos deste objetivo.

Objetivo	Comportamentos e reações específicas

Agora que você especificou o objetivo, o que deve fazer em seguida? A resposta genérica é: propicie a seu filho experiências que possam ajudá-lo a aprender o que você acha que ele precisa aprender. Podemos detalhar mais esta resposta dividindo tais experiências de aprendizagem em três tipos que consideramos úteis.

Primeiro, se seu filho é pequeno (menos de seis ou sete anos), geralmente basta que você lhe explique ou lhe demonstre os comportamentos e reações que você quer e espera dele. Crianças pequenas geralmente ainda não formularam equivalências de critério para muitos dos atributos e capacidades na vida. Esta falta de conceitos, aliada a um insaciável apetite por aprender, cria na criança uma enorme disposição para absorver e corresponder a essas explicações e demonstrações. Um exemplo disto é o modo como Paul explicou a Alex o significado do roubo do lápis. Ele então o fez passar pelo comportamento de devolver o que fora tirado e de fazer correções. Isto forneceu a Alex um conjunto de experiências de aprendizagem que ele poderia então utilizar em situações semelhantes.

Uma segunda estratégia para fornecer a seu filho experiências de aprendizagem é criar uma experiência que traga conseqüências negativas (desagradáveis, perigosas, que o façam sentir-se desprezado) por não ter imitado certas capacidades ou atributos. Vimos um exemplo quando Milton Erickson apologética e repetidamente acordou o filho para lembrá-lo de levar o lixo para fora. Da mesma forma, conhecemos um pai cujo filho adolescente implicava incessantemente com os demais membros da família. Decidido a fazer algo quanto a isso, o pai foi até o filho e começou a cutucá-lo firmemente no braço. No início o garoto encarou aquilo como brincadeira, mas como o pai continuou a cutucá-lo, começou a ficar irritado e a querer que ele parasse. O pai não parava, e a irritação do garoto transformou-se em raiva e ressentimento. Quando o menino estava completamente indignado e exasperado, o pai parou e disse simplesmente: "É assim que a gente se sente com as suas implicâncias". O menino parou de implicar. Novamente, o que este homem deu a seu filho foi uma experiência das conseqüências negativas (para a família) do seu comportamento, uma experiência de aprendizagem que o filho poderia então usar para reajustar seus pensamentos e comportamentos. O exemplo anterior em que Liz dá à filha a experiência de como era ser mordida é um outro exemplo de como propiciar uma experiência das conseqüências negativas.

Uma terceira estratégia é dar a seu filho uma experiência das conseqüências positivas (agradáveis, recompensadoras, afetuosas). Por exemplo, um conhecido nosso que queria ensinar o filho a ser perseverante conseguiu um modelo muito simples de aeroplano e ensinou o filho a construí-lo. Sempre que o menino se confundia e parava, o pai fazia-lhe aquelas perguntas-guia que o ajudavam a prosseguir e em seguida elogiava-o por ser capaz de fazê-lo. Depois de repetir a mesma interação algumas vezes com modelos de aeroplanos progressivamente mais difíceis, o garoto passou a incluir a perseverança no seu comportamento. Isto é, sempre que não conseguia continuar algo, ele naturalmente pressupunha que havia um modo de prosseguir e esforçava-se por encontrar este modo.

4 Subjacente a todos os exemplos dados acima está uma ênfase no aprendizado, percebido dentro do domínio do futuro, e nas relações de causa e efeito que conduzirão (provavelmente) a esse futuro. Pegando uma das habilidades ou atributos que você relacionou anteriormente como exemplos (vamos escolher "compartilhar"), imagine alguma ocasião futura em que seu filho está sendo capaz de expressar esse objetivo no seu comportamento (por exemplo, veja e ouça a pequena Cathy compartilhando). Faça isto antes de passar à próxima etapa.

5 Em seguida, imagine que experiências de aprendizagem você poderia criar para fazer desse futuro uma realidade, isto é, os passos (relações de causa e efeito) que ligam o presente a esse futuro. Para ajudá-lo a fazer isso, sugerimos que você use como guia cada uma das três estratégias de aprendizagem que descrevemos acima. Por exemplo:

■ Descreva a equivalência de critério com a qual você quer que o seu filho opere; demonstre-a com o seu próprio comportamento, e/ou oriente seu filho neste comportamento. (Utilizando "compartilhar" como exemplo, o resultado do seu planejamento poderia ser explicar a importância de compartilhar para Cathy; dar um exemplo desta atitude com ela e/ou na frente dela; e então chamar-lhe a atenção para isso.)

■ Crie uma oportunidade para que a criança vivencie as conseqüências negativas de não imitar essa habilidade ou atributo. (Faça Cathy se interessar por uma brincadeira divertida para vocês dois. Então, quando ela se recusar a dividir algo, demonstre seu desapontamento e vá embora. Encontre alguma coisa que você tenha e Cathy queira, e quando ela a pedir, recuse-se a dividi-la. Chame sua atenção para o desconforto desse sentimento e em seguida compartilhe o objeto com ela para fazer o contraste.)

■ Crie uma oportunidade para que a criança vivencie as conseqüências positivas de imitar essa habilidade ou atributo. (Arme uma situação na qual Cathy receba algo para dar a um de seus colegas. Então mostre a ela que dar significa compartilhar e elogie-a por isso.)

Use o espaço seguinte para anotar suas idéias de como usar cada uma dessas três estratégias para cada um dos seus objetivos.

Objetivo   **Experiência de aprendizado**

_____   **1** _____

_____

_____

   2 _____

_____

_____

   3 _____

_____

_____

Depois de aplicar cada uma destas estratégias ao objetivo, você provavelmente terá ao menos três modos possíveis de interagir com seu filho que poderiam ajudá-lo a avançar rumo ao objetivo. O ponto fundamental aqui é gerar para seu filho uma experiência de aprendizagem que lhe sirva de referência útil no futuro. A utilidade das três estratégias está em guiar seu pensamento ao longo destas linhas.

6 Sugerimos assim que você pegue as demais habilidades e atributos da sua lista e submeta-os a estas estratégias. Além disso, continue a usar as estratégias nas interações diárias com seus filhos até descobrir (naqueles momentos em que houver uma divergência entre o que você quer *para* seu filho e espera *dele* e aquilo que ele faz) que você adota naturalmente reações que criam experiências de aprendizagem úteis para a criança.

Ainda é preciso chamar sua atenção para dois pontos. Em primeiro lugar, guiar seus filhos para novos atributos e habilidades geralmente requer coerência da sua parte. Embora às vezes uma única experiência propulsora possa gerar mudanças significativas, é mais freqüente que seu filho mude em decorrência da repetição do comportamento ou da experiência. Como pai, você precisa lembrar e deixar-se guiar por interações importantes que tenha tido com seu filho (ameaças, promessas, elogios, lições, acordos, etc.). Isto lhe permitirá reagir com coerência ao longo do tempo. Por exemplo, é incoerente fazer seu filho devolver algo que tenha pego de uma loja e ignorar a próxima vez em que ele pegar algo que não lhe pertença. É pouco provável que esta incoerência dê a seu filho uma experiência de aprendizagem que lhe seja útil quando ele se encontrar na mesma situação.

7 A ponte-ao-futuro é útil para mantê-lo coerente ao lidar com seu filho. Ao imaginar-se reagindo de forma adequada e coerente em possíveis situações emergentes similares àquela na qual acabou de interagir com seu filho, você se assegurará de ter a reação apropriada e coerente. Quando terminar este parágrafo, reserve alguns momentos para identificar uma situação possível na qual você terá a oportunidade de reagir coerentemente a uma ameaça, promessa, acordo ou ação feitos anteriormente. Imagine-se nesta situação. Vivencie, tão plenamente quanto possível, estar de fato naquela época e lugar futuros. Reaja então de forma coerente nesta situação, compreendendo e apreciando o fato de estar agindo no interesse do futuro bem-estar do seu filho. Antes de prosseguir, utilize este método para estabelecer uma ponte-ao-futuro com suas novas e mais consistentes reações.

O segundo ponto é: quando enfatizamos a necessidade de considerações baseadas em aprendizagens futuras, não queremos sugerir que você deva reagir sempre deste modo a deficiências no comportamento do seu filho. Obviamente, muitas vezes são necessárias reações baseadas em considerações do presente ou do futuro próximo. Qualquer pessoa que tenha acabado de passar um fim de semana chuvoso em casa cuidando das crianças, sabe do que estamos falando. Imagine que você acabou de colocá-los na cama e, aliviado, desabou sobre o sofá, para minutos depois ser acordado por vozinhas discutindo quem ganhara o biscoito maior. Não há dúvida de que você poderia pensar numa reação interessante que lhes daria uma experiência de aprendizagem quanto ao que realmente justifica uma discussão. Mas às nove e quinze da noite, após dois dias de luta doméstica, quem se importa com isso? Se funciona, por que não gritar simplesmente: "Ei, crianças! Parem com isso e vão dormir!"? Assim, há ocasiões em que sua intenção é educar seu filho e outras em que educá-lo simplesmente não é apropriado ou não lhe interessa. Entretanto, achamos que é importante que você considere se a atenção que devota à educação do seu filho é ou não adequada, e se essa educação é ou não útil e apropriada para ajudar seu filho a evoluir. Neste sentido, as considerações que apresentamos aqui podem fazer de você um guardião ou um guia.

Tenha Prazer com Seu Filho

O que se pode apreciar nas crianças? Sem dúvida, um dos aspectos mais agradáveis de se ter filhos é testemunhar como eles evoluem e se tornam adultos (esperamos) felizes e realizados. Na qualidade de guia e educador (mais do que de guardião), uma recompensa preciosa do pai (ou da mãe) é o prazer de ver seu filho dominar e apreciar novas habilidades, de saber que cada uma dessas mudanças pode ajudar a melhorar um pouco o futuro dele e o orgulho que você talvez sinta por ter agido bem no interesse do seu filho. Você *quer* também que seu filho prospere emocional, intelectual e socialmente. Como pais, um dos momentos de prazer mais intenso é quando percebemos que nossos filhos estão avançando em uma ou várias destas áreas.

Apreciar os filhos desta maneira significa ser capaz de reconhecer que eles fizeram progressos, que estão prosperando. Como vimos antes, Mel perdeu uma oportunidade de apreciar o progresso da filha porque não foi capaz de reconhecê-lo como tal. Ao contrário, ele prestava atenção ao que ela ainda não havia alcançado e assim era incapaz de compartilhar as conquistas de Susan. O que lhe faltava era a lembrança do que a filha havia sido anteriormente capaz de fazer com a escrita. Tal referência teria lhe dado uma base para comparações, o que tornaria palpável o progresso da criança.

Não é difícil conseguir isso se você já tiver começado a se familiarizar com as orientações e processos internos que descrevemos nas seções anteriores sobre crescer com seu filho e educá-lo. Nestas seções, fizemos você realizar duas coisas importantes: (1) guiar-se pelo que seu filho realmente é, e (2) avaliar as capacidades e atributos que você quer que ele tenha à luz de quem ele é. Com uma apreciação contínua das qualidades de seu filho e das capacidades e atributos que ainda estão por se desenvolver nele, tudo o que lhe resta fazer para poder deliciar-se com o progresso dele é uma lembrança com a qual você possa comparar suas capacidades e atributos atuais. A medida habitualmente usada para medir o progresso de seu filho é, então, o aprimoramento (e não o domínio).

1 Se tiver alguns exemplos de situações recentes em que seu filho não dominou alguma capacidade ou atributo que você queira que ele tenha, encontre exemplos de situações passadas em que ele estava ainda *mais distante* de dominar essa capacidade ou atributo.

2 Compare estes exemplos com o que ele é capaz de fazer agora. Observe o aprimoramento e o progresso evidenciados por esta comparação. (Obviamente, é possível que você descubra que seu filho está mais longe de dominar certa habilidade do que estava antes. Embora tal informação não seja provavelmente uma fonte de prazer, é importante tê-la, porque ela pode indicar que é hora de fazer planos para intervir de algum modo útil. Veja a seção anterior sobre "Educação".)

Um outro modo de usufruir o progresso de seu filho é observar como suas capacidades e atributos atuais lhe serão úteis no futuro. Um exemplo disto foi a reação de Ned, quando o filho lhe disse para não se meter onde não era chamado. A reação do garoto pode ter sido rude e impertinente, mas Ned também percebeu que ela era um sinal da crescente independência do filho — algo que Ned queria que ele aprendesse.

3 Recorde um acontecimento recente no qual seu filho o surpreendeu com um comportamento novo, agradável ou desagradável (para você). (Por exemplo: seu filho de cinco anos está sentado perto demais da televisão. Quando ele se levanta para obedecer à sua ordem de recuar, você puxa a cadeira dele para trás, para ajudá-lo. Ele fica zangado e soca-o na perna, porque "queria fazer isto sozinho!")

4 Em seguida, quanto ao comportamento, você precisa transformar o que primeiro lhe chama a atenção no presente num exemplo de um atributo mais significativo e positivo no futuro. A intenção aqui é passar do comportamento em si para aquilo que ele indica em termos de atributo *útil*. (Assim, o comportamento de seu filho indica uma crescente autoconfiança, o que se situa num nível mais generalizado do que o fato de ele estar zangado, agressivo e querendo fazer as coisas sozinho.) Neste ponto, é importante separar o atributo dos comportamentos que o manifestam. Esta separação lhe permite reagir ao comportamento do seu filho com base na imagem mais ampla da sua personalidade em desenvolvimento, ao invés de limitar-se à agressividade imediata do comportamento. Como aconteceu com Ned e seu filho, esta separação entre comportamento e atributo pode ser tranqüilizadora e agradável. Utilizando o acontecimento de que você se lembrou na etapa anterior, transforme o comportamento ofensivo num exemplo de um atributo futuro positivo.

Se o comportamento que seu filho usou para expressar o atributo é apropriado, então o assunto pode ser deixado como está. Se, por outro lado, seu comportamento foi de algum modo inadequado (perigoso, desagradável, autodestrutivo), então é preciso considerar outras necessidades.

5 Agora que você tem uma idéia de que o comportamento de seu filho pode ou não estar conduzindo-o a desenvolver um determinado atributo, a próxima coisa a fazer é assegurar-se de que seu filho tenha comportamentos apropriados para expressar e preencher esse atributo em desenvolvimento. Afinal, o atributo é algo que vale a pena preservar. Sua tarefa, então, passa a ser ajudar seu filho a encontrar maneiras mais apropriadas de expressar esse atributo. Passe do atributo em si para os tipos de comportamentos que seriam mais apropriados para expressá-lo. São esses comportamentos que você precisa transmitir a seu filho. (Sua interação agora é do tipo educativo.) No nosso exemplo, a reação zangada e agressiva de seu filho é certamente inadequada e inútil; por isso, você o elogia por querer fazer as coisas sozinho, mas explica-lhe que você não sabia disso, que as pessoas não podem ler seus pensamentos, e que de agora em diante ele precisa deixar que os outros saibam quais são suas intenções para que possam cooperar com ele. Pensando no atributo que você identificou, quais são os comportamentos apropriados para seu filho? Como você transmitirá essa mensagem a ele? Dedique algum tempo agora a responder a essas perguntas.

E finalmente, além do prazer obtido com a evolução do seu filho, uma outra fonte de satisfação freqüentemente ignorada pelos pais é o mundo da criança. Embora parte do seu papel como pai seja levar seu filho à idade adulta, o fato é que ele ainda não compartilha com você todas as percepções, distinções e crenças que compõem o mundo adulto. Se você quiser, seus filhos podem levá-lo de volta a um modo de perceber o mundo que talvez se caracterize mais por admiração, curiosidade, possibilidades, flexibilidade de percepção, aceitação e liberdade do que seu mundo adulto. E cada estágio do seu crescimento e desenvolvimento traz consigo mudanças nessas percepções.

Já descrevemos como você pode entrar na realidade do seu filho quando falamos sobre participar no seu mundo como um meio de descobrir quem ele é. Queremos apenas acrescentar aqui uma sugestão: amplie a experiência para incluir a *sua* diversão com este mundo mais jovem, bem como para obter informações sobre ele. O modo mais eficaz de entrar no mundo de seu filho é regular seus próprios movimentos, seu ritmo, sua fala e suas atividades aos do seu filho. Muitos adultos acham difícil fazer isso, ou porque acham que há coisas mais importantes a fazer além de simplesmente perder tempo com o filho, ou porque

218

não querem parecer bobos. Se você acha difícil penetrar no mundo de seu filho por alguma dessas razões, sugerimos que faça um planejamento e reserve algum tempo para passar com seu filho, com o propósito expresso de penetrar na sua realidade. Quando descobrir a nova perspectiva e o calor da interação que essa imersão temporária na realidade dele lhe proporciona, você provavelmente agarrará todas as oportunidades de compartilhar seu mundo novamente.

As crianças crescem, e as oportunidades perdidas não voltam. Esta é uma época preciosa da sua vida. Não a desperdice. Ponha em prática o que aprendeu nesta seção.

11 Posfácio

As descrições e os procedimentos EMPRINT que apresentamos neste livro têm o propósito de fazê-lo adquirir talentos, capacidades e experiências, e não de diagnosticar problemas. Apesar de, ao longo deste livro, termos descrito vários problemas com que as pessoas comumente se deparam e as maneiras como algumas delas reagem com sucesso nessas situações problemáticas, nunca dissemos por que algumas pessoas têm um dado problema e por que outras não o têm. Em vez disso, nosso propósito foi descrever os processos internos que os indivíduos usam para gerar sua experiência global — suas compreensões, percepções e estados emocionais — e seu comportamento. E descrevemos estes processos internos de modo a torná-los disponíveis para qualquer pessoa que precise ou queira ter acesso a experiências e comportamentos semelhantes. Esta orientação nos remete obviamente ao apelo de Edward Hall, que pleiteia "algo semelhante a partituras musicais que possam ser aprendidas, uma para cada tipo de homem ou mulher em diferentes tipos de empregos e relações, no tempo, no espaço, no trabalho e no lazer", com o propósito de "ter um meio de tornar a vida menos aleatória e mais agradável".

Além disso, essa aquisição não visa apenas as experiências e comportamentos considerados bons, mas também os problemáticos. Como procuramos sempre indicar, todas as experiências e comportamentos são úteis e apropriados, dependendo apenas da situação na qual eles se manifestam. Assim, todo ser humano — inclusive você — é uma fonte de recursos, um tesouro de experiências e comportamentos de que uma outra pessoa pode precisar para transformar seus fracassos, desilusões e frustrações em experiências enriquecedoras e sucessos gratificantes.

Assim, o que apresentamos nestas páginas é apenas uma amostra do que está disponível e do que é possível. As distinções internamente processadas que descrevemos podem ser encontradas em todos os pensamentos, interações, atos, habilidades e reações dos seres humanos.

O método que organiza estas distinções não é um mapa de seres humanos, mas um modo de mapeá-los à medida que eles passam pelas várias situações que formam suas vidas. A vida não tem que ser uma série de reações de omissão determinadas ao acaso. Ao lhe proporcionarem acesso a áreas do processamento interno (que de outro modo permaneceriam ocultas) subjacentes às experiências e comportamentos de todas as pessoas, as explicações e formatos apresentados aqui podem se transformar num modo de evolução pessoal. Aplicados a grupos maiores, que poderiam se beneficiar de novas opções quanto a suas experiências e comportamentos, estas explicações e formatos (e o próprio método EMPRINT) podem se tornar também um meio para a evolução cultural e social.

Esperamos que ao longo da sua vida surjam acontecimentos, comentários ou idéias inesperadas que levantem questões que o tragam de volta a este livro, em busca de informações e entendimento. Não o escrevemos para ser lido e guardado numa estante. Pretendemos que este livro seja usado e possa fornecer modos práticos e acessíveis de alcançar objetivos gerais, bem como os objetivos específicos descritos em cada capítulo. É nossa intenção que ele seja um método capaz de gerar aquelas partituras de aprendizado humano descritas por Hall. E queremos que ele levante questões — questões cujo mérito não está nas respostas, mas na procura destas respostas.

Notas

Capítulo 1

1. Talvez a primeira tentativa de descrever os comportamentos que caracterizam os seres humanos sob uma perspectiva comparativa entre culturas tenha sido *The expression of the emotions in man and animals*, de Charles Darwin. Obviamente, a comparação entre culturas do ponto de vista das experiências, comportamentos e estruturas sociais é há muito tempo um dos interesses dos antropólogos; um exemplo recente é o trabalho de Colin Turnbull, *The human cycle*, no qual ele examina os padrões que parecem ser característicos de todas as culturas.

Capítulo 2

1. Os formatos apresentados neste livro foram gerados pelo uso do método EMPRINT, um processo rápido de aquisição de habilidades desenvolvido pelos autores. O método EMPRINT, juntamente com seus usos e aplicações, é apresentado em *O método EMPRINT: um guia para reproduzir a competência* (Summus Editorial), outro livro da Future Pace escrito pelos autores.

2. Em *A Estrutura das Revoluções Científicas* (Perspectiva), Kuhn fornece mais indicações desta influência de modelos individuais em sua descrição de uma série de experimentos feitos por Bruner e Postman. Eles pediram a seus informantes que identificassem cartas de baralho, uma de cada vez. Os informantes não sabiam, contudo, que no baralho havia cartas anômalas, tais como um 6 de espadas vermelho, um 4 de copas preto, etc. Numa rápida exposição, os informantes identificaram essas cartas falsas como normais (assim, um 6 de copas preto foi identificado como um "6 de espadas" ou um "6 de copas"). Quando o tempo de exposição aumentou, os informantes confundiram-se e hesitaram na resposta. Novos aumentos no tempo de exposição possibilitaram a alguns sujeitos identificar as cartas anômalas, e deste momento em diante não tiveram mais problemas para percebê-las.

Entretanto, alguns informantes não conseguiram fazer os reajustes necessários. Mesmo com um tempo de exposição quarenta vezes maior do que a média necessária para reconhecer as cartas normais, mais de 10 por cento das cartas anômalas não foram identificadas corretamente. E os informantes que não conseguiram identificá-las sentiram uma profunda angústia. Um deles exclamou: "Não consigo identificar o naipe, seja qual for. Daquela vez nem parecia ser uma carta. Não sei qual e a cor agora, ou se é de espadas ou copas. Não sei mais ao certo como é uma carta de espadas. Meu Deus!".

Kuhn prossegue, observando que um dos pesquisadores (Postman) admitira que mesmo ele não se sentia bem olhando para as cartas incongruentes:

Uma pesquisa no rico acervo de literatura experimental da qual retiramos estes exemplos nos faz suspeitar de que algo como um paradigma seja um pré-requisito do acesso à percepção. O que um homem vê depende tanto daquilo para que ele olha quanto daquilo que a sua experiência anterior visual-conceitual ensinou-o a ver. Na ausência de tal treinamento só pode haver, como na frase de William James, "uma tremenda e estonteante confusão".

Capítulo 4
1. Talvez ocorra a você que o raciocínio utilizado para *fazer* determinará se a pessoa *protelará* a ação ou não (isto é, protelação é adiar cronicamente a ação). Descobrimos, entretanto, que a protelação está relacionada ao fato de você dispor ou não de representações futuras ricas e propulsoras, capazes de motivá-lo a fazer alguma coisa ou a abandoná-la. A protelação, assim, será determinada pela natureza dos raciocínios feitos durante a fase de *desejar* ou *querer*.

Capítulo 5
1. Tudo o que formulamos e estaremos apresentando neste capítulo está voltado para padrões de alimentação saudáveis — não para fazer dieta ou para emagrecer. Você precisa comer adequadamente e fazer um pouco de exercícios para ser saudável, para sentir-se bem. As pessoas geralmente comem e se exercitam para corresponder a critérios gerados na mídia quanto a aparência, beleza, atratividade, autocontrole, etc. Estamos, contudo, mais interessados em pessoas que operem com seus próprios critérios internamente gerados. Seu peso será ao mesmo tempo conseqüência dos seus hábitos alimentares e exercícios físicos e da sua herança genética. Se você comer e se exercitar adequadamente, então sua carga genética se encarregará de estabelecer seu peso normal. Se você quiser reduzir o seu peso além deste ponto, deverá reconhecer que poderá estar lutando contra uma predisposição genética, o que pode ser difícil e exige um compromisso com algumas privações para a vida toda. Antes de embarcar em tal esforço, você deve considerar se o está fazendo para satisfazer critérios gerados interna ou externamente e se o esforço valerá ou não a satisfação desses critérios. (A seção "Do Conhecimento à Experiência", neste capítulo, o ajudará a determinar as respostas para essas questões.)

Capítulo 7
1. A nicotina dos cigarros substitui certos neurotransmissores que participam da geração de estados de euforia e bem-estar. Se a nicotina for usada por um período prolongado de tempo, os processos químicos responsáveis pela fabricação desses neurotransmissores "compreendem" que eles não são necessários e se interrompem. O resultado é uma dependência fisiológica dos cigarros e de sua nicotina para manter sen-

timentos de bem-estar. Quando você pára de fumar, subitamente há uma ausência tanto dos neurotransmissores quanto da nicotina, o que resulta na depressão, no nervosismo e na ansiedade que muitas pessoas vivenciam quando tentam largar o hábito. Contudo, esta dependência fisiológica diminui gradualmente, quando a neurofisiologia registra a necessidade dos neurotransmissores ausentes e finalmente recomeça a produzi-los.

2. Queremos deixar claro que não estamos falando aqui sobre alcoolismo. O alcoolismo é uma situação muito mais complexa (tanto pessoal quanto socialmente) do que o problema de beber às vezes inadequadamente.

Capítulo 9

1. Considerando tudo isso, a atração mútua ocorre com uma freqüência surpreendente. Suspeitamos que esta freqüência se deva em larga medida ao fato de que ser considerado atraente preenche, para muitas pessoas, muitos dos critérios referentes a considerar outra pessoa atraente. Isto é, "o fato de ele/ela me desejar demonstra como ele/ela é uma pessoa inteligente, sensível, maravilhosa".

2. A apreciação baseada em avaliações do futuro (como no caso de Jill) também pode durar muito tempo. De fato, a apreciação baseada naquilo que será no futuro pode durar mais tempo do que a apreciação baseada em avaliações do presente. A apreciação baseada no futuro só desaparecerá quando um número suficiente de experiências compelidoras convencer a pessoa de que o futuro que esperava não é mais possível. Entretanto, chegar a esta conclusão pode tomar muito tempo, mantendo a pessoa num relacionamento que ela teria terminado há muito tempo se tivesse dado mais atenção à experiência presente.

3. Se *entregar*, num relacionamento, deve ser diferenciado de pertencer a alguém. As duas coisas são geralmente confundidas. Ao contrário de uma relação, quando você compra, por exemplo, um sofá, ele pertence a você, e não é preciso fazer mais nada para mantê-lo. Por outro lado, as relações nunca estão prontas, requerendo um esforço contínuo ("fazer") para mantê-las.

4. Com freqüência é isto o que ocorre com as pessoas casadas que têm casos extraconjugais. Com critérios separados, não-inclusivos, para curto e longo prazos, os casos se tornam a única maneira de que dispõem para ter tudo o que querem e precisam numa relação.

5. O livro de Leslie Cameron-Bandler, *SOLUÇÕES: Antídotos práticos para problemas sexuais e de relacionamento* (Summus Editorial), contém não apenas uma discussão mais profunda do padrão de limiar, mas discute também muitos outros aspectos dos relacionamentos. Inclui muitas abordagens (ausentes neste livro) úteis para tornar essas relações agradáveis e gratificantes.

Capítulo 10

1. Embora a ênfase desta seção esteja nos pais e em seus filhos pré-adultos, queremos assinalar que alguns pais continuam a reagir como se o passado fosse o presente mesmo quando a criança se torna um adulto, se casa e tem filhos (uma situação para a qual você provavelmente pode encontrar exemplos entre seus conhecidos).

2. Este exemplo particular é adaptado de *PHOENIX: Therapeutic patterns of Milton H. Erickson* (Gordon e Meyers-Anderson). As abordagens de Erickson para lidar com problemas familiares foram fora do comum e sempre instrutivas e estão mais bem apresentadas em *Terapia não-convencional, as técnicas psiquiátricas de Milton H. Erickson*, de Jay Haley (Summus Editorial). Ler e reler este livro lhe proporcionará interações familiares interessantes e úteis.

3. Sem dúvida achamos que tanto a familiaridade quanto a flexibilidade, com todas as distinções experimentais e avaliações úteis descritas neste livro, deveriam ser dois dos seus objetivos ao educar seu filho. Entretanto, não pretendemos dizer-lhe quais deveriam ser seus objetivos em termos do autoconceito e da auto-estima de seus filhos. (Limitamo-nos a fazer observações e recomendações genéricas de que estas áreas da experiência de seu filho sejam desenvolvidas e apoiadas.) Mais informações específicas relativas às crenças e valores que contribuem para um autoconceito apropriado e uma auto-estima gratificante podem ser encontrados em muitos livros sobre o assunto. Recomendaríamos dois em especial: *Self-esteem: The key to your child's well-being* (Clemes e Bean) e *Terapia não-convencional* (Haley).

Para aqueles que estiverem interessados em outras abordagens educativas que dizem respeito tanto à criança quanto à estratégia, recomendamos enfaticamente os deliciosos livros *Mrs. Piggle-Wiggle,* de Betty MacDonald. Cada um deles está cheio de histórias sobre pais exasperados que descobrem como influenciar fácil, natural e efetivamente o desenvolvimento social e pessoal da criança. Leitura obrigatória para todos os pais.

Glossário

Avaliação O processo de aplicação de critérios a um contexto específico para determinar se esses critérios eram, são ou poderiam ser preenchidos ou não, ou em que medida (também denominado "teste").

Contra-exemplo Uma experiência, lembrança ou informação que seja inconsistente com uma generalização ou crença.

Critérios Os padrões nos quais se baseia uma avaliação.

Equivalência de critério Os comportamentos, percepções, qualidades, circunstâncias, etc. que mostram que um critério está sendo satisfeito.

Estado emocional Os sentimentos gerais de um indivíduo em um dado momento (tais como feliz, curioso, confiante, etc.).

Experiência referencial Aquilo que um indivíduo usa como fonte de informação em uma situação específica.

Feedback Todas as reações (as do próprio indivíduo e as das outras pessoas) ocorridas numa situação que podem ser usadas para informar e orientar o pensamento e as ações de uma pessoa.

Futuro propulsor Um futuro imaginado capaz de influenciar a experiência ou o comportamento presente da pessoa.

Ponte-ao-futuro Uma técnica capaz de assegurar que novas reações ocorram quando necessário; consiste em entrar no futuro e imaginar, tão integralmente quanto possível, a experiência de usar essas novas reações na situação necessária.

Pressuposição Uma suposição ou crença que, conscientemente ou não, influencia a experiência e o comportamento.

Processos internos Modos de pensar: a interação de critérios, equivalências de critério, pressuposições de relações de causa e efeito, referências, representações e avaliações que resultam na experiência e no comportamento de um indivíduo numa situação específica.

Reação de escolha A capacidade de gerar mais de uma emoção ou comportamento como reação a uma situação específica.

Reação de omissão A circunstância de se ter apenas uma emoção ou comportamento como reação a uma situação específica.

Relações de causa e efeito As experiências, ocorrências, situações ou comportamentos que estão (ou que são percebidos) contingentemente relacionados um ao outro, de modo que a expressão ou ocorrência de um leva à expressão ou ocorrência do outro.

Relações de causa e efeito entre presente e futuro O fato ou crença de que uma ação, evento, avaliação, experiência ou situação ocorridos no presente determinarão em alguma medida o que ocorrerá no futuro.

Representação   As imagens, sons e sensações internas que uma pessoa usa ao fazer uma avaliação.

Subordinação   A circunstância de ignorar ou anular avaliações sobre uma estrutura temporal em favor de avaliações sobre outra estrutura temporal (por exemplo, ignorar o futuro em favor do presente).

Vicariedade   Obter informações das experiências de outra pessoa imaginando o que ela está sentindo ou vivenciando.

228

Querido Leitor,

Gostaríamos de enviar-lhe um presente.

Enquanto pesquisávamos para este livro, desenvolvemos muitas outras técnicas e procedimentos que poderiam ter sido incluídos aqui. São semelhantes e certamente tão eficazes quanto os procedimentos aqui apresentados, mas extrapolam os limites do conteúdo que acabamos afinal por escolher para este volume. Consistem em procedimentos para transformar erros em descobertas, técnicas eficazes de negociação, como investir com sabedoria, técnicas de gerenciamento e como aprender como aprender.

Se você está interessado em receber mais do nosso trabalho, por favor nos avise e nós lhe remeteremos, gratuitamente, um procedimento inédito, juntamente com informações sobre a Padronização da Atitude Mental (sm). Também o manteremos informado do nosso trabalho em curso com o método EMPRINT.

LCB/DG/ML

Para receber um procedimento adicional e mais informações sobre a Padronização da Atitude Mental e o Método EMPRINT, por favor envie seu nome e endereço para:

The Know How Authors
c/o FuturePace, Inc.
P.O. Box 1173
San Rafael, CA 94915. EUA.*

---

* No Brasil, a FuturePace é representada por Renata Riecken, Rua Guararapes, 495 apto. 144 - CEP 04561 - Telefone 530-6252 - São Paulo - Capital.